离散工业过程绿色调度理论和方法

李 明 ◎ 著

Theory and Method of Green Scheduling
for Discrete Industrial Process

中国财经出版传媒集团
经济科学出版社
Economic Science Press
·北京·

图书在版编目（CIP）数据

离散工业过程绿色调度理论和方法 / 李明著．
北京：经济科学出版社，2025.6．-- ISBN 978-7-5218-
7177-7

Ⅰ．F426.4

中国国家版本馆 CIP 数据核字第 2025AX3149 号

责任编辑：冯　蓉
责任校对：易　超
责任印制：范　艳

离散工业过程绿色调度理论和方法

李　明　著

经济科学出版社出版、发行　新华书店经销
社址：北京市海淀区阜成路甲 28 号　邮编：100142
总编部电话：010-88191217　发行部电话：010-88191522

网址：www.esp.com.cn

电子邮箱：esp@esp.com.cn

天猫网店：经济科学出版社旗舰店

网址：http://jjkxcbs.tmall.com

北京季蜂印刷有限公司印装

710×1000　16 开　16 印张　232000 字

2025 年 6 月第 1 版　2025 年 6 月第 1 次印刷

ISBN 978-7-5218-7177-7　定价：88.00 元

（图书出现印装问题，本社负责调换．电话：010-88191545）

（版权所有　侵权必究　打击盗版　举报热线：010-88191661

QQ：2242791300　营销中心电话：010-88191537

电子邮箱：dbts@esp.com.cn）

前言 PREFACE

　　党的二十大提出推动经济社会发展绿色化、低碳化是实现高质量发展的关键环节。绿色发展是高质量发展的底色，新质生产力本身就是绿色生产力，已经在实践中形成并展示出对高质量绿色发展的强劲推动力、支撑力。

　　制造业是我国国民经济的重要支柱，也是能源与环境问题的主要来源。随着国民经济快速增长和环境的不断恶化，绿色制造作为现代化制造模式引起了学术界和工业界的广泛关注。离散工业是制造业的重要组成部分，亟须在提高经济指标的同时，降低对环境的影响。离散工业过程绿色调度通过资源分配、操作排序和运作模式的合理优化，实现节能、减排、降耗，提高经济效益，同时实现制造过程的绿色化，其研究具有更高的现实意义和应用价值。

　　本书作为绿色制造的相关书籍，其内容立足中国国情，兼顾知识理论的广度和深度，旨在为各制造专业学生、制造生产人员、管理人员及院校老师等提供有力的学习和参考支持。本书从离散制造背景、典型制造模式的研究现状到求解方法设计等知识，贯穿了多种实际生产过程调度问题，将理论知识和实际问题优化过程一一展现在读者面前。本书主要包括考虑能耗约束、运输、有限等待时间、关键目标和机器劣化效应等约束的绿色调度问题，这些问题的研究成果能够为企业绿色制造活动提供参考。

　　本书在筹备、编写过程中参考了国内外离散工业绿色制造领域的一些开放课程网站、公众号、书籍、论文和开源资料等，在此一并向作者们表示感谢。同时也感谢安徽工程大学人才项目（项目号：2021YQQ054）和安徽省高等学校科学研究项目（项目号：2023AH050932）的资助。

因笔者能力、水平有限，书中难免出现不足和谬误之处，请读者多多包涵，同时也恳请读者给予批评指正。

目录
CONTENTS

第 1 章　绪论 ··· 1
 1.1　研究背景与意义 ·· 1
 1.2　离散工业过程绿色调度 ··· 4
 1.3　ICA 研究现状 ·· 15
 1.4　ABC 研究现状 ··· 20
 1.5　研究现状存在的问题分析 ··· 25
 1.6　主要研究内容和章节安排 ··· 27

第 2 章　具有总能耗约束的绿色柔性作业车间调度 ··············· 30
 2.1　问题描述 ·· 30
 2.2　具有总能耗约束的绿色 FJSP 的求解算法 ···················· 33
 2.3　计算实验 ·· 40
 2.4　本章小结 ·· 56

第 3 章　考虑运输的绿色柔性作业车间调度 ························· 57
 3.1　问题描述 ·· 57
 3.2　考虑运输的绿色 FJSP 的反馈型 ICA ·························· 61
 3.3　算法描述 ·· 66
 3.4　计算实验 ·· 68
 3.5　本章小结 ·· 84

· 1 ·

第 4 章　考虑有限等待时间的绿色柔性作业车间调度 …… 85

4.1　问题描述 …… 85
4.2　KGGABC 求解 EFJSP – LWT …… 88
4.3　时间复杂度分析 …… 93
4.4　计算实验 …… 93
4.5　本章小结 …… 107

第 5 章　高维多目标绿色柔性作业车间调度 …… 109

5.1　问题描述 …… 109
5.2　基于改进型 ICA 的高维多目标绿色 FJSP …… 111
5.3　计算实验 …… 116
5.4　本章小结 …… 130

第 6 章　考虑关键目标的绿色柔性作业车间调度 …… 131

6.1　问题描述 …… 131
6.2　基于差异化 ICA 的绿色 FJSP …… 133
6.3　计算实验 …… 139
6.4　本章小结 …… 153

第 7 章　考虑劣化效应的绿色置换流水车间调度 …… 154

7.1　问题描述 …… 154
7.2　基于 DCICA 的 EPFSP – DEM …… 156
7.3　时间复杂度分析 …… 165
7.4　计算实验 …… 165
7.5　本章小结 …… 190

第 8 章　考虑目标相对重要性的绿色混合流水车间调度 …… 191

8.1　问题描述 …… 191

8.2 基于双层 ICA 的绿色 HFSP ……………………………………… 194
8.3 计算实验 ………………………………………………………… 201
8.4 本章小结 ………………………………………………………… 216

第 9 章 全书总结 …………………………………………………… 217

参考文献 ……………………………………………………………… 220

第 1 章

绪　　论

1.1　研究背景与意义

工业过程是控制与优化的典型对象，根据产品制造方式不同，它包括离散工业过程和流程工业过程。在离散工业过程中，产品采用离散制造方式完成，即产品依次经过不同的车间或机器加工，最终由离散的零部件装配而成，它包括电子电器、半导体制造、航空制造和汽车制造等过程。其特点是产品结构复杂且工序较多。流程工业过程中，产品制造由一种或多种原材料经过一系列的物理或化学变化后完成产品的制造过程，包括制药、石油化工等制造过程。其特点是产品由不同均匀物质混合而成，生产过程是连续的。

离散工业产品需求主要来自市场预测和产品订单，其需求量波动较大，具有明显的不均衡性；同时，离散工业产品种类繁多、工序复杂、所涉及的约束条件处理困难，使得离散工业过程具有高度复杂性，属于典型的复杂过程，相应的生产制造系统为复杂系统。

复杂系统和过程的控制以及包括规划、调度和决策等的运行与管理是复杂控制理论与技术的重要研究方向，而包括离散工业过程在内的复杂工业过程一直都是复杂控制理论与技术的重要研究对象[1]。目前，对工业过程复杂控制理论与技术的研究取得了较大进展，出现了多种理论与技术，包括基于模型的传统控制和智能控制等，其中基于模型的传统控制主要包括 PID 控制等。智能控制是一种无须或仅需很少的人为干预就能实现智能机器对既定目标的自动控制，其研究对象包括各种复杂的工业生产过程、城市交通控制、大型电网等复杂系统，具有大规模、多变量、高度非线性、强耦合以及不确定性等特征，难以建立精确的数学模型，使得传统控制方法不再适用。另外，工业过程的运行与管理问题如调度问题往往都是大规模复杂优化问题，目前，包括遗传算法（genetic algorithm，GA）、模拟退火（simulated annealing，SA）算法和帝国竞争算法（imperialist competitive algorithm，ICA）在内的智能优化技术已成为解决这些问题的主要手段。

关于智能控制与智能优化，它们均属于人工智能的范畴，智能控制用于控制复杂对象或过程，而智能优化源于复杂优化问题的求解。从控制科学研究的三个基本要素——"控制对象、约束、要求"来看[2]，为了实现可行、高效的智能控制，约束满足和指标优化在实际中是不可避免的问题，而约束满足问题通常可以转换为优化问题进行处理[2]。智能控制与优化，尤其是与智能优化有着密切的联系。基于这种紧密联系，近年来，国内学者提出"智能优化控制"的概念，智能优化控制、智能优化和智能控制的相互关系如图 1-1 所示。

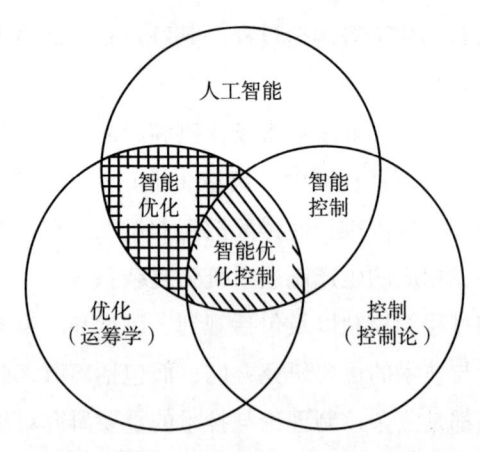

图 1-1 智能优化控制、智能优化和智能控制的相互关系

第1章　绪　论

由于离散工业过程等生产过程的控制、运行与管理往往具有大规模、非线性、强耦合、不确定性、多种复杂约束和验证（NP）难等特征，采用传统方法往往难以取得良好的效果。目前，智能优化控制已成为重要解决手段，其中智能控制用来解决工业过程的底层控制问题，而智能优化主要用于运行和管理问题如决策、规划与调度问题的求解。

离散工业过程的控制、运行与管理主要是通过生产调度部门和工艺技术部门实现。调度部门根据生产计划完成机器和工人等资源分配以及将企业的生产指标（包括最终产品的质量、周期、能耗和成本等）转化生产制造运行指标（例如质量、效率、能耗以及物耗等）。工艺技术部门接着将这些指标进一步转化为运行控制指标（例如质量、效率、能耗以及安全等），最终给出控制系统的设定值。当市场需求或生产工况发生改变时，相关部门包括经营决策部、生产计划部、生产调度部以及工艺技术部等根据实际生产数据调整相应指标后，重新确定控制系统的设定值，以实现对生产过程的控制和运行[3]。

如上所述，调度是工业过程运营管理的重要环节，直接影响工业过程控制系统的设定值，从而影响控制系统性能。它是一种合理利用有限生产制造资源完成相应的生产任务，同时最优化一个或多个性能指标的复杂优化问题。调度也是工业过程复杂控制理论与技术的关键内容[1]。优良的调度方案有助于企业缩短生产周期、降低生产成本，实现节能、减排、降耗以及利润最大化，从而直接影响企业的效益和市场竞争力[4]。

目前，由于调度问题的高度复杂性，智能优化已成为重要解决手段，各种方法包括 GA、ABC 和 ICA 等已成功应用于各种工业过程调度问题，尤其是离散工业过程调度，包括柔性作业车间调度和混合流水车间调度，并考虑各种实际加工约束如维修、多种彼此冲突的目标如总能耗、总延迟时间和完成时间（makespan）等，实现对问题的高效智能优化。本书主要研究基于 ICA 和 ABC 的离散工业过程绿色调度问题，包括绿色柔性作业车间调度问题、置换流水车间调度问题和绿色混合流水车间调度问题，分别探讨了目标重要性程度相同并且具有不同约束的绿色车间调度问题以及目标重要性程度不同且考虑关键目标的上述绿色调度问题。

·3·

1.2 离散工业过程绿色调度

中国作为能源生产和消耗大国，对能源的需求量仍在快速增长，而能源消耗以煤炭为主。随着环境污染和气候变化等问题的出现，发展资源节约、环境友好的绿色经济模式是中国未来发展的必然选择。

制造业是我国国民经济的重要支柱，也是能源与环境问题的主要来源。随着国民经济快速增长和环境的不断恶化，绿色制造作为现代化制造模式引起了学术界和工业界的广泛关注。绿色制造不仅强调经济指标，提高生产效益和市场竞争力，同时注重降低对环境的影响，树立企业良好的社会形象[4]。

绿色制造必须满足环境保护和能源消耗等方面日益严格的要求，制造商必须寻求切实可行的措施减少碳排放和能耗。通常，可采取两种方法，包括节能设备的升级和更换[5]以及绿色运作方法和优化策略来实现绿色制造[6]。现有研究表明，直接用于加工的能耗在总能耗中占比较少，仅为14.8%，大量能源浪费在机器空闲阶段，显然，第二种途径对绿色制造影响更大，而绿色调度及其智能优化方法是第二种途径的主要内容[7~18]。因此，有必要深入研究绿色调度及优化算法，实现节能、降耗、减少成本，降低对环境的影响，取得经济指标和绿色指标的协同优化。

离散工业是制造业的重要组成部分，也是我国国民经济和社会发展的支柱产业。离散工业过程中，存在很多因素影响能耗流动，导致能耗变化规律较为复杂。图1-2描述了离散工业过程系统中能耗流向，当物料和能源进入系统后，经过一系列不同机器加工成零部件并对其装配成产品，其中还涉及碳排放量和辅助系统，例如冷却系统、照明系统和换刀系统等。由于离散工业过程系统的离散性，各工序以及各机器间的能耗彼此独立并且能耗变化规律也不相同。系统普遍存在动态事件，例如机器故障、工件的紧急插入、订单取消等，这些动态事件将直接影响资源分配以及实时加工状况，进而影响整个系统能耗的变化。一些潜在因素包括机器老化、工人经验等也会对整个加工过程的能耗造成影响。除此之外，机器具有多种速度，不同速度下功率也不相同，一台机器可能出现的功率变化如图 1-3 所示，其中 t_1 为启动模式，t_2 和 t_4 为空闲模式，t_3 和 t_5 为加工模式。因此，离散工业过程调度需要充分考虑能耗和碳排放等因素，进行绿色调度研究。

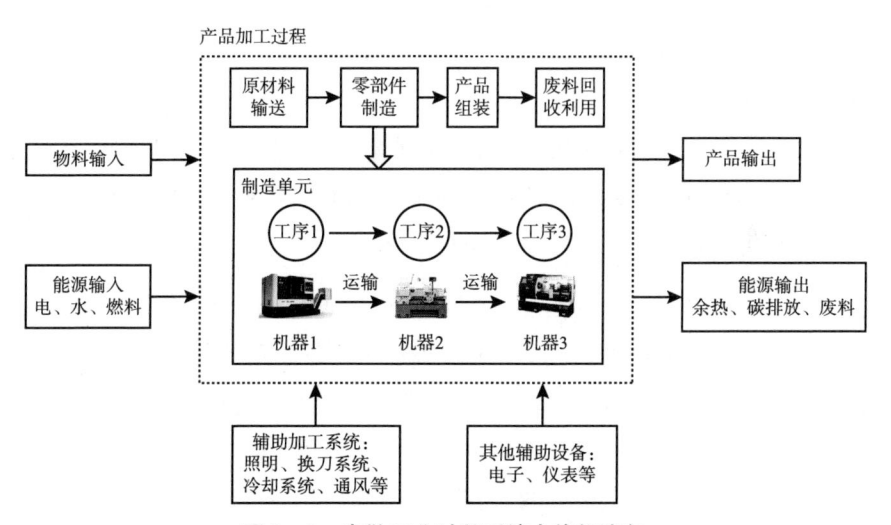

图 1-2　离散工业过程系统中能耗流向

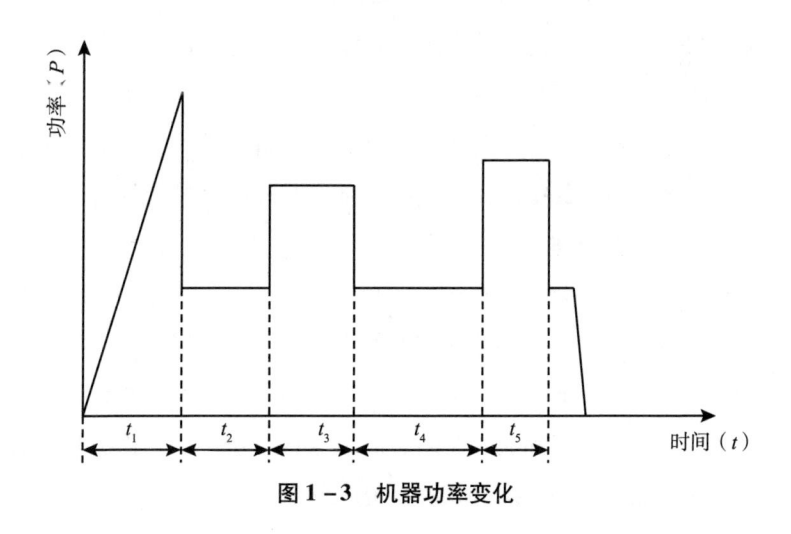

图 1-3　机器功率变化

离散工业过程绿色调度可描述如下：存在多种资源包括机器等和不同任务如工件或产品，每个任务有多个工序，每一工序可以选择在一种或多种资源上加工，同时遵循两种约束：①资源占用约束，同一资源在同一时刻只能加工一道工序；②顺序约束，任务必须按照工艺要求的加工顺序在可供选择的资源上进行加工。其主要目的是通过资源分配、任务排序和绿色运作方法的合理优化，实现增效、节能、减排、降耗，提高经济效益，同时实现制造过程的绿色化。

随着总能耗或碳排放的引入，使得问题的目标个数增多，加工数据除了加工时间、准备时间、到达时间和交货期等之外，还包括机器处于加工模式、空闲模式以及准备模式下的单位时间能耗等，如果考虑机器在多种加工速度下的能耗，需要增加速度选择子问题。这些新因素的加入，导致问题存在如下两个方面的复杂性：

①引入总能耗后，需要研究总能耗与时间或成本目标如 makespan 和总延迟时间之间的冲突关系。若总能耗与其他目标之间存在冲突，则需要对问题进行多目标优化，以同时满足节能减排和制造目的如按时交货等方面的要求。现有研究表明，总能耗与时间和成本目标之间存在冲突关系[12,16]，因此，绿色调度问题属于多目标优化问题。

②引入速度选择子问题和综合考虑绿色要求与各种实际加工约束，将大大增加整个问题的复杂性和求解难度。以绿色柔性作业车间调度问题为例，该问题由调度、机器分配和速度选择三个子问题组成。如何表示这些子问题的解并在子问题间合理分配计算资源等，将是应用智能优化算法解决该问题的关键，而对于机器维修与故障以及装配等，则需要结合能耗进行重新处理。

综上所述，绿色调度具有包括绿色目标如总能耗在内的多个目标，和传统调度相比，其目标个数和子问题更多，求解难度更大，研究也更具现实意义和应用价值。本书主要针对广泛应用于汽车、纺织和半导体等行业的柔性作业车间和流水车间开展绿色调度研究。下面分析离散工业过程三种绿色调度的国内外相关研究现状。

1.2.1 绿色柔性作业车间调度研究现状

柔性作业车间调度问题（flexible job shop scheduling problem，FJSP）是一类广泛存在于实际制造过程的问题，它由工件集 $J=\{J_1, J_2, \cdots, J_n\}$ 和机器集 $M=\{M_1, M_2, \cdots, M_m\}$ 组成。工件 J_i 具有 h_i 道工序，工序 o_{ij} 为工件 J_i 的第 j 道工序，该工序可由相容机器集 S_{ij} 中的任何一台机器加工，$S_{ij} \subseteq M$。图1-4描述了柔性工件加工过程，每道工序可以选择两台机器加工。工序 o_{ij} 在机器 M_k 上的加工时间为 p_{ijk}。另外，存在一些与机器和工件相关的约束，包括同一时刻一台机器最多只能加工一道工序；同一时刻一个工件最多只能在一台机器上加工；工件在机器上加工不能中断等。

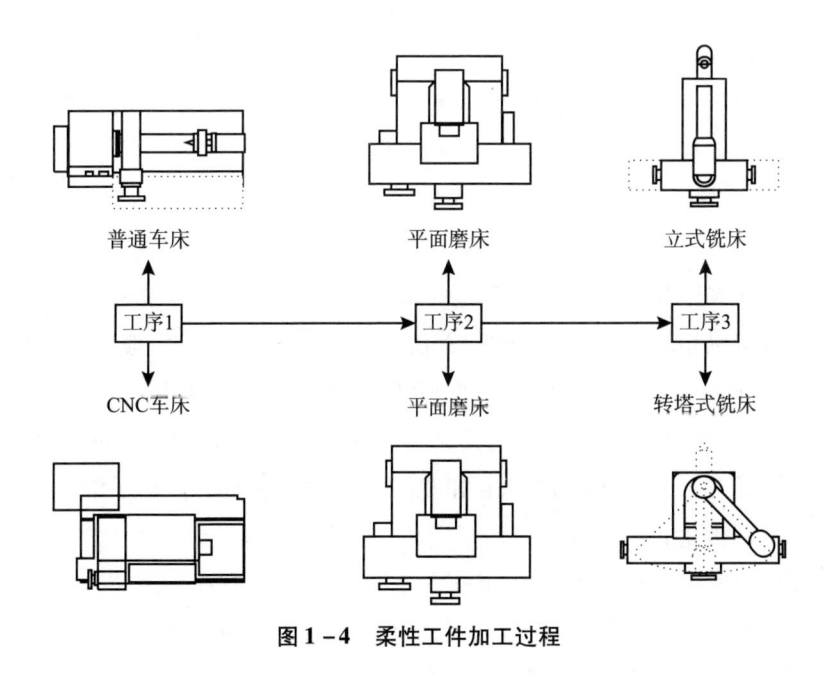

图1-4 柔性工件加工过程

FJSP最早由布鲁克和施利（Brucker and Schlie）[19]于1990年提出，目前其求解方法主要分为三类：精确方法、启发式方法以及智能优化算法。精确方法主要有拉格朗日松弛法[20]、分支定界法[21]等。这些方法虽然从理论上能求出问题的最优解，但由于计算复杂、费时等原因，在实际应用中受到限制。

关于启发式算法，张等（Zhang et al.）[22]针对以 makespan 为目标的 FJSP，采用改进移动瓶颈算法求解，该算法随机选择加工机器，导致计算比较耗时。泰穆里法尔等（Teymourifar et al.）[23]针对缓冲区有限的动态 FJSP，设计了有效的调度规则并提出了右移启发式算法和最小等待时间启发式算法。贝卡等（Bekkar et al.）[24]研究了考虑运输时间的 FJSP，提出了两种基于迭代插入方法的贪婪启发式算法分别作用于机器分配子问题和调度子问题以优化 makespan。

目前，智能优化算法已广泛应用于 FJSP 的求解。卡塞姆等（Kacem et al.）[25]提出了一种基于模糊逻辑和 GA 的混合算法，同时优化 makespan、最大机器负荷和机器总负荷。巴盖里等（Bagheri et al.）[26]针对考虑准备时间的 FJSP，提出了一种变邻域搜索（variable neighborhood search，VNS）算法优化 makespan 和平均延迟时间，该算法通过与调度子问题和机器分配子问题相关的邻域搜索产生新解。郑等（Zheng et al.）[27]设计了一种果蝇算法优化以 makespan 为目标的双资源 FJSP，算法中加入了知识引导搜索阶段，并设计了两种新的搜索算子分别用于调整工序顺序和资源分配。李等（Li et al.）[28]将 GA 和禁忌搜索算法结合求解以 makespan 为目标的 FJSP。吴等（Wu et al.）[29]应用混合 GA 求解以 makespan 为目标的双资源 FJSP，给出了混合的种群初始化方法，并根据问题特征设计了改进的交叉和变异算子。龚等（Gong et al.）[30]研究了具有工人柔性的 FJSP 并建立了问题数学模型，提出了混合人工蜂群算法优化 makespan，设计了交叉、变异算子以及局部搜索方法，并应用田口质量工程方法（Taguchi 方法）进行参数设置。沈等（Shen et al.）[31]提出了一种基于分解的改进多目标进化算法求解以 makespan、最大机器负荷和鲁棒性为目标的 FJSP。张等（Zhang et al.）[32]针对考虑调整时间和运输的 FJSP，设计了一种改进的 GA，同时最小化 makespan、总调整时间和总运输时间。

绿色 FJSP 是 FJSP 的一种扩展,和 FJSP 相比,绿色 FJSP 包含一些与能耗或环境相关的约束和目标函数如总能耗约束和碳排放等,近年来,绿色 FJSP 受到研究者的广泛关注,出现了大量研究成果。由于问题的高度复杂性以及智能优化算法在解决复杂优化问题方面的优势,目前,智能优化算法是求解绿色 FJSP 的主要途径。

刘琼等[33]建立了以碳足迹总和、makespan 和机器利用率为目标的数学模型,并应用非劣排序遗传算法(non-dominated sorted genetic algorithm,NSGA-II)对模型进行求解。蒋增强等[34]结合不同加工状态下机器的功率变化,针对以能耗、makespan、成本和质量为目标的绿色 FJSP,设计了改进的 NSGA-II。何等(He et al.)[35]针对柔性作业车间环境下的机器选择和加工顺序优化,建立了一种双目标混合整数规划模型,并利用嵌套划分算法对部分工件加工路径不是线性的实例进行优化计算。殷等(Yin et al.)[36]建立了具有 makespan、能耗和噪声的三目标数学模型,在目标计算方法的基础上提出一种多目标 GA 对模型求解。皮鲁兹法德等(Piroozfard et al.)[37]研究了以碳排放量和总延迟时间为目标的绿色 FJSP 并提出了一种改进的多目标遗传算法(multi-objective genetic algorithm,MOGA),该算法中加入了局部搜索以及种群更新策略。

吴等(Wu et al.)[38]针对考虑机器速度和开机/关机次数两种节能措施的绿色 FJSP,建立了不同状态下机器的能耗模型并运用 NSGA-II 同时优化 makespan、能耗和开机/关机次数。龚等(Gong et al.)[39]研究了动态电价下的绿色 FJSP,采用非劣排序遗传算法-III 最小化 makespan、总能耗、总劳动力成本、最大机器负荷以及机器总负荷五个目标。王等(Wang et al.)[40]基于机器加工的动态特征提出了一种针对 FJSP 的两阶段节能优化方法,第一阶段应用改进 GA 优化机器分配,第二阶段将 GA 与粒子群算法(particle swarm optimization,PSO)混合优化调度问题。莫赫塔里等(Mokhtari et al.)[41]建立了具有 makespan、总能耗和系统总可用性三目标的数学模型,并采用基于多目标 GA 和 SA 的混合算法求解。魏鑫等[42]研究了混线生产系统中绿色 FJSP,提出了一种改进 GA 同时优化 makespan 和能耗的方法。戴等（Dai et al.）[43]针对考虑运输和调整时间的绿色 FJSP，设计了改进的遗传算法（enhanced genetic algorithm，EGA）以同时最小化总能耗和 makespan。

除了 GA 之外，其他智能优化算法在绿色 FJSP 方面的应用研究也取得了较大进展[7,44~51]。刘等（Liu et al.）[44]提出了一种混合果蝇算法求解以碳排放和 makespan 为目标的 FJSP。雷德明[45]提出了一种基于改进型优化机理的教－学优化算法以同时最小化总碳排放和平均延迟时间，该算法利用三个串对问题的三个子问题单独编码，其主要步骤为教师的自学阶段和教学阶段，并运用多邻域搜索和全局搜索分别模拟教师的自学和教学活动。雷等（Lei et al.）[46]给出了一种改进型蛙跳算法（shuffled frog-leaping algorithm，SFLA）以优化总能耗和负荷平衡，该算法利用非劣解集和种群中的解构造模因组，并通过执行局部搜索和全局搜索以改善从模因组中选出的非劣解。雷等（Lei et al.）[47]在双资源作业车间环境下，运用双串表示资源分配和调度问题的解，并提出一种动态邻域搜索算法以最小化区间碳排放和区间 makespan。罗等（Luo et al.）[48]研究了以总能耗和 makespan 为目标的可变加工速度的绿色 FJSP，并提出了一种灰狼优化算法，该算法采用新解码方法以获得活动调度。努伊里等（Nouiri et al.）[49]针对考虑机器故障的绿色 FJSP，提出了一种新的重调度方案，并采用改进的 PSO 最小化总能耗和 makespan。卡尔代拉等（Caldeira et al.）[50]针对考虑新工件插入的绿色 FJSP，建立了以 makespan、能耗和系统稳定性为目标的数学模型，并运用回溯搜索算法求解。

李等（Li et al.）[51]提出了一种反馈型帝国竞争算法最小化 makespan、总能耗和总延迟时间。孟等（Meng et al.）[52]设计了混合整数规划模型。田等（Tian et al.）[53]采用基于知识的批分割方法同时优化 makespan 和总能耗。龚等（Gong et al.）[54]应用改进的模因算法求解考虑离散操作序列柔性的 EFJSP。张等（Zhang et al.）[55]设计了一种基于深度强化学习的模因算法以最小化 makespan 和总能耗。罗等（Luo et al.）[56]提出了一种自适应的两阶段模因算法。龚等（Gong et al.）[57]针对考虑批次分割的柔性车间设计了一种分层集成调度方法。高等（Gao et al.）[58]提出了一种云边缘协作数字孪生框架。孟等（Meng et al.）[59]采用一种混洗蛙跳算法来解决处理时间可控的 EFJSP。张等（Zhang et al.）[60]研究了柔性车间再加工和并行重组车间，同时最小化能源成本。徐等（Xu et al.）[61]设计了一种高效的启发式算法。江等（Jiang et al.）[62]利用改进的交叉人工蜂群解决具有复杂过程的 EFJSP。潘等（Pan et al.）[63]采用了一种考虑反馈的模糊双种群进化算法优化模糊 makespan、模糊总能耗和一致性指数。龚等（Gong et al.）[64]提出了一种模因算法以最小化 makespan、总能耗和机器重启的总数。杜等（Du et al.）[65]针对考虑起重机运输和序列相关设置时间的 EFJSP 设计了一种强化学习方法以优化 makespan 和总能耗。对于考虑可变大小子批的 EFJSP，李等（Li et al.）[66]提出了一种结合帝国竞争算法和模拟退火算法的混合方法。李等（Li et al.）[67]利用改进的 jaya 算法求解考虑运输时间和调整时间的 EFJSP。帕克和汉姆（Park and Ham）[68]提出了一种 EFJSP 的词典序优化方法。沈等（Shen et al.）[69]应用迭代禁忌搜索来最小化总能量成本。雷等（Lei et al.）[70]提出了一种基于帝国竞争算法和 VNS 的两阶段元启发式方法求解具有总能耗约束的 EFJSP。

1.2.2 绿色置换流水车间调度研究现状

绿色置换流水车间调度问题（energy-efficient permutation flow shop scheduling problem，EPFSP）描述如下：存在工件集 $\pi=\{\pi_1, \pi_2, \cdots, \pi_n\}$ 和机器集 $M=\{M_1, M_2, \cdots, M_m\}$。所有工件按照相同的顺序依次在机器 $M_1, M_2, \cdots, M_m$ 上加工。所以机器均有 d 种不同的加工速度。$V=\{v_1, v_2, \cdots, v_d\}$。$p_{ik}$ 为工件 π_i 在机器 M_k 上加工时的基本加工时间。当工件 π_i 以速度 v_l 在机器 M_k 上加工时，其加工时间为 p_{ik}/v_l。另外，作出如下假设：①工件不允许发生抢占；②每个工件在同一时刻只能在一台机器上加工；③在零时刻，所有机器的初始状态均为空闲可用；④在零时刻，所有工件都到达系统可以加工；⑤每台机器在同一时刻最多只能加工一个工件；⑥运输时间和调整时间忽略不计。

近年来，EPFSP作为考虑环境因素的重要调度问题，引起了广泛的关注。辛等（Xin et al.）[71]设计了一种多目标迭代贪婪算法，用于解决考虑调整时间和学习效应的EPFSP。布费卢等（Boufellouh et al.）[72]设计了一种改进的蚁群算法最小化makespan和总能耗。王等（Wang et al.）[73]提出了一种用于求解EPFSP的无线网络遗传算法以最小化makespan、总能耗和总延迟时间。格尔班扎德等（Ghorbanzadeh et al.）[74]研究了考虑调整时间和组约束的EPFSP，并设计了基于分解的启发式算法。塞卡尔等（Sekkal et al.）[75]提出了一种多目标模拟退火算法用于求解考虑调整时间、工人学习、运输约束的EPFSP。布斯等（Busse et al.）[76]采用了一种修复优化方法最大限度地降低总电力成本。郭等（Guo et al.）[77]提出了一种混合遗传算法以求解机床超低怠速状态下的EPFSP。萨贝等（Saber et al.）[78]给出了一种基于多目标分解的启发式算法和一种多目标变量邻域搜索算法。辛等（Xin et al.）[79]设计了一种改进的离散鲸鱼群优化算法以最小化makespan和总能耗。吴等（Wu et al.）[80]针对无等待EPFSP提出一种变邻域搜索。韩等（Han et al.）[81]提出了一种离散进化多目标算法。刘等（Liu et al.）[82]采用Nawaz Enscore Ham（NEH）启发式算法求解EPFSP。江等（Jiang et al.）[83]设计了一种改进的基于分解的多目标进化算法。陆等（Lu et al.）[84]提出了一种混合多目标回溯搜索算法。丁等（Ding et al.）[85]设计了一种改进的多目标迭代贪婪算法。

不确定的环境下EPFSP，马里谢尔瓦姆等（Marichelvam et al.）[86]提出了一种模因算法。阿米里等（Amiri et al.）[87]设计了一种分布估计算法以最小化makespan和总能耗。针对考虑分时电价的EPFSP，薛等（Xue et al.）[88]使用一种差分进化算法以最小化makespan和平均延迟时间。霍等（Ho et al.）[89]给出了一种基于逻辑benders分解的精确方法。郑等（Zheng et al.）[90]提出了一种蚁群算法。

关于分布式EPFSP，近年来也引起了广泛的关注，大量元启发式算法用于求解该问题，如MOEA/D[91~92]、基于Q-learning的超启发式算法[93~95]、协作多目标进化算法[96~98]、离散 jaya 算法[99~100]、遗传算法[101]、差分进化[102]、鲸鱼优化算法[103~104]、脑风暴算法[105]、分布估计算法[106]、模因算法[107]、迭代贪婪算法[108~109]等。

1.2.3 绿色混合流水车间调度研究现状

混合流水车间调度问题（hybrid flow shop scheduling problem，HFSP）描述如下：n 个独立的工件 J_1，J_2，…，J_n 按照阶段1，阶段2，…，阶段 m 的顺序依次加工，$m \geq 2$。每个阶段 k 的机器集合为 S_k，机器 $M_{kj} \in S_k$ 表示阶段 k 的第 j 台机器，$j = 1$，2，…，$|S_k|$。图1-5给出了 HFSP 的加工路线。机器具有两种模式：加工模式和空闲模式。一个工件至少在一个阶段上加工，根据加工路径可跳过其中一个或几个阶段。HFSP 还满足如下约束：所有机器和工作从零时刻起可用；每个工件同一时刻只能在一台机器上加工；每台机器同一时刻最多只能加工一个工件；准备时间包含在加工时间内；工件在机器上的加工一旦开始，不允许中断；缓冲区大小没有限制；同一工件在两个阶段之间的加工不能重叠等。

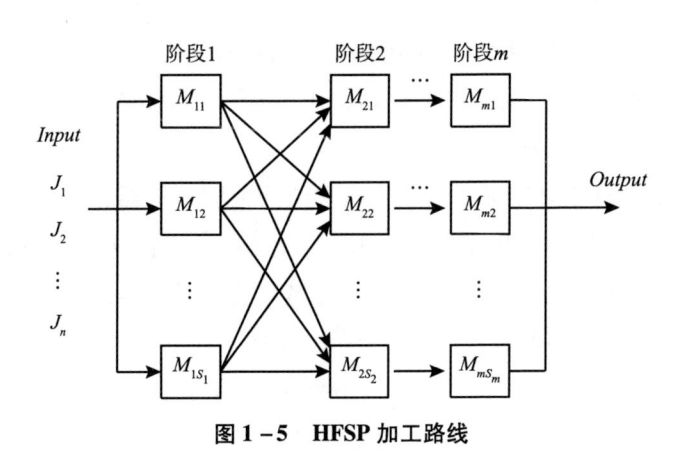

图1-5 HFSP 加工路线

HFSP 最早由萨尔瓦多（Salvador）于1973年基于石油工业背景而

提出。它综合流水车间和并行机调度的特点,并且要求至少有一个阶段存在两台或两台以上的并行机。HFSP 的求解算法主要包括精确算法、启发式算法和智能优化算法。最常用的精确算法有分支定界法[110]和拉格朗日松弛法[111]等。对于小规模问题,精确算法能够在可接受时间内得到最优解,但对于求解大规模问题,存在计算复杂度高以及求解时间长等缺陷,精确算法往往无法求解。启发式方法操作简单,求解速度较快,但因其对构造规则的依赖性和搜索的不稳定性,不能保证在合理的时间获得合理的结果。

目前,智能优化算法已成为 HFSP 的主要求解方法。王芳等[112]针对以 makespan 为目标的 HFSP,建立了问题的数学模型,并运用高效分布估算算法求解。该算法设计了基于随机规则的解码方法以及自适应概率调整策略。卡里米和达沃普尔(Karimi and Davoudpour)[113]采用一种多目标殖民竞争算法求解以 makespan 和总加权延迟时间为目标的 HFSP。蔡等(Cai et al.)[114]提出了一种考虑模因组质量的 SFLA 求解以 makespan 和总延迟时间为目标的分布式 HFSP。雷等(Lei et al.)[115~116]分别采用两阶段邻域搜索算法和 SFLA 求解两个 agent 的多目标 HFSP。雷等(Lei et al.)[117]研究了考虑关键目标的装配型 HFSP,提出了一种邻域搜索算法以同时优化总延迟时间、最大延迟时间以及 makespan,其中两个延迟时间目标作为关键目标,并采用新的策略处理关键目标。王等(Wang et al.)[118]针对考虑预防性维修的 HFSP,运用多目标禁忌搜索算法同时优化系统总可用性和 makespan。

绿色 HFSP 比 HFSP 更复杂,通常包括调度、机器分配和速度选择三个子问题,存在一些绿色约束和绿色目标,目前其研究受到广泛关注。戴等(Dai et al.)[119]在节能机理基础上建立了问题的数学模型,并提出一种基于 GA 和 SA 的混合算法以最小化 makespan 和总能耗的加权和。刘等(Liu et al.)[120]利用 NSGA-Ⅱ求解以碳排放量、总加权延迟时间和峰值功率为目标的绿色 HFSP。吴秀丽等[121]针对考虑可再生能源的绿色 HFSP,构建了问题的数学优化模型并采用 NSGA-Ⅱ求解。曾等(Zeng et al.)[122]将 NSGA-Ⅱ和禁忌搜索算法融合求解以 makespan、总耗电量和材料损耗为目标的绿色 HFSP。孟等（Meng et al.）[123]研究了不相关并行机的绿色 HFSP，基于空闲时间和空闲能耗建立了五种数学模型，比较了各种模型的计算复杂度，并采用免疫遗传算法求解。严等（Yan et al.）[124]采用 GA 分别在机床层进行切割参数优化，在车间层进行优化调度，每层都存在两个目标，其中一个为能耗目标。

其他智能优化算法在绿色 HFSP 方面也有成功的应用，布鲁佐内等（Bruzzone et al.）[125]提出了一种随机邻域搜索算法，在降低车间功率峰值的同时优化 makespan 和总延迟时间的加权和。罗等（Luo et al.）[126]在分时电价场合下结合列表调度算法和右移规则，提出一种多目标蚁群算法以优化 makespan 和总电力成本。唐等（Tang et al.）[127]关于具有变速机的动态绿色 HFSP，讨论了两种干扰事件：新工件到达和随机机器故障，并给出带新惯性权重的改进 PSO 以优化 makespan 和总能耗。艾子义等[128]针对以碳排放为目标的问题，在问题特点分析和对其三个子问题单独编码的基础上，提出了一种结合记忆集和全局交换的新型邻域搜索算法，该算法利用记忆集保留搜索过程中产生的部分最优解，采用一种简单策略更新记忆集，给出邻域搜索和全局交换的实现方式以及两类搜索的相互协作方法以获得质量较高的解。雷德明等[129]提出一种改进型 SFLA 以同时最小化总能耗和总延迟时间，该算法中将种群内部分最差解排斥在模因组之外，运用模因组构建和模因组搜索新策略产生新解。雷等（Lei et al.）[130]应用教学优化算法求解以总能耗和总延迟时间为目标的绿色 HFSP，其中总能耗为非关键目标，总延迟时间为关键目标并采用字典序方法比较新旧解。

1.3 ICA 研究现状

ICA 是一种模拟社会政治行为的多种群智能优化算法。与 GA 和差分进化等算法相比，ICA 具有多个子种群，容易嵌入数据和知识引导的多种群多策略动态协作如帝国自主结盟与合作,实现差异化搜索以避免种群搜索策略相似和非独立进化以便种群之间合作,从而保持种群较高多样性,避免陷入局部最优,增强算法的搜索能力并增大逼近最优解的可能性。

ICA[131]的搜索始于由一组国家构成的初始种群,其中一些成本值最小的国家被选作殖民国家,其他国家为殖民地。每个帝国是由一个殖民国家和若干殖民地组成,通过殖民地的同化和革命、殖民国家更新和帝国竞争不断逼近最优解。

随机生成 N 个国家,根据目标函数计算每个国家的成本值。国家质量越好,其成本值就越小。成本最小的 N_{im} 个国家选作殖民国家,其余国家为殖民地。殖民地的数量为 $N_{col}=N-N_{im}$。

为了构建初始帝国,需要将殖民地分配给各个殖民国家,每个殖民国家分配殖民地的数量与其势力成正比,其势力计算如下:

$$pow_k = \left| \frac{Y_k}{\sum_{v=1}^{N_{im}} Y_v} \right| \quad (1-1)$$

其中,pow_k 为殖民国家 k 的势力,$Y_v = \max_k \{c_k\} - c_v$ 表示归一化成本,c_k 为殖民国家 k 的成本值。殖民国家 k 分配殖民地的数量 NC_k 为 round($pow_k \times N_{col}$),round 为四舍五入取整函数。

如图 1-6 所示,同化过程中,帝国中的殖民地沿着朝向殖民国家的方向移动 δ,移动距离 δ 是区间 $[0, s \times e]$ 中的一个随机数,其中 $s \in (1, 2)$;e 是殖民地与殖民国家间的距离。设置 $s > 1$ 使得殖民地可以从两侧朝着殖民国家移动。为了扩大搜索范围,加入一个随机偏移量 θ,它服从 $[-\varphi, \varphi]$ 之间的均匀分布,其中 φ 是一个参数。

当殖民地的社会政治特征(包括文化、语言以及宗教等)发生突然变化时,则进行革命。革命类似于 GA 中的变异,能够提高 ICA 的搜索能力,防止早熟收敛。

同化和革命后,每个殖民地的成本与殖民国家的成本逐一比较,如果殖民地的成本优于殖民国家,则将两者进行互换。

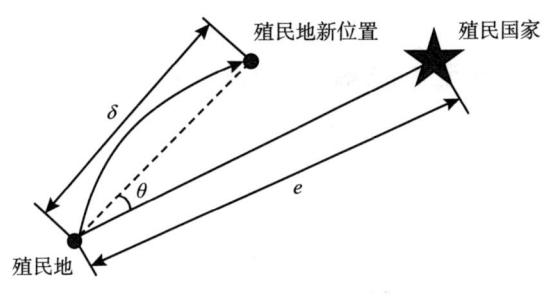

图 1-6 殖民地同化

帝国竞争中，势力强的帝国通过不断地掠夺势力较弱帝国的殖民地，提升自身政治地位，而势力较弱的帝国逐步衰落甚至灭亡。其具体过程描述如下：首先评价帝国质量，计算帝国总成本 TC_k 和归一化总成本 NTC_k；然后计算每个帝国的势力并构建向量 Q，最后确定 Q 中最大元素 $EP_v - r_v$ 所对应的帝国 v，并将最弱帝国的最弱殖民地转移到帝国 v 中。

$$TC_k = c_k + \zeta \times \text{mean}\{\text{Cost}(\text{colonies of empire } k)\} \quad (1-2)$$

$$NTC_k = \max_{h \in H}\{TC_h\} - TC_k \quad (1-3)$$

$$EP_k = \left| NTC_k \Big/ \sum_{v=1}^{N_{im}} NTC_v \right| \quad (1-4)$$

$$Q = [EP_1 - r_1, EP_2 - r_2, \cdots, EP_{N_{im}} - r_{N_{im}}] \quad (1-5)$$

其中，ζ 是一个大于 0 的实数，r_i 是区间 [0, 1] 之间的随机数。

ICA 的主要步骤如下：

步骤 1：初始化帝国。随机生成 N 个国家，将成本最小的 N_{im} 个国家定义为殖民国家，然后根据其自身势力大小为每个殖民国家分配相应数量的殖民地，构建初始帝国。

步骤 2：同化和革命。在每个帝国内对殖民地执行同化和革命。

步骤 3：殖民国家更新。比较帝国内的殖民地和殖民国家成本值，成本最小的国家成为新的殖民国家。

步骤 4：帝国竞争。根据帝国的总成本，将最弱帝国的最弱殖民地重新分配给新的帝国。如果一个帝国内不存在殖民地，则直接删除该帝国。

步骤 5：如果满足终止条件，则搜索结束；否则，转至步骤 2。

ICA 的流程图如图 1-7 所示。

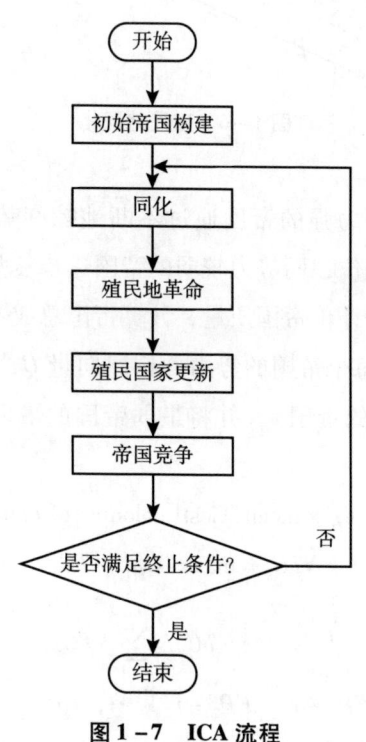

```
                    开始
                     │
                     ▼
                初始帝国构建
                     │
                     ▼
                    同化 ◄──────┐
                     │          │
                     ▼          │
                  殖民地革命     │
                     │          │
                     ▼          │
                 殖民国家更新    │
                     │          │
                     ▼          │
                  帝国竞争       │
                     │          │
                     ▼          │
              是否满足终止条件?──┘ 否
                     │
                     │ 是
                     ▼
                    结束
```

图 1-7　ICA 流程

ICA 自提出以来已被应用于求解各种优化问题，如函数优化[132~136]、工业生产调度[137~142]、旅行商问题[143~146]、数据聚类[147~149]、供应链网络设计问题[150~154]、股票价格预测[155]、结构优化问题[156~157]、潮流计算问题[158]、PID 参数优化[159~160]等，下面简要阐述 ICA 在工业生产调度中的应用研究。

基于 ICA 的生产调度研究取得了较多研究成果。雷德明等[12]针对绿色并行机调度问题，提出了一种改进型多目标 ICA。王等（Wang et al.）[161]设计了一种混合 ICA 求解以模糊加工时间和模糊交货期为目标的 FJSP。亚兹达尼等（Yazdani et al.）[162]将 ICA 和 VNS 混合求解以最大提前和最大延迟时间加权和为目标的作业车间调度问题。艾哈迈迪扎尔等（Ahmadizar et al.）[163]将问题性质与 ICA 相结合求解单机批调度问题。塞德加等（Seidgar et al.）[164]研究了具有不等释放时间和允许非强迫机器空闲时间的准时制单机调度问题，建立了数学模型，并采用混合 PSO、GA 和 ICA 三种元启发式方法求解。张清勇等[165]设计了一种改进型 ICA 求解以 makespan 为目标的分布式并行机调度问题。阿贝迪等（Abedi et al.）[166]采用多目标 ICA 求解以 makespan 以及最大提前和最大延迟时间加权和为目标的并行批处理机调度问题。戈尔德萨兹等（Goldansaz et al.）[167]针对考虑调整时间的多处理器开放式调度问题，将 ICA 和 GA 混合最小化 makespan。

针对流水车间调度问题（flow shop scheduling problem，FSP），瓦尔马齐尔等（Varmazyar et al.）[168]设计了几种基于 TS 和 ICA 混合的启发式算法以最小化延迟工件数。拉美赞-伊恩等（Ramezan-ian et al.）[169]设计了一种改进型 ICA 以最小化总成本。针对两阶段装配 FSP，塞德加等（Seidgar et al.）[170]建立了问题的数学模型并运用 ICA 求解。纳瓦埃等（Navaei et al.）[171]考虑了工件的调整时间并提出了一种混合 ICA。卡泽米等（Kazemi et al.）[172]针对分批交付的两阶段装配 FSP，采用混合 ICA 以最小化总延迟时间和交付成本加权和。塔大奥尼拉德等（Tadayonirad et al.）[173]应用改进型 ICA 和 GA 求解以 makespan 和鲁棒性加权和为目标的具有机器故障的两阶段装配 FSP。塞德加等（Seidgar et al.）[174]针对考虑预防性维修的两阶段装配 FSP，建立了以系统总可用性和 makespan 为目标的数学模型，并采用多目标 ICA 求解。

和 FSP 研究相比，基于 ICA 的绿色 FJSP 研究还不深入，成果偏少。皮鲁兹法德等（Piroozfard et al.）[7]针对以碳排放量和总延迟时间为目标的作业车间调度问题，提出了一种多目标 ICA，该算法采用均匀交叉、单点交叉以及两点交叉实现殖民地与殖民国家间的信息共享即殖民地同化过程，并运用多种邻域结构进行革命，同时引入了选择压力以计算帝国的势力。李等（Li et al.）[51]提出了一种多样化操作的 ICA 求解以总延迟时间、makespan、机器总负荷和总能耗为目标的绿色 FJSP，该算法根据帝国的特点采用多样化的同化和革命操作，即不同的帝国在不同的搜索阶段执行不同的操作，同时设计了新型帝国竞争，其中最强帝国不参与竞争，并随机选择最强帝国中的一个解执行多邻域搜索后分配给取胜帝国。

在求解绿色 HFSP 方面，ICA 的相关研究还处于起步阶段，研究成果很少。周等（Zhou et al.）[175]研究了以总能耗和 makespan 为目标的区间绿色 HFSP，提出了一种基于帝国分组的 ICA，该算法根据新定义的归一化总成本将帝国分成若干小组，每个小组内的殖民地存在多个学习对象，既可以向其所属殖民国家学习，也可以向其他殖民国家学习，为平衡算法的全局搜索和局部搜索能力采用自适应革命操作，同时设计了两阶段帝国竞争，第一阶段是在每个小组内进行竞争，当每个小组内仅剩一个帝国时执行第二阶段帝国竞争。

1.4　ABC 研究现状

人工蜂群算法（artificial bee colony algorithm，ABC）是由卡拉博加等（Karaboga et al.）[176]等人于 2005 年提出的一种元启发式群智能优化算法，该算法受到自然界中蜜蜂觅食行为的启发，对蜂群协作采蜜过程中的个体分工，蜂群间建立信息交流，转换角色与共享优质蜜源信息等行为进行模拟。

蜂群实现群体智慧的最小搜索模型由蜜源、观察蜂、跟随蜂和侦查蜂等要素组成。ABC 的搜索始于由一组蜜源组成的初始种群，其中蜜源的位置对应解空间中的点，代表问题的可行解，蜜源 x_i（$i = 1, 2, \cdots, N$）的质量为解的适应度值 F_i，N 表示蜜源的数量。初始化后，反复执行雇佣蜂阶段、观察蜂阶段和侦查蜂阶段三个过程进行搜索寻优，其中雇佣蜂主要负责寻找蜜源并对蜜源信息进行共享；观察蜂对共享的蜜源信息进行选择和开采；侦查蜂则用于寻找新的蜜源并对经多次搜索而仍未有改善的蜜源进行替换。

在经典 ABC 中，蜜源数量与雇佣蜂数量相等。初始化时，在搜索空间内随机生成 N 个蜜源，蜜源的产生公式为：

$$x_{ij} = x_{minj} + rand[0, 1] \times (x_{maxj} - x_{minj}) \quad (1-6)$$

其中，x_{ij} 为第 i 个蜜源 x_i 的第 j 维度值，$i \in \{1, 2, \cdots, N\}$，$j \in \{1, 2, \cdots, D\}$；$x_{minj}$ 和 x_{maxj} 代表搜索空间中第 j 个维度的上限和下限。

在雇佣蜂阶段，雇佣蜂在蜜源 x_i 的附近根据公式（1-7）来产生新蜜源：

$$u_{ij} = x_{ij} + \varphi_{ij} \times (x_{ij} - x_{kj}) \quad (1-7)$$

式（1-7）中，$k \in \{1, 2, \cdots, N\}$，$k \neq i$，$x_k$ 表示种群中随机选择一个不等于 x_i 的邻域蜜源，φ_{ij} 是 [-1, 1] 之间的随机数。

当新蜜源产生后，计算新旧蜜源的适应度值 $fit(x_i)$ 和 $fit(u_i)$。如果蜜源的适应度值 $fit(u_i) > fit(x_i)$，则用新蜜源 u_i 替换旧蜜源 x_i；否则保留旧蜜源 x_i。

在观察蜂阶段，雇佣蜂飞回信息交流区，并与观察蜂分享蜜源信息。蜜源 x_i 被选择概率为：

$$P_i = fit(x_i) \Big/ \sum_{l=1}^{N} fit(x_l) \quad (1-8)$$

根据公式（1-8）计算后，观察蜂采用轮盘赌的方法来选择一个蜜源进行跟踪和开采，即在 [0, 1] 之间产生一个均匀分布的随机数 $rand$，如果 $rand < P_i$，则根据公式（1-7）在蜜源 x_i 周围产生一个新的邻域蜜源 u_i，并采用与观察蜂一样的贪婪选择法确定被保留的蜜源。因此，适应度值越高的蜜源，被开采的概率越大。

将每个蜜源 x_i 的搜索次数记为 $trial_i$，如果 x_i 经过搜索进行更新，$trial_i = 0$；否则，$trial_i = trial_i + 1$。通过这种方法，对蜜源没有被更新的次数进行记录。当 $trial_i > Limit$，而 x_i 仍未得到更新，放弃该蜜源并启用侦查蜂。侦查蜂根据公式（1-6），随机产生新蜜源并替换 x_i。

ABC 的主要步骤描述如下：

步骤 1：种群初始化。随机生成规模为 N 的初始种群 P，初始化蜜

源的尝试次数阈值 $Limit$。

步骤2：雇佣蜂阶段。为蜜源 x_i 分配一只雇佣蜂，根据公式（1-7）随机产生新蜜源 u_i，并通过贪婪比较法，确定保留的较优蜜源。

步骤3：观察蜂阶段。根据公式（1-8）计算雇佣蜂共享的蜜源被选择跟随的概率，运用轮盘赌策略选择蜜源 x_i 进行跟踪和开采，开采过程与雇佣蜂开采新蜜源的方法一致。

步骤4：侦查蜂阶段。如果一个蜜源经过 $Limit$ 次开采均未被更新，则放弃该蜜源并启用侦查蜂。

步骤5：如果满足终止条件，则搜索结束；否则，转至步骤2。

ABC 的流程图如图 1-8 所示。

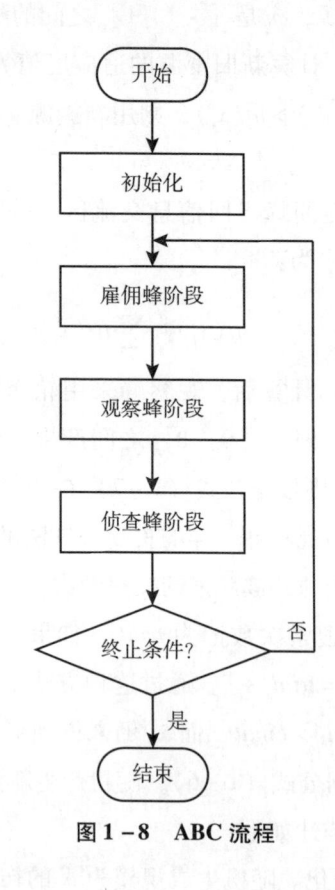

图 1-8 ABC 流程

与其他智能优化算法相比，ABC 结构简单，易与其他算法进行融合，控制参数较少，有较强的全局搜索能力，效率高[177]等特点。ABC 最初主要用于解决连续函数优化问题[178]。目前，ABC 已在诸多领域得到广泛应用，如旅行商问题[179]、车间调度问题[180~181]、路径规划问题[182]、电力潮流优化问题[183]、神经网络设计[184]、传感器网络的优化配置[185]、图像信号处理[186]等。

ABC 在求解生产调度问题方面有较广泛的应用。夏尔马等（Sharma et al.）[187]针对大规模单机调度，提出一种受月球周期启发的 ABC 最小化总加权拖期。雷德明等[188]设计了一种多群体 ABC 求解以最小化 makespan 和总拖期为目标的不相关并行机调度问题。阿里克等（Arik et al.）[189]将迭代贪婪算法变体中的局部搜索算子和摧毁/重构算子与 ABC 相结合，求解以 makespan 为目标的置换流水车间调度问题。针对阻塞批流式流水车间调度问题，龚等（Gong et al.）[190]设计了一种混合多目标离散 ABC 最小化 makespan 和提前完工时间。李等（Li et al.）[191]针对考虑多处理器的装配车间调度问题，提出一种改进型 ABC。孙达尔等（Sundar et al.）[192]采用混合 ABC 求解以 makespan 为目标的无等待作业车间调度问题。孟等（Meng et al.）[193]针对 FJSP，引入一种自适应调整搜索范围的动态机制并提出混合型 ABC。高等（Gao et al.）[194]研究了模糊 FJSP，提出一种改进型 ABC 最小化最大模糊完工时间和最大模糊机器负载的方法。针对考虑预防性维修的分布式不相关并行机调度问题，雷等（Lei et al.）[195]运用分组 ABC 以最小化 makespan。王等（Wang et al.）[196]针对考虑维修的分布式三阶段装配车间调度问题，设计了一种基于强化学习的自适应 ABC 以最小化最大拖期。

潘等（Pan et al.）[197]运用一种改进型 ABC 求解 HFSP。李俊青等[198]设计一种离散 ABC 求解同构和异构并行机 HFSP。李等（Li et al.）[199]针对考虑阻塞的 HFSP，设计了一种基于禁忌搜索（TS）和 ABC 混合的新型 ABC 最小化总流程时间的方法。宣等（Xuan et al.）[200]考虑了步进劣化工件和顺序相关启动时间，并提出了改进型 ABC 优化总加权时间。李等（Li et al.）[201]应用多目标 ABC 求解以最小化 makespan 和加工成本为目标的 HFSP。针对考虑装配的两阶段 HFSP，凯兰迪斯等（Kheirandish et al.）[202]建立了以最小化 makespan 为目标的数学模型并运用 ABC 求解。针对不确定环境下的 HFSP，付等（Fu et al.）[203]提出了改进型 ABC 同时优化加工质量和总延迟时间。针对考虑 SDST 的分布式 HFSP，李等（Li et al.）[204]提出了基于机器位置的数学模型，并运用 ABC 优化 makespan。李颖俐等[205]设计了改进型 ABC 对分布式模式下同构、异构和多类型约束下的 HFSP 进行研究。陶等（Tao et al.）[206]在分布式 HFSP 考虑了资源约束并设计了自适应 ABC 对问题求解。

与 HFSP 的研究相比，基于 ABC 的绿色 HFSP 研究尚不够深入，成果偏少。张等（Zhang et al.）[207]针对以 makespan 和总能耗为目标的绿色 HFSP，设计了一种三层编码结构并提出基于分解的多目标 ABC，该算法通过变邻域速降法对每个子问题进行多次邻域搜索。左等（Zuo et al.）[208]设计了一种新型多种群 ABC 来提高搜索效率，同时最小化 makespan、总拖期和总能耗。耿等（Geng et al.）[209]针对考虑调整时间的分布式异构可重入 HFSP，提出了一种多目标 ABC 最小化 makespan 和总能耗。

李等（Li et al.）[210]针对分批 FJSP，提出一种基于 ABC 的启发式算法以最小化每个子批的流程时间。王等（Wang et al.）[211]针对 DPm→1 布局和启动时间等多种约束的分布式三阶段装配调度问题，提出一种基于强化学习的 ABC 以优化总拖期。王等（Wang et al.）[212]设计了改进型 ABC 同时最小化 makespan 和总拖期。针对考虑装配的 HFSP，凯兰迪斯等（Kheirandish et al.）[213]结合问题特点，提出了一种融合 ABC 和 GA 的混合算法以优化 makespan。

关于 ABC 在考虑劣化效应的车间调度问题上的研究，陆等（Lu et al.）[214]设计了一种结合人工蜂群和禁忌搜索的混合算法，对考虑劣化维修活动、并行批处理和劣化工件的不相关并行机调度问题进行研究，合理安排每台机器上的作业分配、维修安排、作业批处理和批调度，以最小化 makespan。索莱马尼等（Soleimani et al.）[215]针对考虑了时间相关劣化效应，位置相关学习效应和调整时间的不相关并行机调度问题，采用遗传算法、猫群优化算法和交互式人工蜂群算法等三种元启发式算法，以获得平均加权拖期和能耗最小的最优解。

1.5 研究现状存在的问题分析

从以上研究现状来看，虽然关于绿色 FJSP 和绿色流水车间调度问题的研究成果很多，取得了较大的进展，但仍存在一些问题与不足：

①绿色 FJSP 是一种典型离散工业过程绿色调度问题，它综合考虑经济、资源、环境影响等因素，通常为多目标优化问题，甚至高维多目标优化问题。现有研究以常规多目标优化为主，目标个数小于 4，很少考虑目标个数大于等于 4 的高维多目标绿色 FJSP。实际上，高维多目标绿色 FJSP 广泛存在于实际生产系统中，与常规绿色 FJSP 相比，它的计算复杂度和搜索难度更大，因此，有必要根据高维多目标绿色 FJSP 的特点探讨有效的求解方法。此外，具有总能耗约束的绿色 FJSP 以及考虑运输的绿色 FJSP 等问题未引起研究者重视，这些实际约束的考虑将使得相应的优化结果具有更高的应用价值。

现有绿色 FJSP 研究通常同等对待所优化的多个目标，不过，当制造商面临较大按时交货压力并对生产系统性能要求较高时，企业会在尽可能按时交货和保证生产系统性能的同时兼顾能耗目标的优化，这时需要降低能耗目标的重要性，在能耗目标和其他目标之间进行协调，这种协调与节能降耗并无冲突，相反可获得单位增加值能耗更低的调度方案。因此，需要探讨能耗重要性降低时绿色 FJSP 的优化理论与方法。

②绿色 HFSP 普遍存在于离散工业过程中，它结合了流水车间和并行机调度的特点，涉及多设备、多阶段、多工件的加工，增加了机床选择的灵活性，同时也提高了问题求解的难度。目前，目标重要性程度相同的绿色 HFSP 得到了深入研究，出现了大量成果。然而针对考虑目标

相对重要性的绿色HFSP，相关研究成果较少。面对目标重要性不同，常规Pareto支配关系已不再适用，需要设计新的支配关系或者其他求解方法，如何在优化过程中，既体现目标重要性不同，又能获得满足制造商偏好的结果，值得深入思考。

③实际的工业环境中，由于中间产品的不稳定性，许多工序间的加工等待时间是有限的。如果后续操作不能在规定时间内处理，将导致产品质量下降，甚至返工或报废。例如，如果在晶片制造中的清洁和扩散过程之间，表面长时间暴露在空气中，则清洁后的芯片将增加污染的可能性。另外，在实际制造过程中，机器长时间运行后受劣化效应影响，性能会有所降低并导致后续工件的加工时间延长，能耗增加。因此，有必要深入研究等待时间有限和考虑机器劣化效应的绿色调度问题。

④ICA作为一种新兴的智能优化算法，既具有较强的邻域搜索能力，又是有效的全局优化方法且结构灵活，已广泛应用于诸多领域。目前，ICA在离散工业过程绿色调度包括绿色FJSP和绿色HFSP方面的相关研究成果偏少；同时，现有ICA的设计以改进为主，未考虑引入新的优化机理如反馈机制和帝国间的差异化搜索等，为此，针对绿色调度问题涉及多个彼此冲突的目标，而且还需要考虑目标的相对重要性差异，探讨ICA的改进策略、基于帝国分层的差异化搜索和反馈型ICA等并结合问题的特点，以获得问题质量较高的解，满足离散工业过程绿色生产的需要。

⑤ABC作为一种高效的群智能优化算法，结构灵活，易于实现，能够快速收敛且具有较强的全局搜索能力，已广泛应用于复杂工业过程的优化控制和车间调度问题的优化设计。目前，ABC在绿色FJSP和绿色HFSP方面的研究成果较少；同时，现有的ABC未考虑分组、知识和多样性增强策略等新的优化机理。因此，根据问题特点建立有效的绿色调度模型，设计更加高效的多目标智能优化算法，在有限时间内获得高质量解，有必要进行深入研究。

1.6 主要研究内容和章节安排

基于上述的研究问题以及国内外现状分析，本书各章的主要研究内容如下：

第1章：介绍了本书课题的来源、背景和意义，并详细分析了三种离散工业绿色调度的国内外研究现状，在此基础上提出了本书的研究问题。

第2章：针对具有总能耗约束的绿色FJSP，提出一种基于ICA和VNS的两阶段元启发式算法，在总能耗不超过给定阈值的条件下最小化makespan和总延迟时间。第一阶段将原问题转化为具有总能耗等目标的三目标绿色FJSP，设计新型ICA对问题求解并根据ICA优化结果确定总能耗阈值；第二阶段，给出了新旧解的比较原则和非劣解集更新策略，构建VNS对原问题求解。最后通过大量实验验证了两阶段元启发式算法的有效性。

第3章：研究了考虑运输的绿色FJSP，提出了基于反馈机制的ICA以同时最小化makespan、总延迟时间和总能耗。该算法运用反馈实现同化和革命参数以及邻域结构的自适应选择；不是所有殖民地都进行同化，参与同化的殖民地可以执行多次同化并有多个学习对象；设计了新型帝国竞争策略以增强帝国间信息交流并强化种群中部分最差解的搜索。最后通过与其他算法比较与分析，验证了反馈型ICA的优越性。

第4章：针对考虑有限等待时间的绿色FJSP，提出了一种基于知识引导的分组人工蜂群算法（knowledge-guided grouping artificial bee colony algorithm，KGGABC）以最小化makespan和总能耗。该算法雇佣蜂阶段中通过非支配排序选择部分最优食物源进行分组，并为每个食物源分配一定数量的雇佣蜜蜂进行搜索。在观察蜂阶段设计了一种改进的选择方法以减少仅依赖食物源对适应度的影响，同时利用进化过程中的知识以指导算法的搜索。最后通过大量实验验证了 KGGABC 在求解所研究问题方面的有效性。

第 5 章：针对高维多目标绿色 FJSP，提出了一种改进型 ICA 以同时最小化总能耗、最大延迟时间、makespan 和最大机器负荷，该算法采用新方法构建初始帝国使得大多数殖民国家分配数量相近的殖民地，引入殖民国家的同化操作，并应用新的革命策略和帝国竞争方法以获得质量较高的解。最后通过大量实验测试 ICA 新策略对其性能的影响并将 ICA 与其他算法对比，实验结果表明改进型 ICA 在求解高维多目标绿色 FJSP 方面具有较强的优势。

第 6 章：针对考虑关键目标的绿色 FJSP，提出了一种差异化 ICA 以充分优化关键目标 makespan 和总延迟时间的同时持续改进非关键目标总能耗。该算法采用新的同化策略使得帝国内每个解至少存在多个学习对象并区别对待帝国内的最好解和其他解，新型帝国竞争中给出了归一化总成本新定义并引入了殖民国家的全局搜索。通过实验系统地分析了总能耗的劣化程度与关键目标的改善程度之间的关系，并验证了差异化 ICA 在求解所研究绿色 FJSP 方面较强的优势。

第 7 章：针对考虑机器劣化效应的 EPFSP，提出了一种考虑多样性和收敛性的 ICA（imperialist competitive algorithm with diversity and convergence，DCICA）最小化 makespan 和总能耗。在 DCICA 中，设计了多样化同化操作以提高种群的多样性以及基于知识引导的革命操作以有效地分配计算资源；定义了种群的收敛性和多样性以评估同化和革命操作的搜索质量；同时提出了一种新的帝国竞争以加强帝国之间的信息交流。最后通过大量实验系统地分析了不同劣化率对两个目标的影响关系，实验结果表明 DCICA 在求解所研究的问题方面的有效性。

第 8 章：研究了以总能耗，makespan 和总延迟时间为目标的绿色 HFSP，其中总能耗的重要性低于其他两个目标。采用新定义的 Pareto 支配关系处理目标间的相对重要性。设计了一种双层 ICA，第一层为最强帝国，第二层为其他帝国。为了产生质量较高的解，每个帝国在不同的搜索阶段执行不同的同化和革命方法并且最强帝国不参与帝国竞争。

每隔一定代数，记忆集与最强帝国结合重新构建新的帝国。为了避免将最弱帝国中的最弱殖民地分配给取胜帝国，随机选择记忆集中的一个解加入取胜帝国。实验结果表明双层 ICA 能够有效地求解考虑目标相对重要性的绿色 HFSP。

第 9 章：总结了全书的研究工作，并对未来的研究进行了展望。

第 2 章

具有总能耗约束的绿色柔性作业车间调度

尽管绿色柔性作业车间调度问题（flexible job shop scheduling problem，FJSP）的研究出现了大量成果，但有些问题的研究仍不够深入，例如，具有总能耗约束的绿色 FJSP。针对上述绿色 FJSP，提出了一种基于 ICA 和 VNS 的两阶段元启发式（two-phase meta-heuristic，TPM）算法同时优化总延迟时间和 makespan。第一阶段将原问题转化为包括总能耗在内的三目标绿色 FJSP，设计新型 ICA 对转化后的问题求解并根据该阶段优化结果确定合适的总能耗阈值；第二阶段构建高效的 VNS 对原问题求解。最后，通过算法的比较与分析，验证了 TPM 算法的有效性。

2.1 问题描述

具有总能耗约束的绿色 FJSP 由工件集 $J = \{J_1, J_2, \cdots, J_n\}$ 和机器集 $M = \{M_1, M_2, \cdots, M_m\}$ 组成，工件 J_i 具有 h_i 道工序，工序 o_{ij} 为工件 J_i 的第 j 道工序，该工序可由其相容机器集 S_{ij} 中的任何一台机器加工，$S_{ij} \subseteq M$。p_{ijk} 表示工序 o_{ij} 在机器 M_k 上的基本加工时间。机器 M_k 具有两种模式：加工模式和空闲模式。E_k、SE_k 分别为机器 M_k 处于加工和空闲两种模式下的单位时间能耗。

第2章 具有总能耗约束的绿色柔性作业车间调度

工件和机器之间还应当满足以下假设：同一时刻一台机器最多只能加工一道工序；同一时刻一个工件最多只能在一台机器上加工；工件加工不允许中断等。

除此之外，总能耗还满足以下约束：

$$TEC = \int_0^{C_{max}} \left(\sum_{i=1}^n \sum_{j=1}^{h_i} \sum_{k=1}^m E_k y_{ijk}(t) + \sum_{k=1}^m SE_k z_k(t) \right) dt \leq Q_{EC} \quad (2-1)$$

式（2-1）中，TEC 表示总能耗；若在时刻 t 机器 $M_k \in S_{ij}$ 处于加工模式，则 $y_{ijk}(t)$ 等于1，否则 $y_{ijk}(t)$ 为0；若在时刻 t 机器 M_k 为空闲模式，$z_k(t)$ 等于1；否则 $z_k(t)$ 为0；Q_{EC} 表示总能耗阈值。

该问题的目的是在满足所有约束的条件下同时优化以下2个目标函数：

$$f_1 = C_{max} \quad (2-2)$$

$$f_2 = \sum_{i=1}^n \max\{C_i - D_i, 0\} \quad (2-3)$$

其中，C_i，D_i 分别表示工件 J_i 的完成时间和交货期；f_1 是 makespan，f_2 是总延迟时间。

表2-1给出了该问题一个例子的加工信息，其中 $SE_1 = 1$，$SE_2 = 1$，$E_1 = 2$，$E_2 = 3$，$D_1 = 25$，$D_2 = 12$，$D_3 = 11$，$D_4 = 22$。图2-1给出了两个解的调度甘特图，对于图2-1（a），$f_1 = 28$，$f_2 = 9$，$TEC = 129$；图2-1（b）中，$f_1 = 25$，$f_2 = 7$，$TEC = 117$。如果 Q_{EC} 为118，则第一个解不满足总能耗约束，为不可行解；第二个解是可行解。

表2-1　　　　　　　　　　加工信息

工件	M_1	M_2	工件	M_1	M_2
$J_1 o_{11}$	2	4	$J_3 o_{31}$	6	4
o_{12}	3	5	o_{32}	2	4
o_{13}	4	6	$J_4 o_{41}$	3	5
$J_2 o_{21}$	3	7	o_{42}	6	9
o_{22}	3	2	o_{43}	6	5

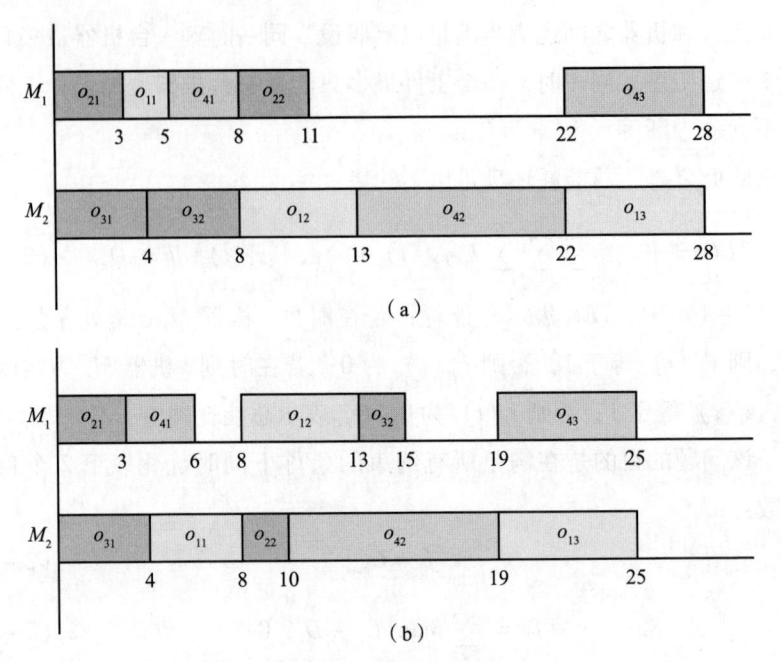

```
M₁ | o₂₁ | o₁₁ | o₄₁ | o₂₂ |          | o₄₃ |
       3    5    8    11             22    28

M₂ | o₃₁ | o₃₂ | o₁₂ | o₄₂ | o₁₃ |
       4    8         13        22    28
```

(a)

```
M₁ | o₂₁ | o₄₁ |     | o₁₂ | o₃₂ |    | o₄₃ |
       3     6    8    13    15        19    25

M₂ | o₃₁ | o₁₁ | o₂₂ |  o₄₂  |  o₁₃  |
       4     8    10            19      25
```

(b)

图 2-1　调度甘特图

离散工业过程绿色调度是典型的多目标优化问题（multi-objective optimization problem，MOP），其各目标间通常彼此冲突。除了绿色调度，实际工程、科学和技术领域如资源分配[216]、物流配送[217]、污水处理过程[218]、数据聚类[219]、综合能源系统[220]以及电力系统规划[221]等存在大量的 MOP。

以最小化问题为例，MOP 的数学模型可描述如下：

$$\begin{cases} \min f(x) = (f_1(x), f_2(x), \cdots, f_m(x)) \\ s.t.\ g_i(x) \leq 0,\ i = 1, 2, \cdots, p \\ \qquad h_i(x) = 0,\ i = 1, 2, \cdots, q \end{cases} \quad (2-4)$$

式（2-4）中，$f_i(x)$ 表示第 i 个目标函数，$x = (x_1, x_2, \cdots, x_n) \in \Phi \subseteq R^n$，$x$ 为 n 维决策向量，Φ 为 n 维决策空间；$g_i(x) \leq 0$，$i = 1, 2, \cdots, p$ 表示 p 个不等式；$h_i(x) = 0$，$i = 1, 2, \cdots, q$ 表示 q 个等式约束。

通常，要用到如下几个概念：

①Pareto 支配。对于解 $x \in \Phi$ 和 $y \in \Phi$，当且仅当式（2-5）成立，则解 x 支配 y（记为 $x \succ y$）：

$$\begin{cases} \forall i \in \{1, 2, \cdots, m\}, f_i(x) \leqslant f_i(y) \\ \exists i \in \{1, 2, \cdots, m\}, f_i(x) < f_i(y) \end{cases} \quad (2-5)$$

②Pareto 最优解。如果解 x 不受 Φ 内的任何一个解支配，则解 x 称为 Pareto 最优解。

③Pareto 最优解集。Pareto 最优解集（Pareto set，PS）是由 Pareto 最优解所有成员组成的集合，定义如下：

$$PS = \{x \mid \neg \exists y \in \Phi : x \succ y\} \quad (2-6)$$

④Pareto 前沿。由 Pareto 最优解组成的集合称为 Pareto 前沿（Pareto front，PF）：

$$PF = \{f(x) = (f_1(x), f_2(x), \cdots, f_m(x))^T \mid y \in PS\} \quad (2-7)$$

以最小化两个目标问题为例，图 2-2 给出了 Pareto 支配关系示意图。

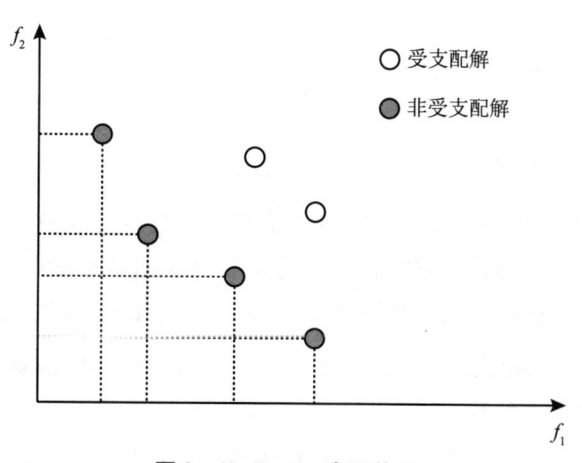

图 2-2　Pareto 支配关系

2.2　具有总能耗约束的绿色 FJSP 的求解算法

对于所研究绿色 FJSP，提出了一种基于 ICA 和 VNS 的 TPM 算法。

2.2.1 编码

针对具有 n 个工件以及 m 台机器的 FJSP，通常采用调度串 [(θ_1, r_1), (θ_2, r_2), …, (θ_i, r_i), …, (θ_h, r_h)] 和机器分配串 [q_{11}, q_{12}, …, q_{1h_1}, …, q_{nh_n}] 表示问题的一个解，其中 $h = \sum_{i=1}^{n} h_i$ 表示工序总数。调度串中，二元组 (θ_i, r_i) 对应工序 $o_{\theta_i r_i}$，$\theta_i \in \{1, 2, …, n\}$，$1 \leqslant r_i \leqslant h_{\theta_i}$。机器分配串中，元素 $q_{ij} \in S_{ij}$ 表示用于工序 o_{ij} 加工的机器。

上述编码方法的解码过程见文献 [45, 46, 222]，该过程能够满足除总能耗之外的其他约束，而对于 $TEC \leqslant Q_{EC}$，需要获得大小合适的 Q_{EC} 以及处理不可行解。为此，为了有效处理该约束，提出了一种两阶段求解过程。

2.2.2 第一阶段

本阶段不考虑约束 $TEC \leqslant Q_{EC}$，而是将总能耗作为第 3 个优化目标 $f_3 = TEC$，则原问题转化为三目标绿色 FJSP，这样可在该阶段避免处理总能耗约束，并结合问题的特征构建新型 ICA 对转化后的绿色 FJSP 求解，最后根据该阶段的优化结果确定 Q_{EC}。通过问题转化，原问题的解都能满足三目标绿色 FJSP 的所有约束，扩大了算法的搜索范围，有利于产生质量较高的解。

增加第 3 个优化目标后，ICA 在执行非劣排序时，算法的复杂度有所提高，由于仅在本阶段对转化后的问题求解，而且并非每一代都进行非劣排序，所以原问题的转化对 ICA 的复杂度影响较小。

(1) 初始帝国构建

一般情况下，MOP 的解是由一组非劣解构成，而殖民国家是种群中质量较高的解，这些解通常彼此非劣，其分配的殖民地数量应当相近以避免帝国间势力差异较大。基于此，提出了一种新策略构建初始帝国。

初始帝国构建过程描述如下。

步骤1：对种群 P 非劣排序[223]，获得所有解的 $rank$ 值。

步骤2：确定 $rank$ 值等于 1 的 η 个解。

步骤3：若 $\eta < N_{im}$，则选择 η 个非劣解以及 $N_{im} - \eta$ 个 $rank$ 值最小的解依次作为帝国 $k = 1, 2, \cdots, N_{im}$ 的殖民国家；否则，从 η 个解中随机确定 N_{im} 个解成为殖民国家。

步骤4：对于每个帝国 $k(k = 1, 2, \cdots, N_{im})$，若 $k < N_{im}$，$F_k = A + \mu$ 或 $B + \mu$，$\mu \in \{0, 1\}$；否则 $F_{N_{im}} = N - \sum_{k=1}^{N_{im}-1} F_k$。

步骤5：为帝国 $k(k = 1, 2, \cdots, N_{im})$ 随机选择 $F_k - 1$ 个解作为殖民地。

其中，F_k 表示帝国 k 内的国家总数。

若 $N_{im} = 6$，A 和 B 的确定方式如下：

$$A = \begin{cases} \text{round}(0.3N) & if\ \eta = 1 \\ \text{round}(0.2N) & if\ \eta = 2 \\ \text{round}(0.2N) & if\ \eta = 3 \\ \text{round}(0.18N) & if\ \eta = 4 \\ \text{round}(0.18N) & if\ \eta = 5 \\ \text{round}(N/6) & if\ \eta \geq 6 \end{cases} \quad (2-8)$$

$$B = \begin{cases} \text{round}(N - \eta A/(N_{im} - \eta)) & if\ \eta < N_{im} \\ 0 & else \end{cases} \quad (2-9)$$

当 $\eta < N_{im}$ 时，存在 2 种类型的帝国，第 1 种帝国 $k(k = 1, 2, \cdots, \eta)$ 的殖民国家是种群 P 中 $rank$ 值为 1 的 η 个解，这些帝国中国家数量为 $F_k = A + \mu$；第 2 种帝国 $k(k = \eta + 1, \eta + 2, \cdots, N_{im})$ 的殖民国家是 $N_{im} - \eta$ 个 $rank$ 值最小的国家，它们均是受支配解；此时，设置 $F_k = B + \mu$。当 $\eta \geq N_{im}$ 时，从 $rank$ 值为 1 的 η 个解中随机确定 N_{im} 个解作为殖民国家。可以发现，这种初始帝国构建方法是根据所研究问题的特点而

设计的，与文献 [224~225] 的过程不同。

（2）同化和革命

同化和革命是 ICA 产生新解的主要途径。对于调度这样的组合优化问题，同化往往采用交叉操作[51]来实现。

同化过程如下：对于帝国 k 内的殖民地 λ 和殖民国家 k，若随机数 $s<\zeta$，则对 λ 和 k 的调度串执行第 1 种交叉操作；否则对 λ 和 k 的机器分配串采用第 2 种交叉操作，产生新解 z 并与 λ 比较，若新解 z 不受 λ 支配，则利用 z 替代 λ 并更新外部档案 Ω，其中 2 种交叉操作的详细描述见文献 [45~46]。

与机器分配子问题相比，调度子问题往往具有更高的复杂性，基于此，针对上述同化过程，设置 $\zeta>0.5$ 以注重调度子问题的优化。ζ 的值根据实验确定为 0.6。

Ω 中解的更新方法描述如下：首先将新解加入 Ω，然后对所有解根据目标 f_1, f_2, f_3 进行 Pareto 比较，仅保留非劣解。

殖民地通过革命改变社会政治特征，提升自身地位，与 GA 中的变异操作类似，有利于提高 ICA 的搜索能力，本节提出了一种新型革命策略。

革命过程描述如下：对于帝国 k，

步骤 1：令 $\alpha \leftarrow 1$，对于每个 $\tau = 1, 2, \cdots, F_k$，若随机数 $s<U_R$，则 $\alpha \leftarrow \alpha+1$。

步骤 2：对所有殖民地根据 f_1, f_2, f_3 三个目标进行 Pareto 比较，获得每个殖民地 λ 的 w_λ。

步骤 3：若 $\alpha>1$，则对 $l=1, 2, \cdots, \alpha$ 执行以下步骤：

确定具有最小 w_λ 值的殖民地 λ，令 $g \leftarrow 1$。重复如下过程 R 次：

若 $g=1$，对 λ 执行 *insert*；否则执行 *change*，产生新解 z；

若新解 z 不受 λ 支配，则利用 z 替代 λ 并更新 Ω；

否则，$g \leftarrow g+1$，当 $g=3$ 时，$g \leftarrow 1$。

其中 R 是一个正整数，U_R 为殖民地的革命概率，设置 $U_R=0.1$。

对于殖民国家 k 的殖民地 λ，它受帝国 k 内其他殖民地支配的个数

记为 w_λ，选择具有最小 w_λ 值的 α 个殖民地执行革命，是因为充分利用质量高的殖民地革命能够提高获得优秀解的可能性。

运用邻域结构 insert 和 change 产生新解，其中，insert 将调度串中随机确定的一个元素（θ_i, r_i）插入另一位置 $k \neq i$，并根据 θ_i 在该串中出现的次序重新为 r_i 赋值[46]。change 的详细步骤如下：首先构建集合 $\Theta = \{q_{ij} \| S_{ij} | > 1, i = 1, 2, \cdots, n, j = 1, 2, \cdots, h_i \}$；然后从 Θ 中随机确定若干元素并为其重新赋值，假设选择 q_{ij}，则从 S_{ij} 中随机选择一台机器替换 q_{ij}。

（3）帝国竞争

帝国竞争能够实现帝国间的协同进化，是 ICA 的关键步骤。本阶段针对转化后问题每个解的成本值给出了新定义，成本值由 rank 值和拥挤距离两部分构成，为此，首先对种群 P 非劣排序[223]，将所有解划分为 $rank_{max}$ 个集合 H_l，其中集合 H_l 内所有解的 rank 值均为 l；然后计算每个集合 H_l 内所有非边界解 f 的拥挤距离 $dist_f$[223]，并确定最大值 ψ，边界解的拥挤距离设置为 $\psi + \alpha$，其中 α 的值大于 1，目的是区分上述两种解。

新型帝国竞争的步骤如下：若 $N_{im} \geq 2$，

步骤 1：计算种群中每个解 i 的 rank 值和 $dist_i$。

步骤 2：将 H_l 内解 i 的成本值定义为 $l + dist_i \Big/ \sum_{f \in H_l} dist_f$，$l = 1, 2, \cdots, rank_{max}$。

步骤 3：采用常规 ICA[226] 的方法实现其他步骤。

计算帝国 $k(k = 1, 2, \cdots, N_{im})$ 的总成本 TC_k 时，ζ 设置为 0.1。

（4）ICA 描述

ICA 的详细步骤如下：

步骤 1：随机产生初始种群 P 以及确定初始的 Ω。

步骤 2：殖民地的同化和革命。

步骤 3：实现所有帝国中可能的殖民地与殖民国家的互换。

步骤 4：帝国竞争。

步骤5：若满足本阶段的终止条件，ICA 停止搜索；否则返回步骤2。

互换过程如下：对于帝国 $k = 1$，2，$\cdots$，N_{im} 内的每个殖民地 λ，根据三个目标 f_1，f_2，f_3 逐一与殖民国家 k 进行 Pareto 比较，若殖民地 λ 不受殖民国家 k 支配，则殖民地 λ 变为新的殖民国家 k，而原殖民国家 k 变为殖民地 λ。

第一阶段终止条件为目标函数估计次数 $\max\_it_1$，当满足该条件时，停止当前阶段的搜索。

总之，ICA 结合所研究问题的特征实现各步骤，初始帝国构建使得各帝国势力差异较小、革命采用质量较好的殖民地容易产生质量更高的解、同化过程注重计算资源分配等新策略，有利于提高 ICA 的搜索效率。

（5）总能耗阈值 Q_{EC}

文献［227］考虑了 Q_{EC}，但是未介绍如何获得 Q_{EC}。本节在 ICA 计算结果的基础上，给出了确定总能耗阈值的具体方法。

关于每个测试实例，确定总能耗阈值的详细步骤如下：

步骤1：ICA 随机运行 20 次。

步骤2：计算 $Q_i = \max\{TEC(z) \mid z \in \Omega_i\}$，$\overline{Q} = (1/20) \sum_{i=1}^{20} Q_i$。

步骤3：找出所有 $Q_i \geq \overline{Q}$ 的 Q_i，并删除一些与 Q_i 大小接近的值。

步骤4：运行 TPM 算法，对其计算结果评价后确定 Q_{EC}。

其中，Ω_i 为第 i 次运行 ICA 获得的非劣解集。

2.2.3 第二阶段

本阶段运用 VNS 求解所研究的绿色 FJSP，由于可能存在部分解的能耗值不满足 $TEC \leq Q_{EC}$，需要对其进一步处理，为此，设计了一种新原则用于比较两个解 x，z。

① $TEC(x) > Q_{EC}$ 和 $TEC(z) \leq Q_{EC}$；

② $TEC(x) \leq Q_{EC}$，$TEC(z) \leq Q_{EC}$，且 z 不受 x 支配；

③ $TEC(x) > Q_{EC}$,$TEC(z) > Q_{EC}$,且 $TEC(z) \leq TEC(x)$。

上述3个条件只要两个解 x,z 满足其中之一,则利用解 z 替代解 x。条件(2)仅根据目标 f_1,f_2 对解 x,z 进行 Pareto 比较。

关于集合 Ω,在第一阶段的整个优化过程中,它由基于 f_1,f_2,f_3 三个目标的非劣解构成。当算法过渡到本阶段时,由于直接保留 Ω,使得该集合中存在一些不可行解。

第二阶段 Ω 的具体更新方法如下:对于解 x,

① 如果 $TEC(x) > Q_{EC}$:

若 Ω 中存在解 y 满足 $TEC(x) < TEC(y)$,则解 x 替代解 y。

② 如果 $TEC(x) \leq Q_{EC}$:

若 Ω 中所有解的总能耗均满足 $TEC \leq Q_{EC}$,则存在以下两种情形:

a. 解 x 与 Ω 中的一个解 y 具相同的 f_1,f_2 且 $TEC(x) < TEC(y)$,则利用解 x 替代解 y。

b. 上述条件不成立,则将 x 加入 Ω 中,并对 Ω 中的所有解根据 f_1,f_2 两个目标进行 Pareto 比较,仅保留非劣解。

若 Ω 中存在不满足约束的解,则利用解 x 替代集合 Ω 中的任意一个不可行解。

VNS 的具体过程描述如下:

步骤1:选择 Ω 中的第一个解 x 作为当前解,$w \leftarrow \max\_it_1$。

步骤2:令 $g \leftarrow 1$。

步骤3:重复如下步骤直到 $g = 3$ 或 $w > \max\_it$:随机生成新解 $z \in \mathcal{N}_g(x)$。若解 x 和解 z 满足上述解的比较原则,则新解 z 替代解 x 并更新 Ω;否则 $g \leftarrow g + 1$。$w \leftarrow w + 1$。若 w 能够被 β 整除,则选择 $y \in \Omega$ 替代解 x。

步骤4:若 $w \leq \max\_it$,则返回步骤2;否则停止搜索,删除 Ω 中的所有不可行解。

其中 $\max\_it$ 为 TPM 算法的终止条件。$\mathcal{N}_1$,$\mathcal{N}_2$ 表示 insert 和 change,$\mathcal{N}_g(x)$ 为执行 $\mathcal{N}_g$ 所产生的解 x 的邻域解集。

2.2.4 算法描述

如上所述，TPM 算法不仅能够以简单高效的方式处理总能耗约束 $TEC \leqslant Q_{EC}$，而且扩大了 ICA 的搜索范围，有助于获得质量更高的解，提高算法的求解质量。

此外，TPM 算法还包括以下特征：①能够高效解决具有总能耗约束的绿色 FJSP，同时获得合适的 Q_{EC}；②ICA 和 VNS 的有机融合，有助于平衡算法的全局搜索和局部搜索。

图 2-3 给出了 TPM 算法的流程图。

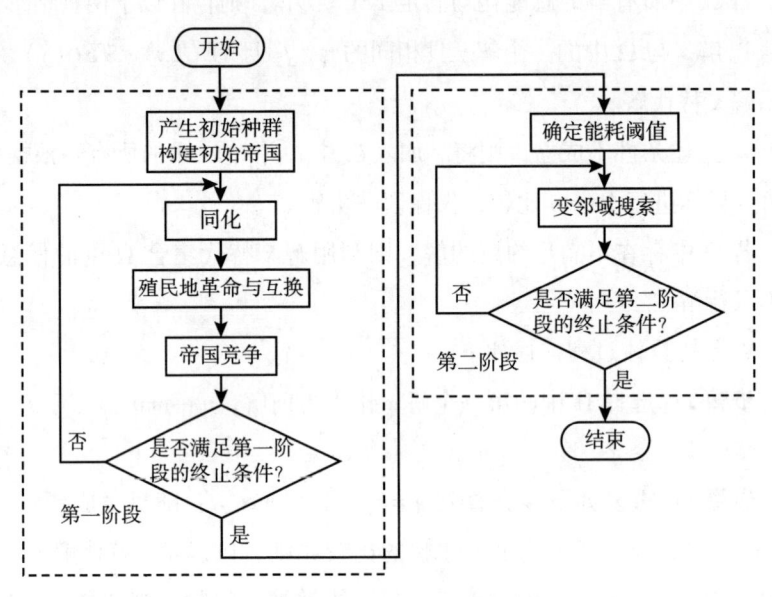

图 2-3 TPM 算法流程

2.3 计 算 实 验

为了测试 TPM 算法在求解所研究问题方面的性能，进行了大量实验，所有实验均由 Microsoft Visual C++ 6.0 编程实现，并运行于 4.0G RAM 1.70GHzCPU PC。

2.3.1 测试实例、评价指标和比较算法

选择 MK01 – 15[228]，DP1 – 18[229]，Ka4×5，Ka10×7，Ka10×10，Ka15×10[25] 和文献 [230] 中 21 个实例进行测试，在实例中引入能耗信息：$E_k \in [2, 4]$，$SE_k = 1$。D_i 的计算公式如下：

$$D_i = \delta \sum_{j=1}^{h_i} \max_{k=1,2,\cdots,m} \{p_{ijk}\} \qquad (2-10)$$

其中 δ 的取值如表 2-2 所示。

表 2-2　　　　　　　　　δ 的取值

δ	实例	δ	实例
[0.5, 0.7]	MK01, MK03, MK04, MK05, mt10c1, mt10cc, mt10x, mt10xx, mt10xxx, mt10xy, mt10xyz	[1, 1.5]	DP1 – 12, seti5c12, seti5c1, seti5x, seti5xx, seti5xxx, seti5xy, seti5xyz
[0.3, 0.5]	MK02, MK06, MK08, MK09, MK10	[1.2, 1.6]	MK11, MK12, MK13, MK14, MK15
[0.1, 0.3]	Ka4×5, Ka10×7, Ka15×10	[0.7, 0.9]	MK07
[1.2, 1.7]	DP13, DP14, DP15, DP16, DP17, DP18	[0.05, 0.2]	Ka10×10
[0.8, 1.2]	setb4c9, setb4cc, setb4x, setb4xx	[0.8, 1.2]	setb4xxx, setb4xy, setb4xyz

采用 DI_R，ρ_l 和 nd_l 三个指标评价算法性能。

DI_R[231] 用于评价算法的收敛性能，它为非劣解集 Ω_l 与参考集 Ω^* 之间的距离：

$$DI_R(\Omega_l) = \frac{1}{|\Omega^*|} \sum_{y \in \Omega^*} \min\{\sigma_{xy} | x \in \Omega_l\} \qquad (2-11)$$

其中 σ_{xy} 表示解 x 与参考解 y 在归一化目标空间中的距离。Ω^* 由并集

$\cup_l \Omega_l$ 中的非劣解构成。$DI_R(\Omega_l)$ 越小,则说明 Ω_l 中解的质量越好。

$\rho_l^{[232]}$ 为集合 $\{x \in \Omega_l | x \in \Omega^*\}$ 的大小与 $|\Omega^*|$ 的比值。ρ_l 越大,表明非劣解集 Ω_l 为 Ω^* 提供的解越多。

nd_l 为非劣解数量,定义为 $|\{x \in \Omega_l | x \in \Omega^*\}|$,$nd_l$ 表示由每一种算法产生的为参考集 Ω^* 提供的非劣解数量。参考集 Ω^* 由并集 $\cup_l \Omega_l$ 中的非劣解组成。

选择 NSGA-II[223] 和 VNS[26] 作为对比算法。

艾哈迈迪等(Ahmadi et al.)[233]运用 NSGA-II 求解以 makespan 和稳定性为目标的考虑机器故障的 FJSP。为了将该算法应用于解决所研究的问题,对其进行如下修改:不考虑机器故障部分,所有不可行解设置大于可行解最大 *rank* 值的 *rank* 值,拥挤距离赋值为 $\omega_{max} - TEC(x)$,其中 ω_{max} 为足够大的正数。NSGA-II 作为一种高效的多目标优化方法,在 FJSP 的求解方面具有较多应用,故选择该算法作为对比算法。

巴盖里和赞迪耶(Bagheri and Zandieh)[26]设计了一种 VNS 解决以 makespan 和平均延迟时间加权和为目标的 FJSP,将 2.2 节中针对不可行解的处理策略引入后,该算法可直接用于求解所研究的绿色 FJSP。

2.3.2 参数设置

TPM 算法的主要参数包括:N, N_{im}, max_it_1, max_it, β, R。应用 Taguchi 方法进行参数设置。参数水平如表 2-3 所示,表 2-4 为正交表 $L_{27}(3^6)$,表 2-5 给出了各参数的响应值。

表 2-3　　　　　　　　　　参数水平

参数	水平		
	1	2	3
N	60	80	100
N_{im}	5	6	7

续表

参数	水平		
	1	2	3
max_it_1	15000	20000	25000
max_it	80000	100000	120000
R	6	8	10
β	3000	5000	7000

表 2-4　　　　　　　正交表 $L_{27}(3^6)$

实验次数	参数水平						DI_R
	N	N_{im}	max_it_1	max_it	R	β	
1	1	1	1	1	1	1	10.06
2	1	1	1	1	2	2	8.892
3	1	1	1	1	3	3	8.140
4	1	2	2	2	1	1	7.271
5	1	2	2	2	2	2	6.264
6	1	2	2	2	3	3	6.557
7	1	3	3	3	1	1	7.854
8	1	3	3	3	2	2	7.592
9	1	3	3	3	3	3	8.009
10	2	1	2	3	1	2	7.604
11	2	1	2	3	2	3	7.957
12	2	1	2	3	3	1	8.147
13	2	2	3	1	1	2	7.367
14	2	2	3	1	2	3	7.614
15	2	2	3	1	3	1	7.857
16	2	3	1	2	1	2	8.007
17	2	3	1	2	2	3	7.317
18	2	3	1	2	3	1	7.138

续表

实验次数	参数水平						DI_R
	N	N_{im}	max_it_1	max_it	R	β	
19	3	1	3	2	1	3	8.097
20	3	1	3	2	2	1	7.200
21	3	1	3	2	3	2	7.760
22	3	2	1	3	1	3	8.386
23	3	2	1	3	2	1	7.457
24	3	2	1	3	3	2	7.561
25	3	3	2	1	1	3	8.202
26	3	3	2	1	2	1	7.943
27	3	3	2	1	3	2	7.830

表2-5　各参数的响应值

水平	N	N_{im}	max_it_1	max_it	R	β
1	7.849	8.206	8.106	8.211	8.094	7.881
2	7.668	7.370	7.531	7.290	7.582	7.653
3	7.826	7.766	7.706	7.841	7.667	7.809
极差	0.181	0.836	0.575	0.921	0.512	0.228
等级	6	2	3	1	4	5

关于实例 MK09，TPM 算法在每一种参数组合下随机运行 20 次。DI_R 及其信噪比 S/N 如图 2-4 所示，其中 S/N 定义为 $-10\log_{10}(DI_R^2)$[234]，最后确定使 TPM 性能更好的一组参数为 $N=80$，$N_{im}=6$，$max\_it_1=20000$，$max\_it=10^5$，$\beta=5000$，$R=8$。关于 Ka4×5 为 $max\_it=2.5\times10^4$，$\beta=4000$，其他参数设置相同。

NSGA-Ⅱ的参数如下：种群规模 $N=100$，交叉概率 $p_c=0.8$，变异概率 $p_m=0.1$，最大代数为 $max\_it/100$。实验表明利用这些参数设置获得了最好的计算结果。

图 2-4 DI_R 及其信噪比 S/N

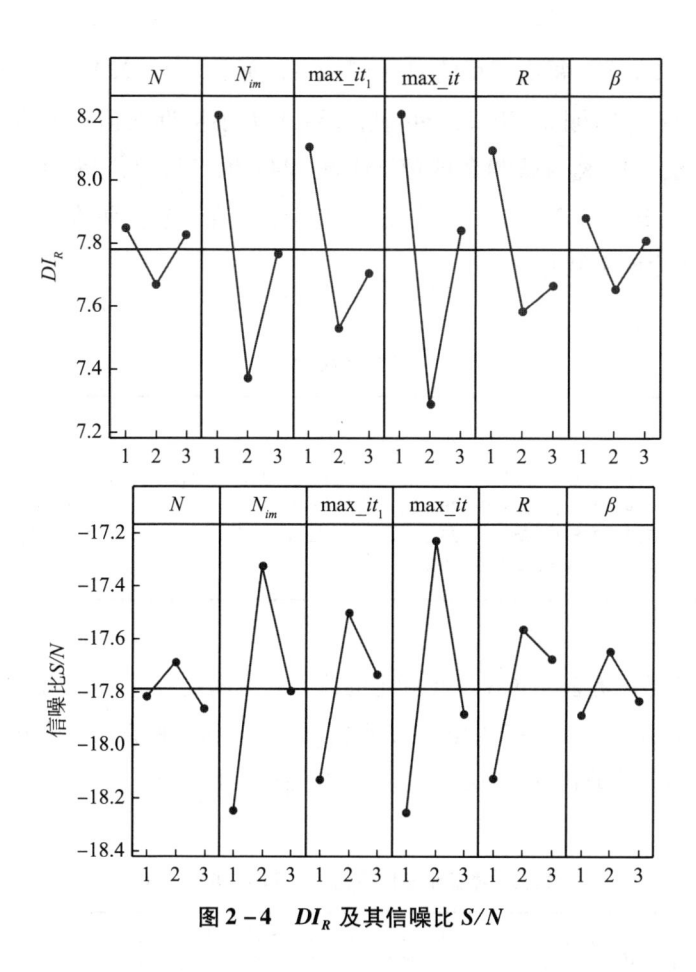

关于 VNS，$n_{max}=350$ 来自文献［26］，终止条件与 TPM 算法相同。

2.3.3 总能耗阈值

关于阈值 Q_{EC}，若 Q_{EC} 取值较大，则几乎所有解的能耗目标都满足 $TEC \leqslant Q_{EC}$，这样的 Q_{EC} 失去了意义，也不符合本节的要求；而较小的 Q_{EC}，使得算法在整个求解过程中主要是处理约束 $TEC \leqslant Q_{EC}$，目标函数难以充分优化，所以有必要获得大小合适的 Q_{EC}。

2.2.2 节描述了获得 Q_{EC} 的具体方法，以 Ka10×7 为例，首先，ICA

随机运行20次,每次获得的Q_i如表2-6所示,$\overline{Q}=229.7$;其次,对大于$\overline{Q}$的Q_i,剔除230.2,244.4,254.1大小接近的值;最后,运行TPM算法,依次测试剩余的值231.6,245.9,237.7,253.4,232.4,284.1,并运用2.3.1节的三个指标对其计算结果进行评价,最终确定245.9作为该实例的Q_{EC}。

表2-6　　　　　　　　　　阈值的确定

所有Q_i	大于$\overline{Q}$的Q_i	剩余的Q_i
216.7,198.9,218.0,227.3,230.2,224.6,244.4,231.6,218.9,208.2,221.4,237.7,223.1,253.4,232.4,245.9,207.6,254.1,216.4,284.1	230.2,231.6,244.4,237.7,253.4,245.9,232.4,254.1,284.1	231.6,245.9,237.7,253.4,232.4,284.1

由于Q_{EC}是通过ICA进化确定的值,并且满足$Q_{EC}>\overline{Q}$,所以Q_{EC}的设置大小适中。表2-7给出了所有实例的Q_{EC}和三种算法非劣解集中所有元素的平均能耗(ATEC)以及最小能耗(MTEC)。

表2-7　　　总能耗阈值和三种算法的ATEC和MTEC

实例	Q_{EC}	TPM ATEC	TPM MTEC	NSGA-II ATEC	NSGA-II MTEC	VNS ATEC	VNS MTEC
Ka4×5	152.3	96.2	95.3	96.1	95.3	95.3	95.3
Ka10×7	245.9	196.3	185.4	194.4	193.3	200.5	193.5
Ka10×10	159.6	124.8	121.3	130.3	128.2	132.2	124.3
Ka15×10	443.3	313.9	302.9	325.0	321.5	365.5	354.6
MK01	682.5	653.4	650.8	666.5	664.8	655.6	654.4
MK02	550.7	509.5	496.2	525.2	519.1	508.7	506.4
MK03	3597.0	3148.6	3128.2	3311.5	3291.1	3278.4	3235.5
MK04	1191.0	1083.4	1064.4	1097.5	1078.4	1086.6	1074.9
MK05	2748.0	2628.1	2619.8	2588.0	2578.7	2648.4	2631.6

第 2 章　具有总能耗约束的绿色柔性作业车间调度

续表

实例	Q_{EC}	TPM ATEC	TPM MTEC	NSGA-II ATEC	NSGA-II MTEC	VNS ATEC	VNS MTEC
MK06	2349.0	2162.8	2145.9	2189.4	2168.5	2127.0	2106.3
MK07	1728.0	1504.2	1486.0	1567.6	1561.1	1524.6	1517.7
MK08	10156.0	9786.4	9713.1	10004.0	9976.4	9747.8	9747.8
MK09	9082.0	8627.0	8604.9	8996.0	8961.3	8622.3	8572.3
MK10	9728.0	8537.1	8536.2	8991.6	8955.6	9022.7	8972.6
MK11	12890.3	12415.1	12276.2	12639.9	12576.6	12416.9	12353.2
MK12	14933.0	14291.0	14220.1	14314.3	14148.0	14213.5	14108.7
MK13	14202.2	13131.1	13104.0	13844.6	13762.7	13381.9	13310.0
MK14	16985.0	14916.0	14856.3	15307.2	15239.2	15020.6	14980.9
MK15	17000.2	13792.8	13656.1	13876.5	13786.3	13642.7	13611.5
DP1	34533.6	33829.2	33745.0	34117.2	34025.5	33901.5	33758.4
DP2	40331.6	38573.8	38393.9	38874.2	38813.3	38653.7	38512.0
DP3	36427.9	35271.2	35085.6	35700.9	35504.1	35366.6	35214.7
DP4	36880.3	36170.9	35656.3	36077.4	35741.8	36225.0	36089.2
DP5	40084.6	38815.3	38765.9	39428.3	39251.5	38881.5	38618.9
DP6	37091.3	35881.6	35729.1	36445.0	36162.3	36185.0	35897.1
DP7	62372.5	60666.7	60542.3	61032.8	60988.7	60707.3	60672.8
DP8	52421.9	49948.0	49870.2	50637.6	50627.3	50721.6	50526.9
DP9	64539.4	62395.2	62232.1	63457.5	63201.7	63281.9	62966.3
DP10	60350.0	58580.1	58132.8	59242.0	59144.5	59277.4	59070.4
DP11	57613.2	55547.7	55372.6	56331.7	56259.9	56117.5	55612.1
DP12	60711.4	58022.3	57981.2	59288.0	58947.3	58259.6	58220.3
DP13	86141.6	84381.9	84335.3	85046.1	85026.5	85200.4	85061.9
DP14	83000.2	80940.4	80803.2	82332.5	82134.5	81888.8	81787.1
DP15	73000.2	70977.3	70630.6	72032.9	71853.8	71800.1	71701.7
DP16	80467.8	78790.3	78584.2	79975.5	79878.3	79417.2	79266.0
DP17	86677.1	84885.6	84798.2	85962.7	85674.8	85393.9	85324.1

续表

实例	Q_{EC}	TPM ATEC	TPM MTEC	NSGA-II ATEC	NSGA-II MTEC	VNS ATEC	VNS MTEC
DP18	86329.8	84114.2	83685.3	84950.7	84784.9	85045.2	84679.4
mt10c1	17548.2	17403.0	16991.2	17332.5	17122.4	17320.2	17192.4
mt10cc	17558.7	17464.2	17171.8	17381.9	17347.3	17351.6	17294.0
mt10x	18389.9	17921.6	17332.7	17623.5	17536.4	17834.7	17583.8
mt10xx	18407.9	18055.4	17219.6	17942.7	17626.3	17849.8	17406.0
mt10xxx	18200.1	17809.6	16909.5	17987.9	17747.7	17635.6	17188.3
mt10xy	18382.5	18074.9	17478.6	18118.9	17924.0	17906.2	17597.6
mt10xyz	17277.4	17087.3	16328.7	17074.5	16642.1	16970.6	16824.2
setb4c9	21708.2	21496.3	21204.9	21393.6	21328.2	21608.5	21608.5
setb4cc	21800.4	21601.0	21126.3	21546.6	21371.0	21542.3	21267.9
setb4x	22230.3	21455.6	21273.8	21943.4	21658.3	21949.9	21699.2
setb4xx	22544.0	22379.4	21903.3	22501.9	22442.8	22389.2	22290.1
setb4xxx	22684.6	22532.4	21733.9	22487.1	22345.8	22363.3	21873.0
setb4xy	22694.4	22291.2	21884.9	22142.9	22011.0	22250.1	22235.4
setb4xyz	23463.6	22837.4	22613.8	23328.5	23137.8	23072.0	22820.2
seti5c12	38341.5	36884.8	36678.3	37482.9	37005.1	37301.4	37242.9
seti5cc	38719.6	37676.0	37161.3	38157.8	37637.9	38096.2	37640.6
seti5x	37717.7	36844.3	36569.9	36922.5	36752.3	36683.9	36683.9
seti5xx	38661.8	37445.2	37054.1	37814.6	37347.7	38075.8	37666.2
seti5xxx	38937.0	38241.2	37600.6	37744.0	37485.5	38452.3	38319.4
seti5xy	38728.1	37559.7	37456.6	37386.9	37240.6	37872.8	37721.6
seti5xyz	39530.9	38330.2	38038.4	39086.9	38701.0	38590.6	38549.3

从表2-7中可以得出，关于所有实例，三种算法获得的上述两种指标均小于 Q_{EC}，并且关于大部分实例 ATEC 和 MTEC 都与 Q_{EC} 相近，这表明第二阶段对不可行解的处理方法是合理的，该阶段主要是最小化 f_1，f_2 两个目标。

2.3.4 TPM 算法新策略的影响

TPM 算法的第二阶段中,每隔 β 代选择一个解 $y \in \Omega$ 替代 VNS 的当前解。构建 TPM 算法的变体 TPM1。TPM1 中,删除以上替代条件,其他步骤与 TPM 相同。通过比较 TPM 和 TPM1,验证新策略对 TPM 性能的影响。

TPM 和 TPM1 关于每个实例随机运行 20 次。表 2 - 8、表 2 - 9 和表 2 - 10 描述了两种算法的计算结果,参考集 Ω^* 由并集 $\Omega_1 \cup \Omega_2$ 中的非劣解组成。Ω_1 和 Ω_2 分别为 TPM 以及 TPM1 的外部档案。

表 2 - 8　　　　四种算法关于指标 DI_R 的计算结果

实例	TPM	TPM1	NSGA-II	VNS	实例	TPM	TPM1	NSGA-II	VNS
Ka4×5	1.246	3.124	0.884	1.130	MK12	**4.195**	11.20	36.72	18.62
Ka10×7	15.10	19.28	0.000	20.65	MK13	**0.000**	19.46	64.40	32.30
Ka10×10	**0.000**	6.647	40.34	0.086	MK14	**0.000**	17.30	60.04	23.99
Ka15×10	**0.256**	25.02	9.456	35.88	MK15	**0.297**	21.96	39.99	19.86
MK01	**0.446**	8.031	62.57	8.305	DP1	**0.785**	6.712	22.85	10.91
MK02	**0.791**	11.40	39.01	8.536	DP2	7.507	13.68	39.16	4.663
MK03	**0.000**	24.54	51.90	30.71	DP3	**1.424**	7.915	37.62	5.638
MK04	5.239	3.432	27.72	14.55	DP4	**3.360**	9.036	28.38	5.282
MK05	**3.119**	23.20	59.04	7.024	DP5	5.861	11.47	50.89	4.452
MK06	18.15	8.183	45.79	0.000	DP6	**0.000**	15.92	52.16	12.64
MK07	**0.000**	15.27	31.49	9.899	DP7	**0.000**	17.01	33.53	19.41
MK08	**0.000**	16.09	25.04	10.86	DP8	**0.421**	22.05	40.33	25.97
MK09	**0.000**	20.15	49.76	10.23	DP9	**0.000**	23.11	66.43	34.33
MK10	**0.000**	17.23	38.24	18.00	DP10	**0.273**	10.59	50.43	9.511
MK11	21.09	26.10	30.91	12.10	DP11	**0.000**	9.853	34.21	14.03

续表

实例	TPM	TPM1	NSGA-II	VNS	实例	TPM	TPM1	NSGA-II	VNS
DP12	**2.597**	13.27	67.65	4.814	setb4c9	**0.000**	4.622	26.69	10.57
DP13	**0.560**	8.493	31.44	22.91	setb4cc	**0.110**	5.980	21.26	15.81
DP14	**0.198**	10.08	46.32	10.79	setb4x	**0.000**	7.073	23.32	28.86
DP15	**0.000**	15.38	46.20	19.04	setb4xx	**1.446**	7.932	21.93	13.54
DP16	**0.000**	21.48	67.34	44.41	setb4xxx	7.486	0.000	44.88	32.16
DP17	**0.000**	17.93	34.69	16.09	setb4xy	3.383	2.128	16.99	6.254
DP18	**0.000**	16.08	39.64	21.59	setb4xyz	**2.558**	10.75	24.53	9.247
mt10c1	3.856	0.130	14.09	9.544	seti5c12	**1.736**	0.390	42.45	32.68
mt10cc	1.861	0.906	15.52	5.867	seti5cc	**0.190**	2.131	19.12	14.87
mt10x	**1.037**	3.001	9.794	12.39	seti5x	6.312	0.509	13.81	18.31
mt10xx	4.873	0.179	13.66	7.154	seti5xx	**1.570**	14.38	53.37	41.74
mt10xxx	**0.209**	6.864	24.05	11.76	seti5xxx	5.783	1.373	27.03	32.99
mt10xy	**0.228**	2.825	23.91	4.903	seti5xy	**0.000**	6.014	7.689	12.50
mt10xyz	2.186	1.623	34.39	12.55	seti5xyz	**0.121**	2.847	21.70	8.146

表2-9　　四种算法关于指标 ρ_l 的计算结果

实例	TPM	TPM1	NSGA-II	VNS	实例	TPM	TPM1	NSGA-II	VNS
Ka4×5	0.296	0.111	0.222	0.371	MK06	0.000	0.000	0.000	1.000
Ka10×7	0.000	0.000	1.000	0.000	MK07	**1.000**	0.000	0.000	0.000
Ka10×10	**0.969**	0.000	0.000	0.031	MK08	**1.000**	0.000	0.000	0.000
Ka15×10	**0.889**	0.000	0.111	0.000	MK09	**1.000**	0.000	0.000	0.000
MK01	**0.667**	0.167	0.000	0.166	MK10	**1.000**	0.000	0.000	0.000
MK02	**0.857**	0.143	0.000	0.000	MK11	0.401	0.314	0.000	0.286
MK03	**1.000**	0.000	0.000	0.000	MK12	**0.875**	0.125	0.000	0.000
MK04	0.400	0.600	0.000	0.000	MK13	**1.000**	0.000	0.000	0.000
MK05	**0.667**	0.000	0.000	0.333	MK14	**1.000**	0.000	0.000	0.000

续表

实例	TPM	TPM1	NSGA-II	VNS	实例	TPM	TPM1	NSGA-II	VNS
MK15	**0.944**	0.000	0.000	0.056	mt10cc	0.478	0.522	0.000	0.000
DP1	**0.985**	0.115	0.000	0.000	mt10x	**0.511**	0.489	0.000	0.000
DP2	0.450	0.150	0.000	0.400	mt10xx	0.000	0.981	0.000	0.019
DP3	**0.915**	0.000	0.000	0.085	mt10xxx	**0.906**	0.094	0.000	0.000
DP4	**0.630**	0.120	0.000	0.250	mt10xy	**0.554**	0.438	0.000	0.008
DP5	**0.583**	0.000	0.000	0.417	mt10xyz	**0.551**	0.449	0.000	0.000
DP6	**1.000**	0.000	0.000	0.000	setb4c9	**1.000**	0.000	0.000	0.000
DP7	**1.000**	0.000	0.000	0.000	setb4cc	**0.963**	0.037	0.000	0.000
DP8	**0.831**	0.068	0.000	0.101	setb4x	**1.000**	0.000	0.000	0.000
DP9	**1.000**	0.000	0.000	0.000	setb4xx	**0.718**	0.282	0.000	0.000
DP10	**0.900**	0.076	0.000	0.024	setb4xxx	0.000	1.000	0.000	0.000
DP11	**1.000**	0.000	0.000	0.000	setb4xy	0.463	0.528	0.000	0.009
DP12	**0.667**	0.000	0.000	0.333	setb4xyz	**0.803**	0.197	0.000	0.000
DP13	**0.875**	0.125	0.000	0.000	seti5c12	**0.661**	0.339	0.000	0.000
DP14	**0.881**	0.100	0.000	0.019	seti5cc	**0.981**	0.019	0.000	0.000
DP15	**1.000**	0.000	0.000	0.000	seti5x	0.091	0.909	0.000	0.000
DP16	**1.000**	0.000	0.000	0.000	seti5xx	**0.883**	0.117	0.000	0.000
DP17	**1.000**	0.000	0.000	0.000	seti5xxx	0.494	0.506	0.000	0.000
DP18	**1.000**	0.000	0.000	0.000	seti5xy	**1.000**	0.000	0.000	0.000
mt10c1	0.191	0.806	0.000	0.003	seti5xyz	**0.969**	0.020	0.000	0.010

表 2-10　　四种算法关于指标 nd_1 的计算结果

实例	TPM	TPM1	NSGA-II	VNS	实例	TPM	TPM1	NSGA-II	VNS
Ka4×5	8	3	6	10	Ka15×10	**8**	0	1	0
Ka10×7	0	0	2	0	MK01	**40**	10	0	10
Ka10×10	**31**	0	0	1	MK02	**24**	4	0	0

续表

实例	TPM	TPM1	NSGA-Ⅱ	VNS	实例	TPM	TPM1	NSGA-Ⅱ	VNS
MK03	15	0	0	0	DP14	92	11	0	2
MK04	12	18	0	0	DP15	52	0	0	0
MK05	12	0	0	6	DP16	83	0	0	0
MK06	0	0	0	8	DP17	25	0	0	0
MK07	20	0	0	0	DP18	30	0	0	0
MK08	9	0	0	0	mt10c1	66	279	0	1
MK09	18	0	0	0	mt10cc	65	71	0	0
MK10	20	0	0	0	mt10x	179	171	0	0
MK11	55	43	0	39	mt10xx	0	209	0	1
MK12	7	1	0	0	mt10xxx	278	29	0	0
MK13	36	0	0	0	mt10xy	67	53	0	1
MK14	19	0	0	0	mt10xyz	134	109	0	0
MK15	17	0	0	1	setb4c9	81	0	0	0
DP1	27	4	0	0	setb4cc	183	7	0	0
DP2	18	6	0	16	setb4x	79	0	0	0
DP3	43	0	0	4	setb4xx	84	33	0	0
DP4	63	12	0	25	setb4xxx	0	49	0	0
DP5	7	0	0	5	setb4xy	50	57	0	1
DP6	30	0	0	0	sctb4xyz	118	29	0	0
DP7	16	0	0	0	seti5c12	39	20	0	0
DP8	49	4	0	6	seti5cc	104	2	0	0
DP9	16	0	0	0	seti5x	1	10	0	0
DP10	37	3	0	1	seti5xx	91	22	0	0
DP11	22	0	0	0	seti5xxx	77	79	0	0
DP12	20	0	0	10	seti5xy	62	0	0	0
DP13	14	2	0	0	seti5xyz	95	2	0	1

表 2 – 11 给出了配对样本 t – 检验的结果，其中"t – 检验（A，B）"表示算法 A 和算法 B 间的一个配对 t – 检验，用来判断前者是否比后者提供了更好的样本均值。假设显著水平为 0.05，若 p – 值小于 0.05，则说明在统计意义上 A 的性能优于 B。

表 2 – 11　　　　　　　配对样本 t – 检验的结果

t – 检验	p – 值（DI_R）	p – 值（ρ_l）	p – 值（nd_l）
t – 检验（TPM, NSGA – Ⅱ）	0.000	0.000	0.000
t – 检验（TPM, VNS）	0.000	0.000	0.000
t – 检验（TPM, TPM1）	0.000	0.000	0.000

如表 2 – 8 ~ 表 2 – 10 所示，TPM 关于 46 个实例获得了参考集的大部分非劣解。TPM1 关于大多数实例的解总是远离 TPM 的非劣解。表 2 – 11 中的统计结果也显示了 TPM 和 TPM1 之间的性能差异，因此，可以得出新策略能够有效地改善 TPM 的性能。

2.3.5　计算结果比较与分析

TPM、NSGA – Ⅱ 和 VNS 关于每个实例随机运行 20 次。表 2 – 8 ~ 表 2 – 12 给出了三种算法的计算结果和算法运行时间，参考集 Ω^* 由并集 $\Omega_1 \cup \Omega_3 \cup \Omega_4$ 中的非劣解组成。Ω_3 和 Ω_4 分别为 NSGA – Ⅱ 和 VNS 的外部档案。

表 2 – 12　　　　　TPM、NSGA – Ⅱ 和 VNS 的计算时间

实例	运行时间（s）			实例	运行时间（s）		
	TPM	NSGA – Ⅱ	VNS		TPM	NSGA – Ⅱ	VNS
Ka4×5	0.688	0.666	0.272	Ka10×10	1.879	3.323	1.984
Ka10×7	1.901	3.341	1.795	Ka15×10	3.339	4.337	3.417

续表

实例	运行时间（s）			实例	运行时间（s）		
	TPM	NSGA-II	VNS		TPM	NSGA-II	VNS
MK01	2.791	4.068	3.136	DP13	31.54	31.94	28.87
MK02	2.799	4.037	3.358	DP14	30.24	32.14	27.82
MK03	7.351	7.595	8.498	DP15	29.41	31.70	28.97
MK04	4.110	5.141	4.895	DP16	31.74	33.56	27.42
MK05	6.740	5.335	6.600	DP17	31.13	41.84	28.07
MK06	7.654	6.037	7.419	DP18	29.38	32.96	28.71
MK07	5.238	6.072	5.325	mt10c1	7.127	5.511	5.109
MK08	14.18	13.98	15.31	mt10cc	5.499	5.536	5.245
MK09	12.54	14.84	14.87	mt10x	6.132	5.811	5.703
MK10	12.51	13.16	14.82	mt10xx	6.729	5.914	5.661
MK11	12.29	12.27	12.39	mt10xxx	7.628	5.770	5.619
MK12	12.84	13.44	14.93	mt10xy	7.352	5.899	5.766
MK13	13.20	13.62	15.08	mt10xyz	7.568	5.952	5.795
MK14	16.63	16.77	18.95	setb4c9	9.802	7.759	7.730
MK15	16.14	16.60	18.65	setb4cc	9.823	7.772	7.856
DP1	10.74	10.85	13.03	setb4x	9.347	7.866	8.261
DP2	12.91	11.35	14.52	setb4xx	9.255	7.972	8.238
DP3	11.59	10.96	14.67	setb4xxx	10.03	8.008	8.328
DP4	11.83	11.49	11.76	setb4xy	10.17	8.010	8.209
DP5	11.21	10.94	11.73	setb4xyz	10.46	8.178	8.056
DP6	10.84	11.18	11.47	seti5c12	13.35	11.96	13.00
DP7	18.33	18.09	19.68	seti5cc	12.95	12.02	12.78
DP8	18.26	17.46	19.84	seti5x	13.99	11.72	12.72
DP9	17.02	17.80	18.79	seti5xx	13.09	12.03	12.80
DP10	18.73	17.84	20.16	seti5xxx	13.87	12.17	12.77
DP11	17.58	18.02	19.78	seti5xy	13.54	12.00	12.86
DP12	17.75	17.92	19.82	seti5xyz	13.78	11.84	12.99

第 2 章　具有总能耗约束的绿色柔性作业车间调度

可以看出，TPM 算法关于大部分实例的结果优于 NSGA-Ⅱ和 VNS。这两种对比算法关于 30 个实例的解总是远离参考集。TPM 关于 56 个实例获得了比 NSGA-Ⅱ更小的 DI_R 值，关于 53 个实例的 DI_R 值优于 VNS。另外，TPM 算法关于 18 个实例提供了参考集的所有成员，关于 46 个实例获得了参考集的大部分非劣解。总之，TPM 算法在求解所研究的问题方面比 NSGA-Ⅱ和 VNS 具有更强的优势。从表 2-11 的统计结果以及图 2-5 四种算法的箱线图也验证了该结论。

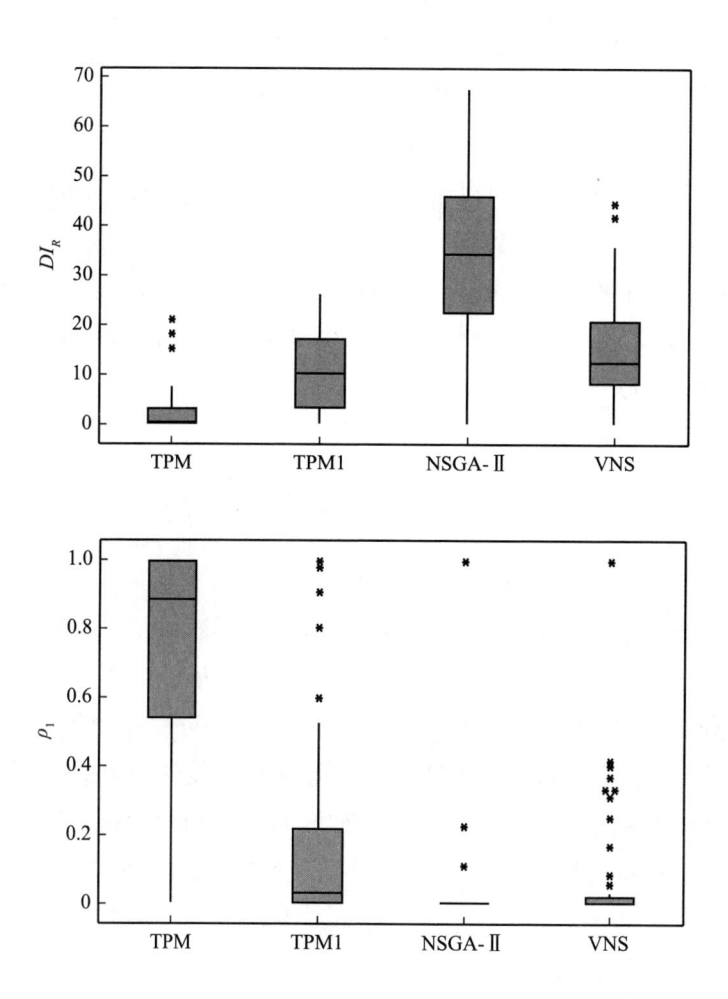

图 2-5　四种算法的箱线图

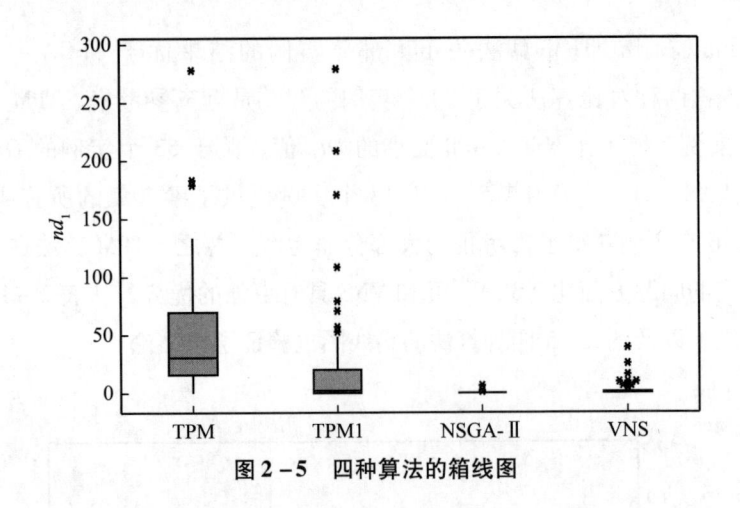

TPM 算法中，第一阶段通过问题转化扩大了算法的搜索范围，并根据问题的特征设计了新型 ICA，提高了算法的搜索质量；第二阶段给出了处理不可行解的有效策略，运用高效的 VNS 对原问题求解，进一步提高了算法的搜索效率。因此，可以得出 TPM 算法能够有效地求解所研究的绿色 FJSP。

2.4　本章小结

随着环境污染的持续恶化以及环保意识的不断加强，传统工业制造方法已不能满足当今社会发展要求，逐步转型为绿色制造模式。绿色 FJSP 作为实现绿色制造的有效途径，有必要对其进一步深入研究。本章提出了一种两阶段元启发式算法求解具有总能耗约束的绿色 FJSP。第一阶段将原问题转化为具有总能耗等目标的三目标绿色 FJSP，设计新型 ICA 对问题求解并根据 ICA 优化结果确定总能耗阈值；第二阶段设计了高效的 VNS 对原问题求解。计算结果表明，两阶段元启发式算法具有较强的优势。

第 3 章

考虑运输的绿色柔性作业车间调度

离散工业过程中,当工件的某一道工序加工完成后,需要通过运输工具将其运输到下一台机器加工。目前,考虑运输的绿色 FJSP 研究进展很少,为此,提出了一种反馈型帝国竞争算法(imperialist competitive algorithm,ICA)以同时最小化 makespan、总延迟时间和总能耗。该算法运用反馈实现同化和革命参数以及邻域结构的自适应选择;不是所有殖民地都进行同化,参与同化的殖民地能执行多次同化并有多个学习对象;设计了新型帝国竞争策略以增强帝国间信息交流并强化种群中部分最差解的搜索。最后,通过算法的比较与分析,验证了反馈型 ICA 的有效性。

3.1 问题描述

考虑运输的绿色 FJSP 可以描述如下:存在工件集 $J = \{J_1, J_2, \cdots, J_n\}$ 和机器集 $M = \{M_1, M_2, \cdots, M_m\}$,工件 J_i 具有 h_i 道工序,工序 o_{ij} 为工件 J_i 的第 j 道工序,该工序可以由相容机器集 S_{ij} 中的任何一台机器加工,$S_{ij} \subseteq M$,每台机器具有速度集 $V = \{vel_1, vel_2, \cdots, vel_d\}$,$\eta_{ijk}$ 表示工序 o_{ij} 在机器 M_k 上的基本加工时间,p_{ijkl} 为工序 o_{ij} 在机器 M_k 上以速度 vel_l 加工的时间,$p_{ijkl} = \eta_{ijk}/vel_l$。$E_{kl}$ 表示机器 M_k 以速度 vel_l 加工时

的单位时间能耗，s_{oik} 为工件 J_i 作为机器 M_k 上第一个加工工件时的调整时间，s_{jik} 表示当工件 J_j 先于工件 J_i 在机器 M_k 加工时工件 J_i 的调整时间。机器 M_k 具有三种模式：加工模式、空闲模式和调整模式。

关于 p_{ijkl} 和 E_{kl} 之间的关系，丁等（Ding et al.）[6] 给出了一种假设，描述如下：当工序 o_{ij} 以更高的速度在机器 M_k 上加工时，能耗将会增加但加工时间变短，即对于：

$$\forall vel_l > vel_g, \ l, g \in \{1, 2, \cdots, d\} \quad p_{ijkl} < p_{ijkg}, \ E_{kl} \times p_{ijkl} > E_{kg} \times p_{ijkg} \tag{3-1}$$

除此之外，工件和机器之间还应当满足以下假设：
① 同一时刻一台机器最多只能加工一道工序；
② 同一时刻一个工件最多只能在一台机器上加工；
③ 工件加工不能中断；
④ 存在足够多的运输工具，所有工件均可被其中任何一个运输；
⑤ 一旦工件的当前工序加工结束，则会立即被运输到下一台机器加工等。

考虑运输的绿色 FJSP 包括三个子问题：调度、机器分配和速度选择。调度子问题确定每台机器上各工序的加工顺序，机器分配子问题为每道工序选择合适的机器，第三个子问题则为每道工序的加工机器确定合适的加工速度。

考虑运输的绿色 FJSP 的目的是在所有约束得到满足的条件下同时优化如下 3 个目标函数：

$$f_1 = C_{\max} \tag{3-2}$$

$$f_2 = \sum_{i=1}^{n} \max\{C_i - D_i, 0\} \tag{3-3}$$

$$f_3 = TEC \tag{3-4}$$

式（3-2）~式（3-4）中，C_i 表示工件 J_i 的完成时间，D_i 为工件 J_i 交货期，f_1 是 makespan，f_2 表示总延迟时间，f_3 为总能耗，它由加工能耗 EC_1、空闲能耗 EC_2、调整能耗 EC_3 和运输能耗 EC_4 四部分组成，即

$$f_3 = \sum_{i=1}^{4} EC_i:$$

$$EC_1 = \sum_{k=1}^{m} \int_0^{C_{\max}} \sum_{i=1}^{n} \sum_{j=1}^{h_i} \sum_{l=1}^{d} E_{kl} y_{ijkl}(t) dt \qquad (3-5)$$

$$EC_2 = \sum_{k=1}^{m} \int_0^{C_{\max}} SE_k z_k(t) dt \qquad (3-6)$$

$$EC_3 = \sum_{k=1}^{m} \int_0^{C_{\max}} SDE_k u_k(t) dt \qquad (3-7)$$

$$EC_4 = \sum_{i=1}^{n} \int_0^{C_{\max}} \sum_{j=2}^{h_i} \sum_{k=1}^{m} \sum_{w=1}^{m} TE_{wk} T_{i(j-1)jwk}(t) dt \qquad (3-8)$$

其中，如果在时刻 t 机器 M_k 以速度 vel_l 加工工序 o_{ij}，$y_{ijkl}(t) = 1$；否则 $y_{ijkl}(t) = 0$；如果在时刻 t 机器 M_k 处于空闲模式，$z_k(t) = 1$；否则 $z_k(t) = 0$；如果在时刻 t 机器 M_k 处于调整模式，$u_k(t) = 1$；否则 $u_k(t) = 0$；SE_k 表示机器 M_k 处于空闲模式时单位时间能耗；SDE_k 为机器 M_k 处于调整模式时单位时间能耗；TE_{wk} 是工件从机器 M_w 运输到机器 M_k 的单位时间能耗；$T_{i(j-1)jwk}$ 表示工件 J_i 的相邻两道工序 $o_{i(j-1)}$ 和 o_{ij} 从机器 M_w 转移到 M_k 时的运输时间。

表3-1～表3-5给出了该问题一个例子的具体加工信息。

表3-1　　　　　　　　工件基本加工时间

工件	M_1	M_2	M_3	工件	M_1	M_2	M_3
$J_1 o_{11}$	4	3	5	$J_2 o_{21}$	2	5	3
o_{12}	5	8	4	o_{22}	3	2	6
o_{13}	4	6	4	o_{23}	7	6	5
o_{14}	3	5	4	o_{24}	2	6	4
$J_3 o_{31}$	2	6	2	$J_4 o_{41}$	5	3	7
o_{32}	5	4	4	o_{42}	3	6	6
o_{33}	4	3	7	o_{43}	4	8	6

表3-2　　　　　　　　　　工件的调整时间

$i\backslash j$	M_1				M_2				M_3			
	1	2	3	4	1	2	3	4	1	2	3	4
1	0	2	1	3	0	1	1	1	0	1	1	2
2	2	0	2	2	1	0	1	2	1	0	2	1
3	1	1	0	2	1	1	0	1	1	2	0	2
4	2	2	1	0	2	1	1	0	2	1	1	0

表3-3　　　　　　　　　　机器间的运输时间

机器	M_1	M_2	M_3	M_4	M_5
M_1	0	2	3	2	3
M_2	2	0	2	3	2
M_3	3	2	0	2	3
M_4	2	3	2	0	1
M_5	3	2	3	1	0

表3-4　　　　　　　　　机器间的单位运输时间能耗

机器	M_1	M_2	M_3	M_4	M_5
M_1	0	1	3	3	2
M_2	1	0	2	2	1
M_3	3	2	0	1	2
M_4	3	2	1	0	2
M_5	2	1	2	2	0

表3-5　　　　机器的速度以及空闲和调整模式下的单位时间能耗

机器	V	SE_k	SDE_k
M_1	(1, 2, 3)	1	1
M_2	(1, 2, 3)	1	1

续表

机器	V	SE_k	SDE_k
M_3	(1, 2, 3)	1	1
M_4	(1, 2, 3)	1	1
M_5	(1, 2, 3)	1	1

3.2 考虑运输的绿色 FJSP 的反馈型 ICA

反馈是一种根据先前的优化结果调整当前行为的现象,普遍存在于控制系统中。现有 ICA[7,70] 很少考虑根据反馈为算法的当前优化状态确定合适的参数或者选择搜索算子,例如,当一个邻域结构持续产生质量较好的解时,应当增大其使用概率或者频率。基于此,提出了一种基于反馈的 ICA 求解考虑运输的绿色 FJSP。

3.2.1 初始化和构建初始帝国

针对具有 n 个工件和 m 台机器的绿色 FJSP,由于它由三个子问题组成,通常采用三个串表示问题的一个解,调度串 $[(\theta_1, r_1), (\theta_2, r_2), \cdots, (\theta_i, r_i), \cdots, (\theta_h, r_h)]$,其中二元组 (θ_i, r_i) 对应工序 $o_{\theta_i r_i}$,$\theta_i \in \{1, 2, \cdots, n\}$,$1 \leq r_i \leq h_{\theta_i}$;机器分配串 $[q_{11}, q_{12}, \cdots, q_{1h_1}, \cdots, q_{nh_n}]$,元素 $q_{ij} \in S_{ij}$ 表示用于工序 o_{ij} 加工的机器;速度选择串 $[w_{11}, w_{12}, \cdots, w_{1h_1}, \cdots, w_{nh_n}]$,$w_{ij} \in V$ 为机器 q_{ij} 加工工序 o_{ij} 的速度。

对于 3.1 节的例子,一个可行的解包括调度串 [(3, 1), (2, 1), (2, 2), (2, 3), (3, 2), (3, 3), (1, 1), (4, 1), (2, 4), (1, 2), (1, 3), (1, 4), (4, 2), (4, 3)],机器分配串 [2, 1, 2, 2, 3, 2, 1, 2, 1, 1, 1, 3, 3, 1] 以及速度选择串 [3, 1, 1, 2, 1, 1, 2, 1, 1, 1, 2, 1, 2, 1]。速度集合为 $V = \{1, 2, 3\}$,$E_{kl} = 4 \times$

$vel_l^{2[6]}$。图 3-1 给出了这个解的调度甘特图，可以得出 $f_1 = 30$。假设交货期 $D_1 = 25$，$D_2 = 15$，$D_3 = 28$，则 $f_2 = 7$。令 $\overline{EC}_k$ 表示机器 M_k 的能耗值。$\overline{EC}_{k1}$，$\overline{EC}_{k2}$，$\overline{EC}_{k3}$ 分别表示机器 M_k 处于调整、空闲和加工模式的能耗值。对于机器 M_1，$\overline{EC}_{11} = (s_{021} + s_{211} + s_{121} + s_{211} + s_{141}) \times SDE_1 = 9$，$\overline{EC}_{12} = 5 \times SE_1 = 5$，$\overline{EC}_{13} = p_{2111} \times E_{11} + p_{1112} \times E_{12} + p_{2411} \times E_{11} + p_{1211} \times E_{11} + p_{1312} \times E_{12} + p_{4311} \times E_{11} = 116$，$\overline{EC}_1 = 130$，$\overline{EC}_2 = 159$，$\overline{EC}_3 = 100$，运输能耗 $EC_4 = 34$，$f_3 = 423$。

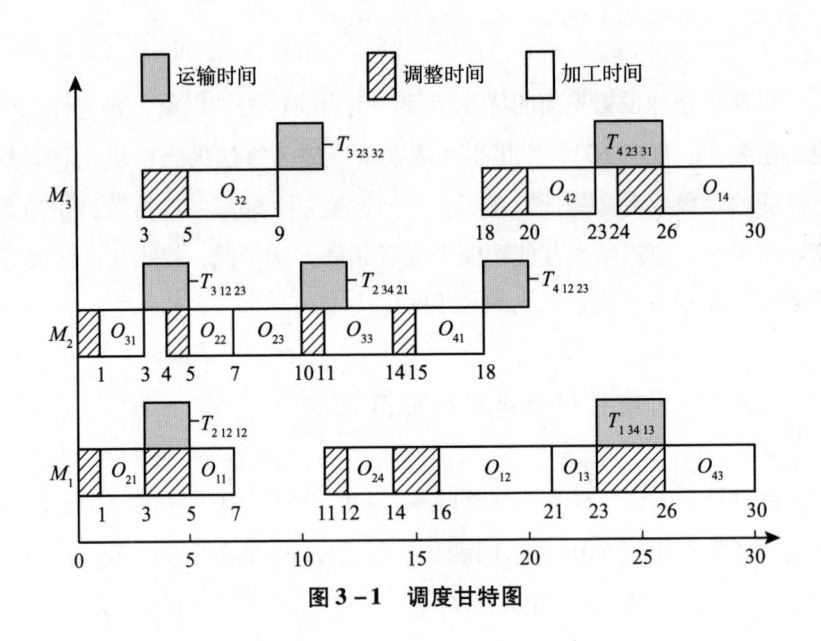

图 3-1　调度甘特图

随机产生国家数量为 N 的初始种群 P。

为了构建初始帝国，对种群 P 中的每个解 x_i，计算归一化成本 $\bar{c}_i^1$，选择归一化成本最大的 N_{im} 个解作为殖民国家，其他解为殖民地。确定殖民国家 k 的势力 pow_k 以及所分配的殖民地数量 NC_k，随机选择 NC_k 个殖民地分配给殖民国家 k：

$$\bar{c}_i^{gen} = \max_{l=1,2,\cdots,N}\{rank_l\} - rank_i + dist_i / \sum_{j \in \Theta_{rank_i}} dist_j \qquad (3-9)$$

$$pow_k = \left| \bar{c}_k^{gen} / \sum_{v \in H} \bar{c}_v^{gen} \right| \qquad (3-10)$$

$$NC_k = \text{round}(pow_k \times N_{col}) \qquad (3-11)$$

$$N_{col} = N - N_{im} \qquad (3-12)$$

式（3-9）~式（3-12）中，$\bar{c}_i^{gen}$为第 gen 代解 x_i 的归一化成本，$rank_i$ 是解 i 通过非劣排序确定的 rank 值；Θ_{rank_i} 为 rank 值为 $rank_i$ 的解集，$dist_i$ 表示解 i 的拥挤距离[223]，H 为殖民国家的集合。

3.2.2 基于反馈的同化和革命

ICA 中，同化和革命是产生新解的主要途径。本节设计了基于反馈的同化和革命，如下所示，其中 K 是一个正整数且 $K > 1$；ψ 为一个概率，设置为 $\psi = 0.4$，g 是一个实数，值为 0.1；μ 是一个随机数，服从 $[0,1]$ 上均匀分布；$U_{A_k}^{gen}$ 和 $U_{R_k}^{gen}$ 分别表示帝国 k 在第 gen 代的同化概率和革命概率。

帝国 k 在第 gen 代的同化和革命过程具体描述如下：

步骤 1：计算归一化总成本 NTC_k^{gen}，令集合 $\Delta_k = \varnothing$。

步骤 2：对于每个殖民地 λ，若 $\mu < U_{A_k}^{gen}$，则 $\Delta_k = \Delta_k \cup \{\lambda\}$。

步骤 3：对于所有的殖民地 $\lambda \in \Delta_k$，重复以下过程 K 次。若 $\mu < \psi$，则随机选择一个解 $y \in \Omega$ 与殖民地 λ 执行全局搜索；否则殖民国家 k 与殖民地 λ 执行全局搜索，产生新解 z。若 z 不受殖民地 λ 支配，则利用新解 z 替代殖民地 λ 并更新 Ω。

步骤 4：根据 $U_{R_k}^{gen}$ 确定参加革命的殖民地集合 Λ_k；构造向量 $[v_1, v_2, \cdots, v_s]$，$v_i = 1/s \,\forall\, i$。

步骤 5：对于每个殖民地 $\lambda \in \Lambda_k$，重复如下过程 R 次。根据向量 $[v_1, v_2, \cdots, v_s]$，运用轮盘赌方法选择邻域结构 $\mathcal{N}_i$，产生新解 $z \in \mathcal{N}_i(\lambda)$。若 z 不受殖民地 λ 支配，则利用 z 替代殖民地 λ 并更新外部档案 Ω，$v_i = v_i + g \times v_i$，否则 $v_i = v_i - g \times v_i$。归一化向量 $[v_1, v_2, \cdots, v_s]$。

初始值 $U_{A_k}^1$ 和 $U_{R_k}^1$ 设置过程如下：对 $NTC_k^1(k=1,2,\cdots,N_{im})$ 升序排序，如果 $k \leq N_{im}/2$，则 $U_{A_k}^1 = \beta_1$，$U_{R_k}^1 = \gamma_1$；否则 $U_{A_k}^1 = \beta_2$，$U_{R_k}^1 = \gamma_2$。

其中 β_1，β_2，γ_1，γ_2 均为实数。设置 $\beta_1 > \beta_2$，$\gamma_1 < \gamma_2$ 有利于维持探索和利用间的良好平衡。由实验确定 $\beta_1 = 0.9$，$\beta_2 = 0.7$，$\gamma_1 = 0.2$，$\gamma_2 = 0.3$。

帝国 k 第 gen 代的归一化总成本 NTC_k^{gen} 计算如下：

$$NTC_k^{gen} = \bar{c}_k^{gen} + \xi \sum_{\lambda \in Q_k} \bar{c}_\lambda^{gen}/NC_k \quad k = 1, 2, \cdots, N_{im} \quad (3-13)$$

式（3-13）中，Q_k 为殖民国家 k 拥有的殖民地集合；ξ 是一个实数，设置 $\xi = 0.1$。

采用三种交叉[46]实现同化，第一种交叉作用于调度串，第二种交叉用于机器分配串，第三种交叉针对速度选择串。第一种交叉描述如下：对于解 λ 和解 k 的调度串，从首位置开始，若随机数 $s < \delta$，则选择解 λ 的第 1 个二元组，否则选择解 k 的第 1 个二元组；假设选择二元组 (θ_i, r_i)，直接将其添加到子代，然后该二元组从解 λ 和解 k 中删除，如果 (θ_i, r_i) 位于解 k 调度串的第 g 位，则将位于第 $g+1$ 位和最后一位之间的所有二元组左移一位，重复以上过程直到两个解的调度串为空；最后产生一个新的二元组调度串，其中 δ 是一个概率，设置 $\delta = 0.5$。第二种交叉具体过程如下：对于解 λ 和解 k，随机选择 2 个位置 $g_1, g_2 \in [1, h]$，然后将解 λ 的机器分配串中位于 2 个位置间的机器用解 k 对应位置上的机器取代。第三种交叉与第二种交叉类似，随机确定 2 个位置 $g_1, g_2 \in [1, h]$ 后，解 λ 的速度选择串中位于 2 个位置间的速度用解 k 对应位置上的机器取代。

全局搜索过程如下：对于两个解，如果 $\mu < \alpha$，则以相等概率执行第 2 种和第 3 种交叉；否则执行第 1 种交叉。其中 α 是一个概率，通过实验确定 $\alpha = 0.4$。

使用 3 种邻域结构 insert，change 和 speed，分别表示为 $\mathcal{N}_1$，$\mathcal{N}_2$，$\mathcal{N}_3$。每个帝国中，v_i 的初始值为 $1/3$，并根据邻域结构的优化效果动态调整。

邻域结构 insert 和 change 如第 2 章所述。邻域结构 speed 的具体过程如下：首先从速度选择串中随机选择 w_{ij}，它对应工序 o_{ij} 和加工机器 q_{ij}，从机器 q_{ij} 的加工速度集合 V 中随机选择一档与 w_{ij} 不同的速度替代 w_{ij}。

初始 Ω 是由反馈型 ICA 产生的非劣解构成,更新过程如下:将新解加入 Ω 后,对 Ω 内的所有解进行 Pareto 比较,保留所有非劣解,剔除所有受支配解。

同化和革命后,每个殖民地都与其殖民国家进行比较,如果殖民地不受殖民国家支配,则殖民地变为新的殖民国家,而原殖民国家变为殖民地。

殖民地与殖民国家互换后,确定 $U_{A_k}^{gen+1}$ 和 $U_{R_k}^{gen+1}$,具体过程描述如下:计算所有帝国的 TP_k^{gen+1} 并对其降序排序;如果 $k \leqslant N_{im}/2$,则 $U_{A_k}^{gen+1} = U_{A_k}^{gen}$,$U_{R_k}^{gen+1} = U_{R_k}^{gen}$;$k > N_{im}/2$,如果 $U_{A_k}^{gen} = \beta_1$,则 $U_{A_k}^{gen+1} = \beta_2$,否则 $U_{A_k}^{gen+1} = \beta_1$;若 $U_{R_k}^{gen} = \gamma_1$,则 $U_{R_k}^{gen} = \gamma_2$,否则 $U_{R_k}^{gen+1} = \gamma_1$。

TP_k^{gen+1} 表示同化和革命后归一化总成本的变化量,计算如下:

$$TP_k^{gen+1} = NTC_k^{gen+1} - NTC_k^{gen} \qquad (3-14)$$

通常,$TP_k^{gen+1} \geqslant 0$。N_{im} 个帝国再次分成两组,第一组帝国的两个概率保持不变,其他帝国的 $U_{A_k}^{gen+1}$ 由 β_1 变为 β_2 或者由 β_2 变为 β_1。$U_{R_k}^{gen+1}$ 也由 γ_1 变为 γ_2 或者由 γ_2 变为 γ_1。对于第一组的帝国,获得了较大的 TP_k^{gen+1},换言之,这些帝国具有良好的进化状态,不需要调整两种概率。显而易见,$U_{A_k}^{gen+1}$ 和 $U_{R_k}^{gen+1}$ 是通过反馈确定的,即根据同化和革命后帝国的进化质量以及上一代的概率确定的。

3.2.3 帝国竞争

帝国竞争中,当某一帝国的势力远大于其他帝国时,将会有足够多的获胜机会,从而迅速占有更多的殖民地,导致算法陷入局部最优;此外,竞争仅改变了获胜帝国和最弱帝国中的解,事实上,更多帝国间的殖民地交换有利于改变帝国中解的结构,提高算法搜索效率。为此,设计了新型帝国竞争,具体过程如下所示,其中 Z 是一个正整数,W 和 σ 为实数,根据实验确定 $W = 2$ 和 $\sigma = 0.1$。

步骤 1:根据 NTC_k^{gen}($k = 1, 2, \cdots, N_{im}$),计算帝国 k 的势力 EP_k。

$$EP_k = \left| NTC_k^{gen} / \sum_{v \in H} NTC_v^{gen} \right| \qquad (3-15)$$

步骤 2：当 $N_{im} \geq Z$ 时，对所有帝国的势力进行降序排列。

步骤 2.1：若 $EP_1/EP_2 \leq W$，通过二元锦标赛确定获胜帝国 $\bar{v}$，随机从最弱帝国中选择一个殖民地加入到帝国 $\bar{v}$ 中，对所有帝国（不包含帝国 $\bar{v}$ 和最弱帝国）根据 EP_k 降序排列，假设帝国排列为 1，2，…，$N_{im}-2$，依次从帝国 $k+1$ 中随机选择一个殖民地加入到帝国 k（$k=1$，2，…，$N_{im}-3$）。

步骤 2.2：若 $EP_1/EP_2 > W$，依次从帝国 $k+1$ 中随机选择一个殖民地加入到帝国 k（$k=2$，3，…，$N_{im}-1$）。

步骤 3：当 $2 < N_{im} < Z$，从其他帝国中随机选择一个殖民地加入帝国 1。

步骤 4：选择种群中最差的 $\sigma \times N$ 个解构造集合 χ。

步骤 5：对于每个殖民地 $\lambda \in \chi$，随机选择一个解 $y \in \Omega$，执行多邻域搜索，产生新解 z，若 z 不受殖民地 λ 支配，则利用 z 替代殖民地 λ 并更新 Ω。

对殖民地 λ 执行多邻域搜索的具体步骤如下：令 $g=1$，重复以下步骤 R 次。随机产生新解 $z \in \mathcal{N}_g(\lambda)$，若 z 不被 λ 支配，则利用新解 z 替代 λ 并更新 Ω，否则使用新解 z 更新 Ω，$g = g+1$。若 $g=4$，则 $g \leftarrow 1$。

与现有 ICA 不同，当 $EP_1/EP_2 > W$ 时，最强帝国不参与帝国竞争，能够防止算法早熟收敛；对种群中的部分最差解进行强化搜索，有利于避免计算资源的浪费；同时增强了帝国间的信息交流，提高了算法搜索效率。

3.3 算法描述

反馈型 ICA 的详细步骤如下：

步骤1：随机产生初始种群 P，设置初始外部档案 Ω，$gen=1$。

步骤2：构建初始帝国，确定 $U_{A_k}^1$ 和 $U_{R_k}^1$。

步骤3：执行同化、革命和互换。

步骤4：计算 NTC_k^{gen+1}，$k=1, 2, \cdots, N_{im}$ 并确定 $U_{A_k}^{gen+1}$ 和 $U_{R_k}^{gen+1}$。

步骤5：执行帝国竞争，$gen=gen+1$。

步骤6：判断是否满足终止条件，若满足则停止搜索，否则转至步骤3。

其中终止条件为目标函数的评估次数 $\max\_it$。

图 3-2 给出了反馈型 ICA 的流程。

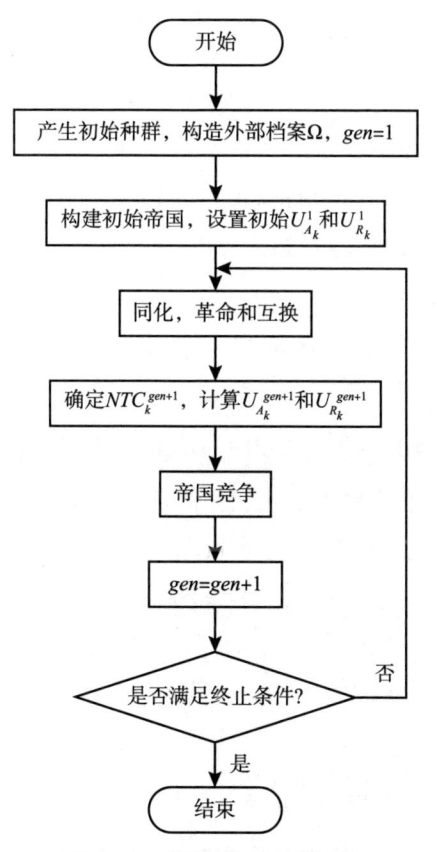

图 3-2 反馈型 ICA 的流程

与现有 ICA 相比,反馈型 ICA 具有以下特征:

①不是所有殖民地都进行同化,参与同化的殖民地能执行多次同化并有多个学习对象。

②同化和革命中采用了两个反馈,第一个用于计算 $U_{A_k}^{gen+1}$ 和 $U_{R_k}^{gen+1}$,第二个用于选择邻域结构 $\mathcal{N}_1$,$\mathcal{N}_2$ 和 $\mathcal{N}_3$,而现有的 ICA 很少考虑反馈[67,70,132]。

③帝国竞争中,最弱帝国的最弱殖民地不再直接分配给获胜帝国,同时增强了帝国间的信息交流以及强化了种群中部分最差解搜索。

3.4 计算实验

为了测试反馈型 ICA 求解考虑运输的绿色 FJSP 的性能,进行了大量实验。所有的实验均由 Microsoft Visual C++ 2015 编程实现,并运行于 4.0G RAM 2.00 GHz CPU PC。

3.4.1 测试实例、评价指标和比较算法

选择 MK01 - MK15[228],DP1 - DP18[229] 以及文献 [230] 中的 21 个实例进行测试,在实例中引入能耗信息:$E_{kl} = \xi_k \times vel_l^2$,$\xi_k \in [2, 4]$,$V = (1.00, 1.30, 1.55, 1.80, 2.00)$,$SDE_k = 1$,$SE_k = 1$,$TE_{kw} = 1$,$T_{kw} \in [3, 7]$,$s_{0ik} \in [1, 2]$,$s_{jik} \in [2, 4]$,其交货期计算公式如下:

$$D_i = \delta \sum_{j=1}^{h_i} \max_{k=1,2,\cdots,m} \{\eta_{ijk}\} \qquad (3-16)$$

式中 δ 值与第 2 章设置相同。

选择 DI_R 和 C 两个指标评估算法性能。

指标 $C(L, B)$[235] 描述不同算法所得解集的相互覆盖关系。令 L,B 分别为算法产生的非劣解集,则 $C(L, B)$ 的计算公式如下:

$$\mathcal{C}(L, B) = \frac{|\{b \in B : \exists h \in L, h > b\}|}{|B|} \quad (3-17)$$

$\mathcal{C}$ 越大，表示 B 的受覆盖程度越大；反之，B 的受覆盖程度越小，其中 $h > b$ 表示 h 支配 b。

选择 MOGA[37]、EGA[43] 以及 NSGA-Ⅱ[38] 三个算法作为对比算法。

皮鲁兹法德等（Piroozfard et al.）[37] 提出了 MOGA 求解双目标绿色 FJSP。MOGA 由交叉、变异、锦标赛选择、局部搜索以及种群更新构成。戴等（Dai et al.）[43] 针对考虑运输和调整时间的绿色 FJSP，设计了 EGA 以同时最小化总能耗和 makespan。在加入速度选择串、两点交叉和 speed 变异后，MOGA 和 EGA 能够直接应用于绿色 FJSP 的求解。MOGA 和 EGA 已被证明具有较好的求解性能，所以选择它们作为对比算法。

吴和孙（Wu and Sun）[38] 应用 NSGA-Ⅱ 求解考虑节能措施的绿色 FJSP。为了将其应用于绿色 FJSP，对该算法做如下修改：去掉与机器 turn-on/off 相关的部分，加入速度选择串、两点交叉和 speed 变异。NSGA-Ⅱ 作为一种著名的多目标优化算法，已广泛应用于绿色 FJSP 的求解，故选择该算法作为第三个对比算法。

对于 EGA，机器分配串、调度串和速度选择串依次执行，三种邻域结构 insert, change 和 speed 也是依次执行。对于 NSGA-Ⅱ，当执行交叉时，三种交叉操作随机选择一个；当执行变异时，随机选择一个邻域结构。对于 MOGA，变异操作随机选择一个邻域结构，当进行交叉时，如果随机数 $\mu < 0.6$，则执行调度串交叉；否则以相等概率执行机器串和速度串交叉。以上设置均是通过实验确定。

3.4.2 参数设置

反馈型 ICA 的主要参数包括：N, N_{im}, max_it, R, K, Z。应用 Taguchi 方法进行参数设置。每个参数的水平如表 3-6 所示，表 3-7 为正交表 $L_{27}(3^6)$，表 3-8 给出了各参数的响应值。

表3-6　　　　　　　　　　　参数及其水平

参数	水平		
	1	2	3
N	60	80	100
N_{im}	5	7	9
max_it	70000	90000	110000
R	7	9	11
K	1	3	5
Z	3	4	5

表3-7　　　　　　　　　　　正交表$L_{27}(3^6)$

实验次数	参数水平						DI_R
	N	N_{im}	max_it	R	K	Z	
1	1	1	1	1	1	1	22.34
2	1	1	1	1	2	2	15.94
3	1	1	1	1	3	3	18.79
4	1	2	2	2	1	1	16.21
5	1	2	2	2	2	2	13.09
6	1	2	2	2	3	3	14.04
7	1	3	3	3	1	1	15.94
8	1	3	3	3	2	2	15.64
9	1	3	3	3	3	3	17.71
10	2	1	2	3	1	2	16.77
11	2	1	2	3	2	3	18.59
12	2	1	2	3	3	1	15.03
13	2	2	3	1	1	2	14.76
14	2	2	3	1	2	3	16.82
15	2	2	3	1	3	1	15.80
16	2	3	1	2	1	2	14.96

续表

实验次数	参数水平						DI_R
	N	N_{im}	max_it	R	K	Z	
17	2	3	1	2	2	3	18.17
18	2	3	1	2	3	1	17.94
19	3	1	3	2	1	3	15.79
20	3	1	3	2	2	1	16.99
21	3	1	3	2	3	2	17.93
22	3	2	1	3	1	3	18.89
23	3	2	1	3	2	1	17.94
24	3	2	1	3	3	2	16.59
25	3	3	2	1	1	3	19.04
26	3	3	2	1	2	1	16.13
27	3	3	2	1	3	2	17.01

表 3-8　　　　各参数的响应值

水平	N	N_{im}	max_it	R	K	Z
1	16.63	17.57	17.95	17.40	17.19	17.15
2	16.54	16.01	16.21	16.12	16.59	15.85
3	17.37	16.95	16.37	17.01	16.76	17.54
极差	0.830	1.560	1.740	1.280	0.600	1.300
等级	5	2	1	4	6	3

关于实例 MK09，反馈型 ICA 在每一种参数组合下随机运行 20 次。DI_R 及其信噪比 S/N 如图 3-3 所示，其中 S/N 定义为 $-10\log_{10}(DI_R^2)$，最后确定使反馈型 ICA 性能更好的一组参数为 $N=80$，$N_{im}=7$，max_it = 90000，$R=9$，$K=3$，$Z=4$。

除了终止条件，对比算法的参数均来自相应的文献。为了公平比较，反馈型 ICA 及其对比算法采用相同的终止条件。

图 3-3　DI_R 及其信噪比 S/N

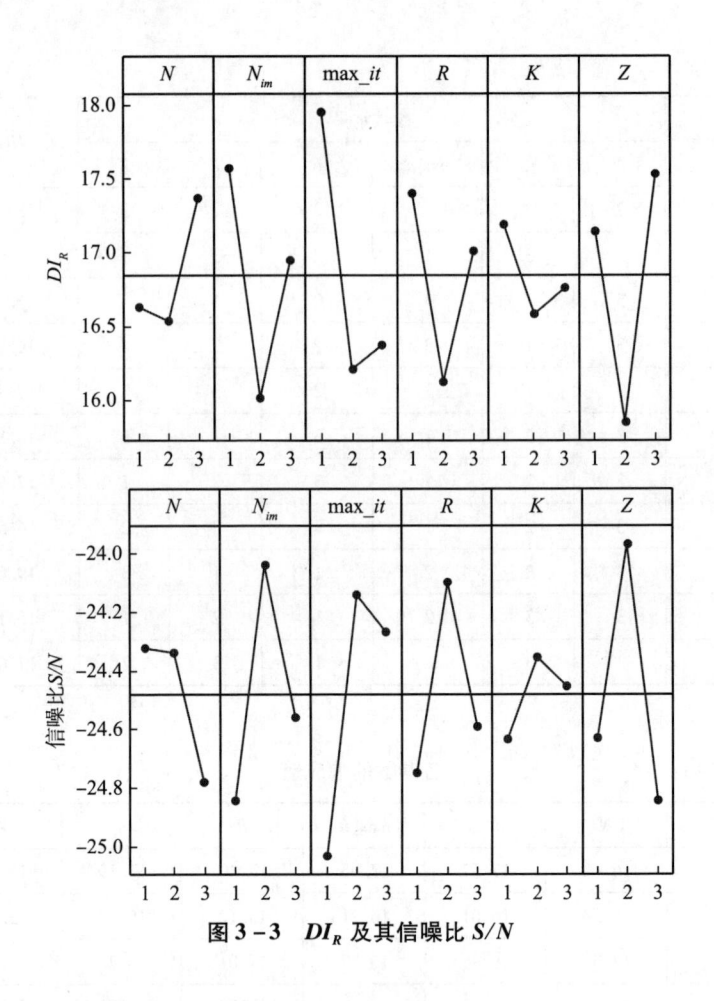

3.4.3　反馈型 ICA 新策略的影响

首先构建反馈型 ICA 的两种变体，称为 ICA1 和 ICA2。ICA1 中，帝国竞争采用常规方法，即最弱帝国的最弱殖民地直接分配给取胜帝国。通过比较反馈型 ICA 和 ICA1，验证新型帝国竞争对反馈型 ICA 性能的影响。ICA2 中，同化概率和革命概率保持不变，反馈不再用于调整两种概率的变化。通过比较反馈型 ICA 和 ICA2，显示根据反馈调节两种概率对反馈型 ICA 的影响。

反馈型 ICA 及其两种变体关于每个实例随机运行 20 次。表 3-9 和

表 3-10 是三种算法的计算结果，参考集 Ω^* 由并集 $\Omega_1 \cup \Omega_2 \cup \Omega_3$ 中的非劣解组成。Ω_1，Ω_2 和 Ω_3 分别为反馈型 ICA，ICA1 以及 ICA2 的外部档案。符号 I，$I1$ 以及 $I2$ 分别表示反馈型 ICA，ICA1 和 ICA2。

表 3-9 反馈型 ICA，ICA1 和 ICA2 关于指标 DI_R 的计算结果

实例	反馈型 ICA	ICA1	ICA2	实例	反馈型 ICA	ICA1	ICA2
MK01	**0.329**	10.52	7.810	DP10	**0.043**	9.582	13.42
MK02	**1.769**	4.438	13.95	DP11	**4.253**	7.185	12.24
MK03	**0.856**	12.02	10.04	DP12	8.600	7.831	5.982
MK04	**0.120**	12.61	15.32	DP13	**2.840**	14.60	15.93
MK05	**2.247**	11.51	8.655	DP14	9.993	2.770	11.12
MK06	16.82	2.465	13.80	DP15	**1.597**	8.430	22.58
MK07	**0.639**	3.089	21.03	DP16	**4.973**	14.52	12.12
MK08	13.29	7.648	7.669	DP17	**2.526**	12.63	6.271
MK09	**5.522**	17.40	19.79	DP18	**2.057**	5.561	8.449
MK10	**3.377**	14.81	8.814	mt10c1	4.383	2.890	6.449
MK11	3.565	3.136	1.965	mt10cc	4.594	3.049	5.833
MK12	**2.937**	10.83	3.208	mt10x	**2.994**	3.823	6.540
MK13	11.26	5.078	4.411	mt10xx	5.935	3.594	4.539
MK14	6.820	7.461	5.368	mt10xxx	**1.769**	15.86	9.069
MK15	**3.270**	5.556	16.56	mt10xy	**1.339**	7.657	5.540
DP1	6.643	5.277	3.221	mt10xyz	9.040	3.583	4.885
DP2	**2.696**	4.801	14.70	setb4c9	**0.000**	10.95	12.18
DP3	7.333	8.460	6.539	setb4cc	**1.853**	2.764	6.492
DP4	**1.425**	12.84	10.20	setb4x	3.839	2.049	8.901
DP5	**4.087**	4.804	7.467	setb4xx	4.233	6.956	2.799
DP6	8.830	3.027	6.785	setb4xxx	14.59	1.258	16.08
DP7	**3.438**	12.11	14.13	setb4xy	**0.000**	18.03	17.39
DP8	**2.224**	11.53	10.13	setb4xyz	8.928	1.024	9.170
DP9	**3.234**	8.528	15.29	seti5c12	9.639	8.432	3.665

续表

实例	反馈型 ICA	ICA1	ICA2	实例	反馈型 ICA	ICA1	ICA2
seti5cc	**0.000**	23.47	22.72	seti5xxx	12.72	5.728	7.894
seti5x	**1.905**	8.417	6.863	seti5xy	**0.000**	17.24	21.90
seti5xx	**3.179**	9.436	5.574	seti5xyz	7.270	5.682	3.187

表 3-10　反馈型 ICA，ICA1 和 ICA2 关于指标 C 的计算结果

实例	$C(I, I1)$	$C(I1, I)$	$C(I, I2)$	$C(I2, I)$	$C(I2, I1)$	$C(I1, I2)$
MK01	**0.931**	0.005	**0.724**	0.118	0.766	0.060
MK02	0.179	0.313	**0.524**	0.256	0.169	0538
MK03	**0.947**	0.000	**0.897**	0.017	0.368	0.308
MK04	**0.974**	0.000	**0.973**	0.000	0.103	0.523
MK05	**0.994**	0.000	**0.845**	0.024	0.632	0.082
MK06	0.000	0.902	0.165	0.317	0.000	0.951
MK07	**0.341**	0.206	**1.000**	0.000	0.000	1.000
MK08	0.000	0.901	0.052	0.644	0.000	0.733
MK09	**1.000**	0.000	**1.000**	0.000	0.133	0.317
MK10	**0.873**	0.000	**0.726**	0.027	0.571	0.065
MK11	0.211	0.640	0.026	0.835	0.771	0.069
MK12	**0.917**	0.031	0.156	0.487	0.826	0.092
MK13	0.062	0.849	0.154	0.746	0.352	0.358
MK14	**0.794**	0.000	**0.594**	0.061	0.279	0.255
MK15	**0.576**	0.408	**1.000**	0.000	0.014	0.931
DP1	0.240	0.267	0.300	0.733	0.754	0.023
DP2	**0.522**	0.073	**0.980**	0.000	0.022	0.808
DP3	0.126	0.646	0.099	0.796	0.684	0.158
DP4	**0.970**	0.000	**0.925**	0.054	0.489	0.302
DP5	**0.309**	0.119	**0.772**	0.096	0.092	0.623
DP6	0.008	0.957	**0.562**	0.521	0.203	0.416

续表

实例	$C(I,I1)$	$C(I1,I)$	$C(I,I2)$	$C(I2,I)$	$C(I2,I1)$	$C(I1,I2)$
DP7	**0.692**	0.000	**0.912**	0.000	0.418	0.407
DP8	**0.542**	0.058	**0.358**	0.187	0.610	0.113
DP9	**0.790**	0.070	**0.878**	0.000	0.093	0.755
DP10	**0.991**	0.000	**1.000**	0.000	0.009	0.920
DP11	**0.578**	0.443	**0.890**	0.000	0.000	0.879
DP12	**0.316**	0.277	**0.419**	0.256	0.101	0.390
DP13	**0.983**	0.000	**0.990**	0.000	0.595	0.182
DP14	0.071	0.457	**0.603**	0.109	0.043	0.619
DP15	**0.250**	0.057	**1.000**	0.000	0.000	1.000
DP16	**0.982**	0.000	**0.838**	0.023	0.091	0.475
DP17	**0.915**	0.000	**0.548**	0.162	0.746	0.083
DP18	**0.244**	0.059	**1.000**	0.000	0.000	0.821
mt10c1	0.287	0.560	0.405	0.436	0.420	0.389
mt10cc	**0.429**	0.305	**0.381**	0.367	0.411	0.352
mt10x	**0.459**	0.228	**0.419**	0.217	0.302	0.363
mt10xx	0.041	0.669	0.129	0.630	0.311	0.431
mt10xxx	**0.950**	0.008	**0.571**	0.399	0.760	0.344
mt10xy	**0.992**	0.004	**0.739**	0.018	0.153	0.538
mt10xyz	0.000	0.924	0.000	0.913	0.072	0.736
setb4c9	**1.000**	0.000	**1.000**	0.000	0.171	0.328
setb4cc	**0.570**	0.142	**0.915**	0.031	0.055	0.775
setb4x	0.247	0.317	**0.475**	0.197	0.006	0.677
setb4xx	**0.852**	0.148	**0.473**	0.230	0.730	0.098
setb4xxx	0.023	0.994	**0.670**	0.268	0.191	0.870
setb4xy	**1.000**	0.000	**1.000**	0.000	0.239	0.413
setb4xyz	0.000	0.995	0.207	0.534	0.000	0.919
seti5c12	0.127	0.505	0.102	0.869	0.578	0.220
seti5cc	**1.000**	0.000	**1.000**	0.000	0.603	0.451

· 75 ·

续表

实例	$C(I, I1)$	$C(I1, I)$	$C(I, I2)$	$C(I2, I)$	$C(I2, I1)$	$C(I1, I2)$
seti5x	**0.426**	0.164	**0.959**	0.000	0.295	0.684
seti5xx	**0.605**	0.072	**0.565**	0.014	0.617	0.420
seti5xxx	0.205	0.392	0.266	0.770	0.675	0.328
seti5xy	**1.000**	0.000	**1.000**	0.000	0.000	0.528
seti5xyz	**0.558**	0.300	0.211	0.229	0.737	0.014

如表3-9和表3-10所示，反馈型ICA的两个指标关于大多数实例都优于ICA1。反馈型ICA关于36个实例获得了比ICA1更小的DI_R值，且关于13个实例，反馈型ICA的DI_R值比ICA1的对应值至少小10。关于37个实例，$C(I1, I)$小于$C(I, I1)$。表3-11中的统计结果也显示了反馈型ICA和ICA1之间的性能差异，因此，新型帝国竞争能够有效地改善反馈型ICA的性能。同理，从表3-9~表3-11中可以得出，反馈型ICA优于ICA2，验证了通过反馈调节两种概率能有效改善反馈型ICA的性能。

表3-11　　　　　　　　配对样本t-检验的结果

t-检验	p-值（DI_R）	p-值（C）
t-检验（反馈型ICA，ICA1）	0.001	0.004
t-检验（反馈型ICA，ICA2）	0.000	0.000
t-检验（反馈型ICA，EGA）	0.000	0.000
t-检验（反馈型ICA，MOGA）	0.000	0.000
t-检验（反馈型ICA，NSGA-II）	0.000	0.000

3.4.4　计算结果比较与分析

反馈型ICA、EGA、MOGA和NSGA-II关于每个实例随机运行20次。表3-12~表3-14是四种算法的计算结果和算法运行时间，参考

第3章 考虑运输的绿色柔性作业车间调度

集 Ω^* 由并集 $\Omega_1 \cup \Omega_4 \cup \Omega_5 \cup \Omega_6$ 中的非劣解组成。Ω_4、Ω_5 和 Ω_6 分别为 EGA、MOGA 和 NSGA-Ⅱ 的外部档案。符号 E、M、N 分别表示 EGA，MOGA 和 NSGA-Ⅱ。图 3-4 和图 3-5 分别为四种算法的箱线图以及关于 4 个实例的非劣解分布图。

表 3-12 反馈型 ICA、EGA、MOGA 和 NSGA-Ⅱ 关于指标 DI_R 的计算结果

实例	反馈型 ICA	EGA	MOGA	NSGA-Ⅱ	实例	反馈型 ICA	EGA	MOGA	NSGA-Ⅱ
MK01	**0.000**	39.95	28.47	36.32	DP7	**6.023**	35.24	23.40	12.75
MK02	**0.000**	53.51	9.881	26.72	DP8	12.67	33.05	25.01	5.386
MK03	**3.523**	70.41	12.78	37.52	DP9	10.17	33.79	16.48	9.353
MK04	**0.000**	51.90	35.15	41.16	DP10	**7.925**	42.45	27.71	21.53
MK05	**0.000**	53.21	35.85	26.58	DP11	**4.830**	41.14	31.34	9.628
MK06	**0.000**	54.44	19.36	23.41	DP12	6.703	29.64	14.74	5.883
MK07	5.602	48.29	3.997	26.72	DP13	**5.889**	35.58	13.79	11.91
MK08	**2.949**	47.39	10.51	25.15	DP14	**5.444**	46.17	16.42	9.722
MK09	**4.460**	60.31	14.87	30.77	DP15	**2.225**	42.76	26.28	13.89
MK10	**9.364**	65.65	25.41	35.62	DP16	7.852	32.59	11.27	5.807
MK11	**5.605**	24.37	8.329	18.75	DP17	**5.540**	40.29	13.06	13.63
MK12	**3.255**	29.39	11.44	24.96	DP18	**5.807**	30.82	17.45	7.280
MK13	19.89	46.71	7.389	39.07	mt10c1	**2.656**	32.75	18.49	8.965
MK14	**2.707**	29.70	19.91	8.660	mt10cc	**2.915**	28.14	18.85	9.200
MK15	7.226	41.08	4.127	26.05	mt10x	10.61	23.78	9.882	6.720
DP1	**2.945**	26.47	22.43	8.209	mt10xx	**7.122**	32.00	14.68	18.96
DP2	**6.356**	29.66	26.39	13.15	mt10xxx	**0.000**	46.94	23.32	20.55
DP3	15.09	25.81	27.50	13.57	mt10xy	**0.000**	32.52	23.01	13.91
DP4	**5.373**	36.78	25.82	12.90	mt10xyz	**1.679**	28.16	11.68	6.261
DP5	**3.720**	30.93	36.61	11.30	setb4c9	**0.000**	45.98	41.91	26.28
DP6	**3.999**	32.00	24.69	8.139	setb4cc	**3.153**	28.29	23.20	11.88

续表

实例	反馈型ICA	EGA	MOGA	NSGA-II	实例	反馈型ICA	EGA	MOGA	NSGA-II
setb4x	**1.426**	29.38	22.98	19.27	seti5cc	**0.000**	47.48	40.45	16.00
setb4xx	9.197	23.20	16.41	8.205	seti5x	**5.657**	31.94	23.92	12.68
setb4xxx	**8.253**	18.78	17.74	10.37	seti5xx	14.36	26.23	14.32	7.077
setb4xy	**0.730**	34.48	32.83	17.84	seti5xxx	13.67	34.16	24.18	2.400
setb4xyz	**0.620**	28.56	16.72	8.682	seti5xy	**0.000**	44.76	32.00	20.76
seti5c12	**3.892**	32.27	15.98	10.08	seti5xyz	**4.478**	33.53	23.21	9.229

表3-13 反馈型ICA、EGA、MOGA 和 NSGA-II 关于指标C的计算结果

实例	$C(I, E)$	$C(E, I)$	$C(I, M)$	$C(M, I)$	$C(I, N)$	$C(N, I)$
MK01	**1.000**	0.000	**1.000**	0.000	**1.000**	0.000
MK02	**1.000**	0.000	**1.000**	0.000	**1.000**	0.000
MK03	**1.000**	0.000	**0.381**	0.000	**1.000**	0.000
MK04	**1.000**	0.000	**1.000**	0.000	**1.000**	0.000
MK05	**1.000**	0.000	**1.000**	0.000	**1.000**	0.000
MK06	**1.000**	0.000	**1.000**	0.000	**1.000**	0.000
MK07	**1.000**	0.000	0.060	0.424	**0.800**	0.000
MK08	**1.000**	0.000	**0.250**	0.040	**1.000**	0.000
MK09	**1.000**	0.000	0.000	0.435	**1.000**	0.000
MK10	**1.000**	0.000	**0.308**	0.000	**0.700**	0.000
MK11	**0.955**	0.000	**0.100**	0.057	**0.927**	0.030
MK12	**1.000**	0.000	**0.500**	0.115	**0.902**	0.000
MK13	**1.000**	0.000	0.000	0.849	**0.962**	0.000
MK14	**0.955**	0.000	**0.500**	0.042	**0.787**	0.052
MK15	**1.000**	0.000	0.149	0.285	**1.000**	0.000
DP1	**0.706**	0.000	**0.189**	0.007	**0.416**	0.037
DP2	**0.913**	0.000	**0.375**	0.000	**0.923**	0.014

续表

实例	$C(I, E)$	$C(E, I)$	$C(I, M)$	$C(M, I)$	$C(I, N)$	$C(N, I)$
DP3	0.156	0.097	0.000	0.106	0.000	0.991
DP4	0.958	0.000	0.673	0.000	0.764	0.009
DP5	0.682	0.000	0.261	0.011	0.783	0.079
DP6	0.733	0.000	0.367	0.034	0.155	0.299
DP7	0.938	0.000	0.622	0.000	0.645	0.099
DP8	1.000	0.000	0.500	0.033	0.280	0.102
DP9	0.688	0.000	0.158	0.023	0.627	0.023
DP10	0.968	0.000	0.463	0.010	0.892	0.000
DP11	0.958	0.000	0.000	0.014	0.635	0.043
DP12	0.733	0.000	0.107	0.200	0.463	0.200
DP13	0.929	0.000	0.500	0.000	0.698	0.079
DP14	0.857	0.000	0.429	0.065	0.600	0.239
DP15	1.000	0.000	1.000	0.000	0.758	0.014
DP16	0.667	0.000	0.167	0.327	0.067	0.473
DP17	0.550	0.000	0.219	0.000	0.587	0.012
DP18	0.938	0.000	0.000	0.500	0.044	0.308
mt10c1	1.000	0.000	0.949	0.000	0.333	0.128
mt10cc	0.950	0.000	0.815	0.000	0.402	0.106
mt10x	0.741	0.000	0.272	0.145	0.000	0.912
mt10xx	0.895	0.000	0.621	0.006	0.986	0.013
mt10xxx	1.000	0.000	1.000	0.000	1.000	0.000
mt10xy	1.000	0.000	1.000	0.000	1.000	0.000
mt10xyz	1.000	0.000	0.900	0.000	0.649	0.096
setb4c9	1.000	0.000	1.000	0.000	1.000	0.000
setb4cc	0.944	0.000	0.762	0.000	0.840	0.000
setb4x	0.885	0.000	0.862	0.000	0.967	0.000
setb4xx	0.800	0.000	0.586	0.016	0.021	0.803
setb4xxx	0.647	0.000	0.389	0.006	0.140	0.375

续表

实例	$C(I, E)$	$C(E, I)$	$C(I, M)$	$C(M, I)$	$C(I, N)$	$C(N, I)$
setb4xy	**1.000**	0.000	**0.882**	0.000	**1.000**	0.000
setb4xyz	**0.796**	0.000	**0.708**	0.000	**0.552**	0.097
seti5c12	**0.833**	0.000	**0.778**	0.000	**0.911**	0.000
seti5cc	**1.000**	0.000	**1.000**	0.000	**1.000**	0.000
seti5x	**0.800**	0.008	**0.684**	0.000	**0.656**	0.008
seti5xx	**0.750**	0.000	0.087	0.296	0.000	0.827
seti5xxx	**0.938**	0.000	**0.640**	0.000	0.019	0.824
seti5xy	**1.000**	0.000	**1.000**	0.000	**1.000**	0.000
seti5xyz	**1.000**	0.000	**0.163**	0.000	**0.100**	0.040

表3-14 反馈型 ICA、EGA、MOGA 和 NSGA-II 的计算时间

实例	运行时间（s）反馈型 ICA	EGA	MOGA	NSGA-II	实例	运行时间（s）反馈型 ICA	EGA	MOGA	NSGA-II
MK01	9.909	5.099	8.558	7.554	MK14	65.79	49.13	53.98	55.39
MK02	9.143	5.757	8.958	7.274	MK15	64.13	50.90	56.55	52.32
MK03	24.84	18.68	25.24	19.66	DP1	38.02	26.59	36.73	31.24
MK04	16.14	11.14	14.95	10.84	DP2	37.30	26.79	37.99	30.04
MK05	28.54	22.47	24.23	21.64	DP3	33.81	28.81	37.11	32.93
MK06	20.43	15.49	18.87	16.97	DP4	36.50	27.15	36.39	34.63
MK07	25.26	16.57	23.22	17.52	DP5	34.47	26.55	34.48	31.90
MK08	50.30	39.15	49.92	45.02	DP6	34.70	27.27	34.42	30.30
MK09	54.18	41.01	48.32	44.65	DP7	58.16	50.11	66.98	54.45
MK10	48.77	38.64	42.78	39.48	DP8	51.05	51.21	65.72	55.69
MK11	71.66	56.56	66.83	58.39	DP9	51.79	50.33	65.80	48.57
MK12	68.11	53.97	64.60	62.55	DP10	57.55	51.99	61.69	47.42
MK13	67.10	51.69	59.85	57.15	DP11	51.59	52.08	62.02	47.71

续表

实例	运行时间（s）				实例	运行时间（s）			
	反馈型ICA	EGA	MOGA	NSGA-II		反馈型ICA	EGA	MOGA	NSGA-II
DP12	50.92	46.74	66.56	47.67	setb4c9	29.61	21.77	28.58	23.79
DP13	95.09	87.23	115.1	90.99	setb4cc	29.08	21.48	28.08	23.60
DP14	93.10	95.38	125.1	93.44	setb4x	29.31	21.88	28.39	23.78
DP15	90.56	93.76	121.1	111.1	setb4xx	29.39	22.23	29.06	23.77
DP16	96.61	92.34	118.2	100.9	setb4xxx	30.49	22.02	25.24	23.71
DP17	92.43	90.70	119.1	83.52	setb4xy	29.58	20.81	24.85	23.73
DP18	93.28	92.36	141.1	82.47	setb4xyz	30.31	20.33	24.60	22.66
mt10c1	20.91	12.15	16.49	14.08	seti5c12	39.96	28.18	35.44	31.61
mt10cc	21.08	12.09	16.81	14.83	seti5cc	34.43	26.64	34.97	31.01
mt10x	21.11	12.20	17.18	14.04	seti5x	36.77	26.50	35.43	31.51
mt10xx	20.23	12.38	17.51	14.15	seti5xx	39.31	27.29	35.08	27.33
mt10xxx	20.88	12.32	15.49	14.12	seti5xxx	37.46	26.75	35.59	30.89
mt10xy	20.04	12.15	16.84	14.86	seti5xy	35.69	26.25	34.95	31.00
mt10xyz	18.43	11.41	14.50	13.71	seti5xyz	38.78	27.20	35.09	30.98

从表3-12和表3-13中可知，关于大多数实例，反馈型ICA获得了优于其他三种算法计算结果。EGA、MOGA和NSGA-II关于15个实例的解总是远离反馈型ICA的非劣解，反馈型ICA关于所有实例获得了比EGA更小的DI_R值，关于49个实例获得了比MOGA更小的DI_R值，以及关于45个实例的DI_R值优于NSGA-II。另外，反馈型ICA的非劣解分别关于24、11、15个实例完全支配EGA、MOGA和NSGA-II的非劣解。总之，反馈型ICA在求解绿色FJSP上比三种对比算法具有更强的优势，从表3-11的统计结果，图3-4四种算法的箱线图以及图3-5的非劣解分布图也验证了该结论。

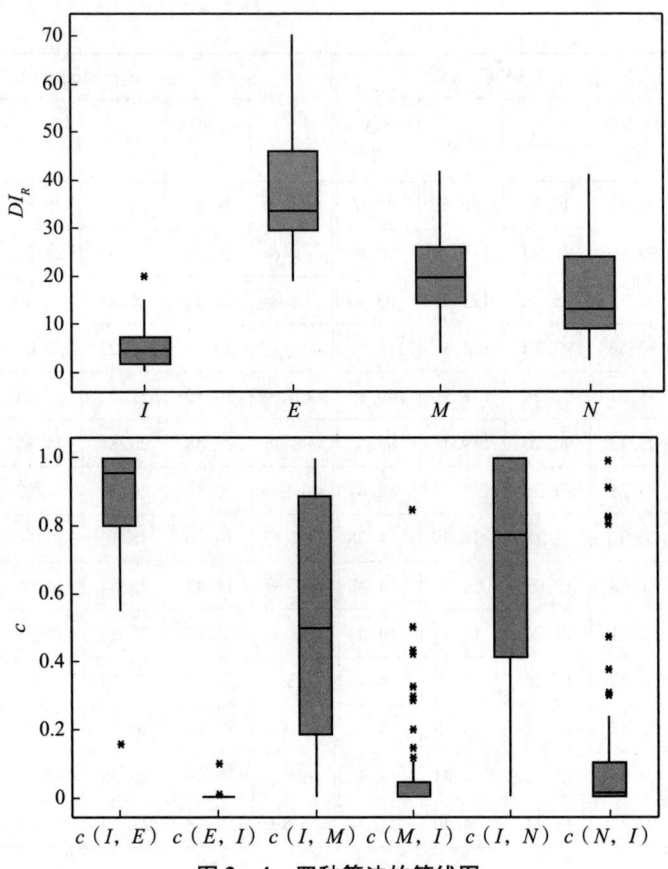

图 3-4　四种算法的箱线图

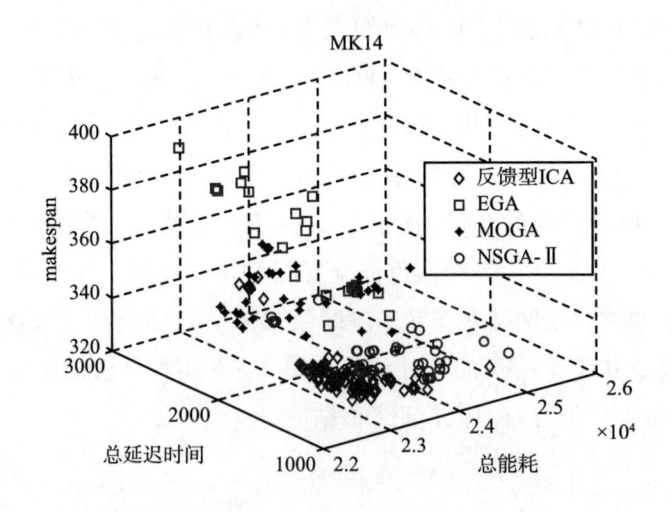

第 3 章 考虑运输的绿色柔性作业车间调度

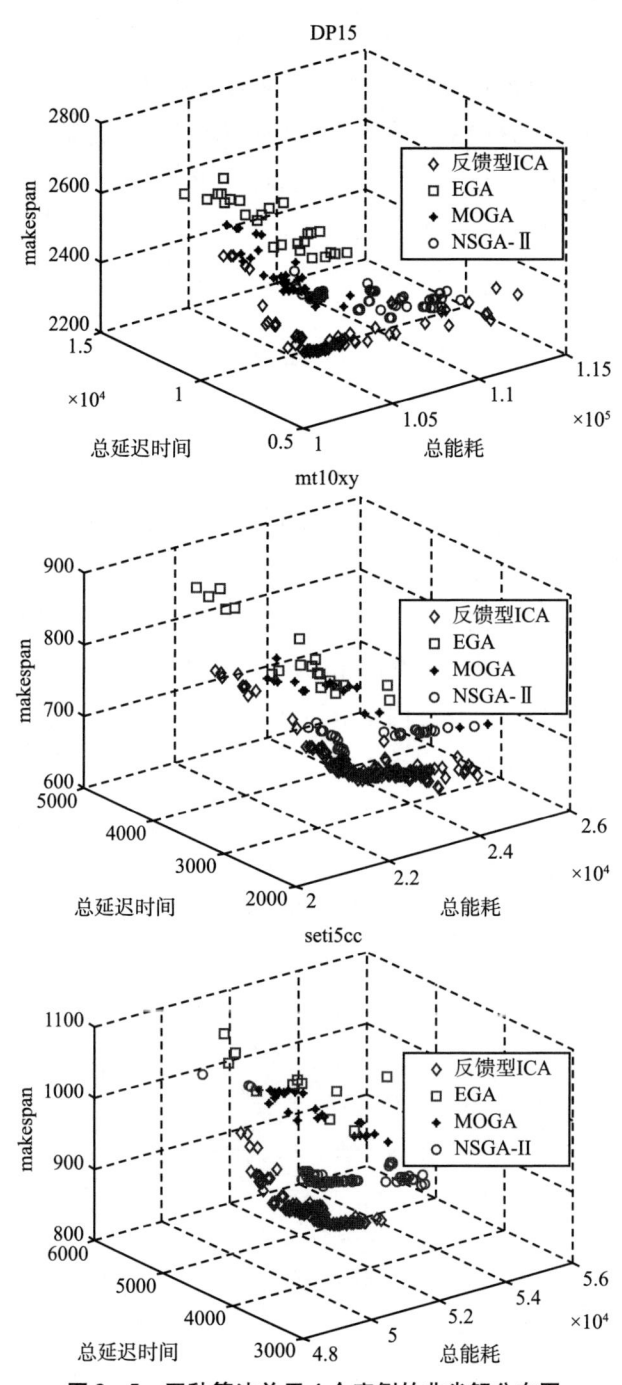

图 3-5 四种算法关于 4 个实例的非劣解分布图

反馈型 ICA 中，通过反馈实现同化和革命参数以及邻域结构的自适应选择；设计了新型帝国竞争，强化了部分最差解的搜索，增强了各帝国间的信息交流，这些特点避免了计算资源的浪费，提高了算法的搜索效率。因此，可以得出反馈型 ICA 能够有效地求解考虑运输的绿色 FJSP。

3.5 本章小结

本章针对考虑运输的绿色 FJSP，提出了基于反馈的帝国竞争算法以同时最小化 makespan、总延迟时间和总能耗。最后通过实验验证了所提算法的有效性。主要贡献描述如下：①研究了考虑运输的绿色 FJSP；②运用反馈实现了同化和革命参数以及邻域结构的自适应选择；③不是所有殖民地都进行同化，参与同化的殖民地可以执行多次同化并有多个学习对象；④设计了新型帝国竞争并对种群中的一些较差解进行强化处理以提高算法的搜索效率。

第 4 章

考虑有限等待时间的绿色柔性作业车间调度

实际工业生产环境中,由于中间产品的不稳定性,许多连续工序之间的加工等待时间是有限的。如果后续工序不能在规定时间内加工,将导致产品质量下降,甚至返工或报废。例如,在晶片制造的清洁和扩散过程,如果表面长时间暴露在空气中,则清洁后的芯片将增加污染的可能性。本章研究考虑有限等待时间的绿色柔性作业车间调度问题(energy-efficient flexible job shop scheduling problem with limited waiting time,EFJSP – LWT)。针对该问题,提出了一种基于知识引导的分组人工蜂群算法(knowledge-guided grouping artificial bee colony algorithm,KGGABC)。该算法中通过非支配排序选择若干最佳食物源作为精英解,并为每个食物源分配一定数量的雇佣蜜蜂进行搜索。在观察蜂阶段设计了一种改进的排序选择方法以减少仅依赖蜜源适应度值的影响。最后通过大量实验验证了 KGGABC 在求解 EFJSP – LWT 方面的有效性。

4.1 问题描述

EFJSP – LWT 可以描述如下:存在工件集 $J = \{J_1, J_2, \cdots, J_n\}$ 和机器集 $M = \{M_1, M_2, \cdots, M_m\}$,工件 J_i 具有 h_i 道工序,工序 o_{ij} 表示

工件 J_i 的第 j 道工序，可以选择相容机器集 S_{ij} 中的任何一台机器加工，$S_{ij} \subseteq M$。每台机器具有 d 速度，$V = \{vel_1, vel_2, \cdots, vel_d\}$。$\eta_{ijk}$ 表示工序 o_{ij} 在机器 M_k 上的基本加工时间，p_{ijkl} 为工序 o_{ij} 在机器 M_k 上以速度 vel_l 加工的时间，$p_{ijkl} = \eta_{ijk}/vel_l$。$E_{kl}$ 表示机器 M_k 以速度 vel_l 加工时的单位时间能耗。SE_k 为机器 k 处于空闲时的单位时间能耗。工序 $o_{i,j}$ 和工序 $o_{i,j+1}$ 之间的等待时间 $W_{i,(j,j+1)}$ 不能超过给定的阈值 MWT。

除此之外，工件和机器之间还满足以下假设：

①同一时刻一台机器最多只能加工一道工序；

②同一时刻一个工件最多只能在一台机器上加工；

③工件加工不能中断；

④存在足够多的运输工具，所有工件均可由其中任何一个运输；

⑤一旦工件的当前工序加工结束，则会立即运输到下一台机器加工。

图 4-1 描述了工序 $o_{i,j}$ 和工序 $o_{i,j+1}$ 之间不同 $W_{i,(j,j+1)}$ 的调度甘特图。当 $WT_{i,(j,j+1)} > MWT$ 时，相应的调度方案不能满足决策者的要求。

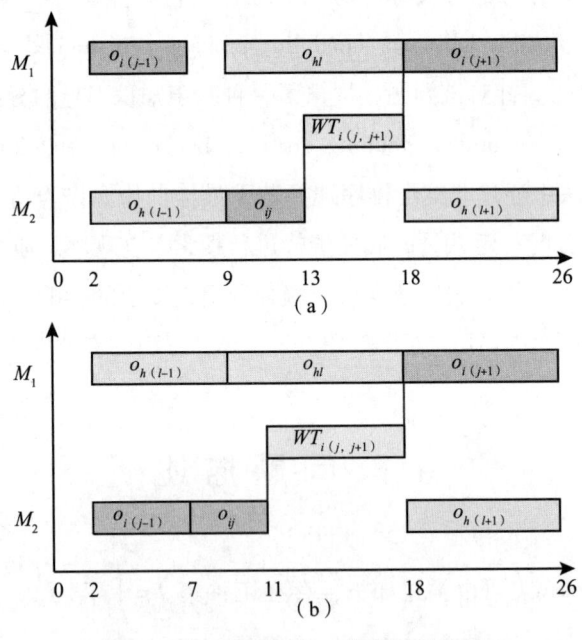

图 4-1 不同 $W_{i,(j,j+1)}$ 的调度甘特图

第4章 考虑有限等待时间的绿色柔性作业车间调度

EFJSP-LWT 的研究目标是在所有约束得到满足的条件下同时优化如下两个目标函数：

$$f_1 = C_{\max} = \max\{C_i\}, \quad i=1, 2, \cdots, n \tag{4-1}$$

$$f_2 = TEC = \sum_{k=1}^{m} \int_{0}^{C_{\max}} \sum_{i=1}^{n} \sum_{j=1}^{h_i} \sum_{l=1}^{d} E_{kl} y_{ijkl}(t) + SE_k z_k(t) dt \tag{4-2}$$

$$S_{ij} + u_{ijk} \times p_{ijk} \leq C_{ij}, \quad i=1, 2, \cdots, n; \ j=1, 2, \cdots, h_i; \ k=1, 2, \cdots, m \tag{4-3}$$

$$C_{ij} \leq S_{ij+1}, \quad i=1, 2, \cdots, n; \ j=1, 2, \cdots, h_i - 1 \tag{4-4}$$

$$C_{ij} \leq S_{i'j'+1} + L(1 - X_{i'j'ij+1k}), \quad i=1, 2, \cdots, n; \ i'=1, 2, \cdots, n;$$
$$j=1, 2, \cdots, h_i; \ j'=1, 2, \cdots, h_{i'}; \ k=1, 2, \cdots, m \tag{4-5}$$

$$S_{ij} + p_{ijk} \leq S_{i'j'} + L(1 - X_{iji'j'k}), \quad i=1, 2, \cdots, n; \ i'=1, 2, \cdots, n;$$
$$j=1, 2, \cdots, h_i; \ j'=1, 2, \cdots, h_{i'}; \ k=1, 2, \cdots, m \tag{4-6}$$

$$\sum_{k=1}^{m} u_{ijk} = 1, \quad i=1, 2, \cdots, n; \ j=1, 2, \cdots, h_i; \ k=1, 2, \cdots, m \tag{4-7}$$

$$C_{ij} \geq 0, \quad i=1, 2, \cdots, n; \ j=1, 2, \cdots, h \tag{4-8}$$

$$S_{ij+1} - C_{ij} \leq MWT \ \forall i, j \tag{4-9}$$

$$u_{ijk} \in \{0, 1\} \ \forall i, j, k \tag{4-10}$$

$$X_{i'j'ijk} \in \{0, 1\} \ \forall i', j', i, j, k \tag{4-11}$$

式（4-1）和式（4-2）表示目标函数 $C_{\max}$ 和 TEC。约束（4-3）和约束（4-4）确保当前工序只能在该工件的前一道工序完成后才能开始加工。约束（4-5）和约束（4-6）表示每台机器最多只能加工一道工序。约束（4-7）确保每个工件的每道工序只分配给一台可用的机器。约束（4-8）要求所有工序的完成时间不能小于0。约束（4-9）表示等待时间 $W_{i,(j,j+1)}$ 不能超过给定的阈值 MWT。约束（4-10）和约束（4-11）定义了决策变量的范围。

4.2 KGGABC 求解 EFJSP – LWT

4.2.1 编码

EFJSP – LWT 需解决调度、机器分配和速度选择三个子问题，因此，本章采用三层编码方法，如图 4 – 2 所示。第一层向量 OSV 中，相同颜色表示同一工件。工件 J_i 在 OSV 中第 j 次出现代表工序 $o_{i,j}$。向量 MSV 和 SSV 中，分别对应工序的加工机器和加工速度。另外，OSV、MSV 和 SSV 三者的长度相同，均为 $\sum_{i=1}^{n} h_i$。

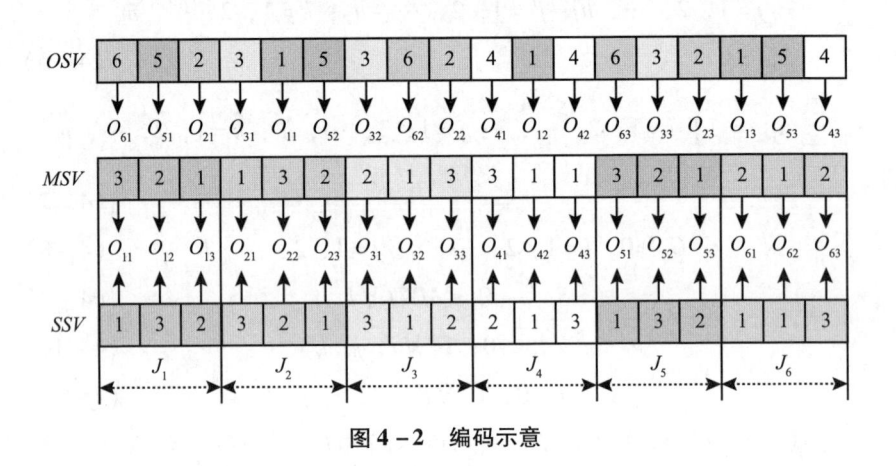

图 4 – 2 编码示意

4.2.2 初始化食物源和适应度计算

为了确保食物源的多样性，初始种群随机产生，其规模为 SN。
ABC 中，食物源的质量取决于适应度值。食物源 x_i 的适合度值计算如下：

$$fit_i = \max_{l=1,2,\cdots,SN}\{rank_l\} - rank_i + dist_i \Big/ \sum_{j \in \Theta_{rank_i}} dist_j \quad (4-12)$$

式（4-12）中，fit_i 为食物源 x_i 的适应度值，$rank_i$ 是解 x_i 通过非劣排序确定的 rank 值；Θ_{rank_i} 为 rank 值为 $rank_i$ 的解集，$dist_i$ 表示解 x_i 的拥挤距离[223]。

4.2.3 基于分组的雇佣蜂阶段

通常，食物源 x_i 和 x_k 之间采用交叉方式产生新解。但是常规 ABC 中，随机选择食物源 x_k，将很难产生更好的解。为了避免这种随机性，充分使用适应度较大的食物源以及维持种群的多样性，提出了一种基于分组的雇佣蜂阶段，具体过程描述如下：

步骤1：对所有食物源执行非劣排序[223]，获得所有食物源的 rank 值。

步骤2：确定 rank 值等于 1 的 η 个食物源。

步骤3：若 $\eta < \rho \times N$，则选择 η 个非劣解以及 $\rho \times N - \eta$ 个 rank 值最小的食物源依次作为精英解；否则，从 η 个食物源中随机确定 $\rho \times N$ 个食物源作为精英解。

步骤4：对于每个精英解 $k(k=1,2,\cdots,\rho \times N)$，若 $k < \rho \times N$，为精英解 x_k 随机选择 $\gamma_k = \alpha + \mu$ 或 $\beta + \mu$，$\mu \in \{0,1\}$ 食物源；否则为精英解 x_k 随机选择 $\gamma_k = (1-\rho) \times SN - \sum_{k=1}^{\rho \times SN - 1} \gamma_k$ 食物源。

步骤5：γ_k 个解与精英解 $k(k=1,2,\cdots,N_{im})$ 依次执行交叉操作。

其中 α 和 β 的计算如下：

$$\alpha = \begin{cases} ceil\{(-0.025 \times \eta + 0.3) \times (1-\rho) \times SN\}, & \eta < \rho \times SN \\ ceil\left\{\dfrac{(1-\rho) \times SN}{\rho \times SN}\right\}, & \eta \geqslant \rho \times SN \end{cases}$$

$$(4-13)$$

$$\beta = \begin{cases} ceil\left\{\dfrac{(1-\rho) \times SN - \eta \times \alpha}{\rho \times SN - \eta}\right\}, & if\ \eta < \rho \times SN \\ 0, & else \end{cases} \quad (4-14)$$

交叉操作描述如下：解 x_i 和 x_k 的调度串、机器串和速度串依次执行交叉。本章选择 POX 和两点交叉，如图 4-3~图 4-5 所示。

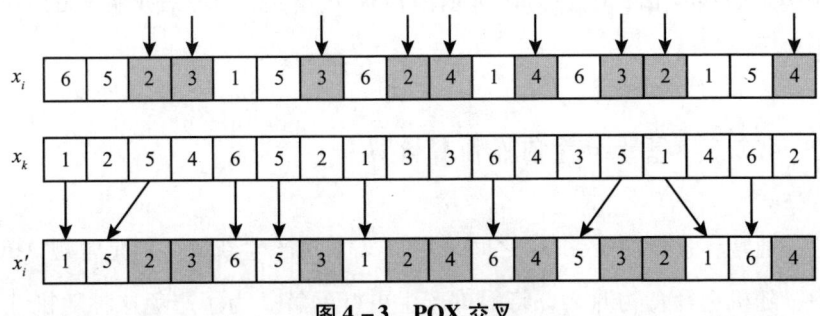

图 4-3 POX 交叉

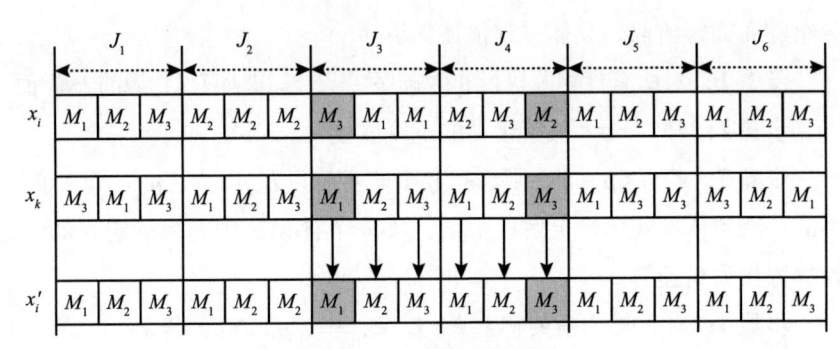

图 4-4 机器串两点交叉

图 4-5 速度串两点交叉

对于上述交叉过程中产生的新解，并不一定总能够满足等待时间约束。因此，本章设计了一种新原则用于比较两个解 x, z。

① $WT_{i(j,j+1)}(x) > MWT$ 和 $WT_{i(j,j+1)}(z) \leqslant MWT$；

② $WT_{i(j,j+1)}(x) \leqslant MWT$，$WT_{i(j,j+1)}(z) \leqslant MWT$，且 z 不受 x 支配；

③ $WT_{i(j,j+1)}(x) > MWT$，$WT_{i(j,j+1)}(z) > MWT$，且 $WT_{i(j,j+1)}(z) \leqslant WT_{i(j,j+1)}(x)$。

当满足上述条件之一时，新解 z 替代 x。

Ω 的具体更新方法如下：对于解 x

① 如果 $WT_{i(j,j+1)}(x) > MWT$：

若 Ω 中存在解 y 满足 $WT_{i(j,j+1)}(x) < WT_{i(j,j+1)}(y)$，则解 x 替代解 y。

② 如果 $WT_{i(j,j+1)}(x) \leqslant MWT$：

若 Ω 中所有解的总能耗均满足 $WT_{i(j,j+1)} \leqslant MWT$，则存在以下两种情形：

a. 解 x 与 Ω 中的一个解 y 具有相同的 f_1, f_2 且 $WT_{i(j,j+1)}(x) < WT_{i(j,j+1)}(y)$，则解 x 替代解 y。

b. 上述条件不成立，则将 x 加入 Ω 中，并对 Ω 中的所有解根据 f_1, f_2 两个目标进行 Pareto 比较，仅保留非劣解。

若 Ω 中存在不满足约束的解，则利用解 x 替代集合 Ω 中的任意一个不可行解。

4.2.4 基于知识的观察蜂阶段

常规 ABC 中，食物源的选择概率在很大程度上取决于适应度值。当种群中产生若干适应度值较大的食物源时，这些解将快速控制选择过程并影响算法的收敛性能。

为了能够有效控制选择压力，本章提出了一种改进的选择方法。假设所有食物源按降序排列为 $fit(x_1) > fit(x_2) > \cdots > fit(x_{SN})$。食物源 x_i 的选择概率 $p(x_i)$ 确定如下：

$$p(x_i) = \frac{1}{SN} + \frac{fit_i}{\max\{fit_i\}} \times \left(\frac{SN + 100 - 2 \times i}{SN \times (SN+1)}\right) \quad (4-15)$$

与常规方法相比,这种方法能够在一定程度上提高较差食物源的选择概率,从而消除适应度值较大的食物源对选择过程的负面影响。

选择 $insert$,$change$,$speed$ 三种邻域结构(见图 4-6)产生新解,分别表示为 $\mathcal{N}_1$,$\mathcal{N}_2$,$\mathcal{N}_3$。另外,邻域结构 $\mathcal{N}_g$ 的知识定义如下:

$$kw_g = kw_0 + \frac{su_g}{R} \quad (4-16)$$

其中 su_g 表示使用 $\mathcal{N}_g$ 产生新食物源 x_i 的次数;$kw_0 = 1/3$。

基于知识的观察蜂阶段具体描述如下:

步骤1:对于所有的食物源 $x_i \in Pop$,重复以下过程 R 次。

步骤2:构造向量 $[kw_1,kw_2,kw_3]$,$kw_i = 1/3 \forall i$。

步骤3:$su_g \leftarrow 0$,$g = 1,2,3$。

步骤4:根据向量 $[kw_1,kw_2,kw_3]$,运用轮盘赌方法选择邻域结构 $\mathcal{N}_g$,产生新解 $z \in \mathcal{N}_g(x_i)$。根据新原则比较 z 和 x_i 并更新外部档案 Ω。如果 z 替代 x_i,$su_g = su_g + 1$,更新 $[kw_1,kw_2,kw_3]$。如果 Ω 被更新,$su_g = su_g + 1$,更新 $[kw_1,kw_2,kw_3]$。归一化向量 $[kw_1,kw_2,kw_3]$。

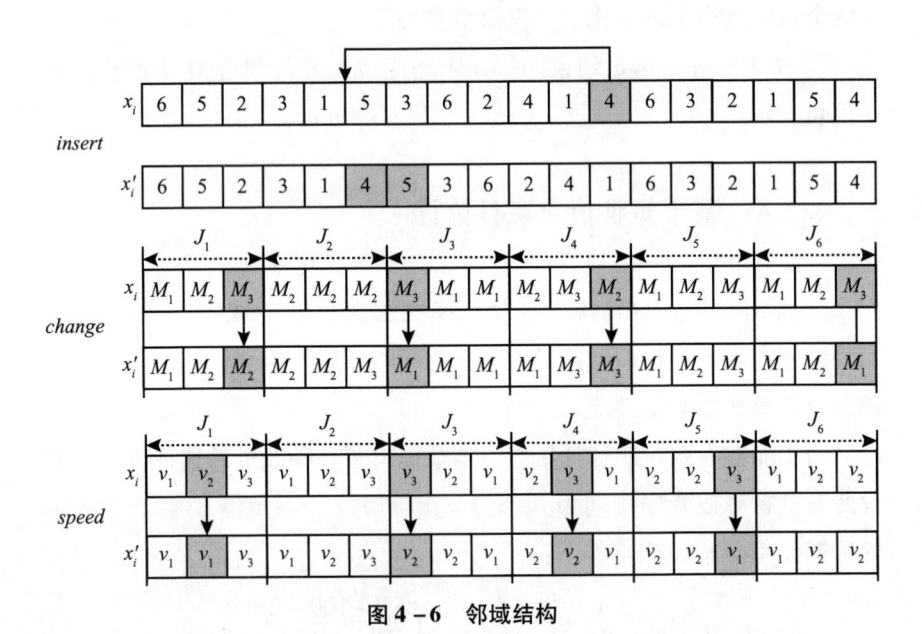

图 4-6 邻域结构

4.2.5 侦查蜂阶段

如果食物源 x_i 经过 *Limit* 连续评估后仍保持不变，则与食物源 x_i 对应的雇佣蜂将转变成侦察蜂，并根据公式（1-6）产生新的食物源。在某种程度上，这种机制可以增加食物源的多样性，避免算法陷入搜索停滞。然而，却浪费了大量的计算资源。为了克服这一缺陷，食物源 x_i 从 Ω 中随机选择一个解直接替换。本章根据上述描述设计了一种新的侦查蜂阶段，具体描述如下。对于所有的食物源 $x_i \in Pop$，如果 $limit(x_i) > Limit$，以等概率按照基于知识的观察蜂阶段执行邻域搜索和执行交叉操作。

4.3 时间复杂度分析

KGGABC 的时间复杂度分析如下：随机产生 SN 个食物源，其时间复杂度为 $O(SN)$。SN 个食物源执行非劣排序的时间复杂度为 $O(SN^2)$。雇佣蜂阶段的时间复杂度评估为 $O(SN)$。关于观察蜂阶段的最差时间复杂度为 $O(R \times SN)$。综上可得，KGGABC 的时间复杂度为 $O(MaxIter \times SN^2)$，*MaxIter* 表示最大迭代次数。

4.4 计算实验

为了测试 KGGABC 在求解 EFJSP-LWT 方面的性能，进行了大量实验。所有的实验均由 Python 语言编程实现，并运行于 Intel Core i7-1260 16.0G RAM 2.10GHz win11 64OS CPU PC。

4.4.1 测试实例、评价指标和比较算法

选择 MK01 - MK15[228]，DP1 - DP18[229] 以及文献 [230] 中的 21 个实例进行测试，在实例中引入能耗信息：$E_{kl} = \xi_k \times vel_l^2$，$\xi_k \in [2, 4]$，$V = (1.00, 1.30, 1.55, 1.80, 2.00)$，$SE_k = 1$，$MWT \in U[2, 4]$。所有连续工序件满足约束 $WT_{i,(j,j+1)} \leq MWT$ 的数量 $Q \in U[3, 5]$。

选择 IGD、C 和 HV 三个指标评估算法性能。

IGD 是一个评价非劣解收敛性和分布性的综合指标，定义如下：

$$IGD(A, P^*) = \sum_{v \in P^*} d(v, A) / |P^*| \qquad (4-17)$$

公式（4-17）中，$d(v, A)$ 表示 Pareto 前沿 P^* 中的每个解 v 与算法 A 产生的非劣解间的最小欧式距离。P^* 是由所有算法产生的非劣解组成。IGD 的值越小，表明算法 A 的性能越好。

HV 也是一个评价非劣解收敛性和分布性的综合指标，定义如下：

$$HV = L(U_{i=1}^S v_i) \qquad (4-18)$$

其中 $L(\cdot)$ 是勒贝格测度，S 是 Pareto 前沿最优解的数量，v_i 表示参考点与 Pareto 前沿第 i 个解构成的体积。HV 的值越大，表明算法的性能越好。

选择 ABC，EARL，IMOEA/D - HS 和 FICA 作为对比算法。

4.4.2 参数设置

KGGABC 的主要参数包括：SN，ρ，G，R，$Limit$，E_Time。田口方法用于确定参数的最佳组合。表 4-1 列出了每个参数的水平。表 4-2 为正交表 $L_{27}(3^6)$，IGD 是 KGGABC 针对实例 MK10 随机运行 10 次的平均值。IGD 的主效应图如图 4-7 所示。

第4章 考虑有限等待时间的绿色柔性作业车间调度

表 4-1 参数水平

参数	水平		
	1	2	3
SN	40	60	80
ρ	0.05	0.1	0.15
G	$0.2 \times \sum_{i=1}^{n} h_i$	$0.3 \times \sum_{i=1}^{n} h_i$	$0.4 \times \sum_{i=1}^{n} h_i$
R	6	10	14
$Limit$	4	5	6
E_Time	$0.1 \times m \times n$	$0.2 \times m \times n$	$0.3 \times m \times n$

表 4-2 正交表 $L_{27}(3^6)$

实验次数	参数水平						IGD
	SN	ρ	G	R	$Limit$	E_Time	
1	1	1	1	1	1	1	0.055
2	1	1	1	1	2	2	0.050
3	1	1	1	1	3	3	0.011
4	1	2	2	2	1	1	0.035
5	1	2	2	2	2	2	0.052
6	1	2	2	2	3	3	0.003
7	1	3	3	3	1	1	0.021
8	1	3	3	3	2	2	0.018
9	1	3	3	3	3	3	0.045
10	2	1	2	3	1	2	0.066
11	2	1	2	3	2	3	0.030
12	2	1	2	3	3	1	0.038
13	2	2	3	1	1	2	0.057
14	2	2	3	1	2	3	0.041
15	2	2	3	1	3	1	0.038
16	2	3	1	2	1	2	0.005

续表

实验次数	参数水平						IGD
	SN	ρ	G	R	Limit	E_Time	
17	2	3	1	2	2	3	0.036
18	2	3	1	2	3	1	0.013
19	3	1	3	2	1	3	0.003
20	3	1	3	2	2	1	0.043
21	3	1	3	2	3	2	0.061
22	3	2	1	3	1	3	0.051
23	3	2	1	3	2	1	0.065
24	3	2	1	3	3	2	0.060
25	3	3	2	1	1	3	0.018
26	3	3	2	1	2	1	0.059
27	3	3	2	1	3	2	0.019

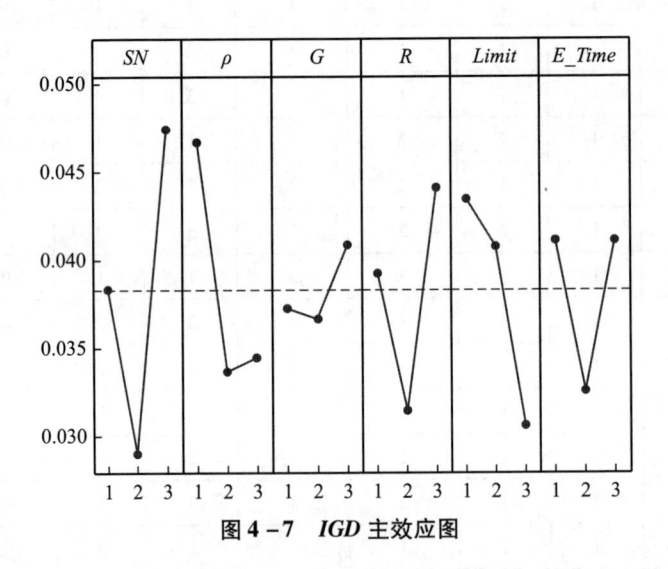

图 4-7 IGD 主效应图

KGGABC 的最佳参数组合为：$SN=60$，$\rho=0.1$，$G=0.3\times\sum_{i=1}^{n}h_i$，$R=10$，$Limit=6$，$E\_Time=0.2\times m\times n$。另外，所有算法的终止条件设

置为 $0.2 \times m \times n$ 秒。

对比算法的参数设置如下：

EARL：$N=120$，$\tilde{\lambda}=3$，$\alpha_s=1$，$\alpha_e=5$，$num\_od=7$，$\alpha=0.8$，$\gamma=0.6$，$\varepsilon=0.95$，$NCI=70$。

IMOEA/D：$N=100$，$T=N/10$，$\alpha=2$，$p_c=0.5$，$p_m=0.2$。

FICA：$N=80$，$N_{im}=7$，$R=9$，$K=3$，$Z=4$。

4.4.3 计算结果比较与分析

为了减少随机性的影响，KGGABC、ABC、EARL、IMOEA/D – HS 和 FICA 关于所有实例独立运行 10 次。由于真实 Pareto 前沿是未知的。本章选择 $P^* = P_1 \cup P_2 \cup P_3 \cup P_4 \cup P_5$ 作为真实的 Pareto 前沿。P_1，P_2，P_3，P_4 和 P_5 分别为 KGGABC、ABC、EARL、IMOEA/D – HS 和 FICA 的获得非劣解。表 4 – 3 ~ 表 4 – 5 为所有算法关于测试实例的性能评价结果。"K""A""E""I"和"F"分别代表 KGGABC、ABC、EARL、IMOEA/D – HS 和 FICA。

表 4 – 3   所有算法关于指标 *IGD* 的性能比较

实例	KGGABC	ABC	EARL	IMOEA/D – HS	FICA
MK01	0.000	0.476	0.595	0.833	0.571
MK02	0.000	0.470	0.499	0.530	0.682
MK03	0.000	0.480	0.217	0.493	0.290
MK04	0.006	0.497	0.529	0.629	0.522
MK05	0.090	0.316	0.231	0.243	0.266
MK06	0.000	1.169	0.559	1.142	0.969
MK07	0.133	0.223	0.061	0.272	0.225
MK08	0.000	0.911	0.644	0.762	0.835
MK09	0.102	0.949	0.498	0.541	0.703
MK10	0.132	0.696	0.442	0.493	1.026

续表

实例	KGGABC	ABC	EARL	IMOEA/D-HS	FICA
MK11	0.012	0.408	0.246	0.521	0.395
MK12	0.094	0.505	0.428	0.515	0.653
MK13	0.062	0.840	0.737	0.854	0.813
MK14	0.270	0.719	0.605	0.817	0.771
MK15	0.043	0.598	0.230	0.175	0.426
01a	0.056	0.393	0.274	0.167	0.344
02a	0.034	0.187	0.093	0.237	0.390
03a	0.101	0.225	0.050	0.159	0.180
04a	0.083	0.231	0.141	0.196	0.138
05a	0.044	0.556	0.218	0.250	0.381
06a	0.033	0.253	0.165	0.195	0.263
07a	0.000	0.610	0.434	0.517	0.793
08a	0.026	0.678	0.321	0.461	0.443
09a	0.088	0.233	0.150	0.183	0.146
10a	0.175	0.366	0.156	0.034	0.270
11a	0.225	0.288	0.148	0.329	0.349
12a	0.166	0.419	0.209	0.123	0.304
13a	0.084	0.389	0.300	0.225	0.356
14a	0.070	0.844	0.523	0.759	0.783
15a	0.192	0.455	0.190	0.316	0.288
16a	0.000	0.744	0.585	0.768	0.690
17a	0.161	0.409	0.238	0.337	0.247
18a	0.061	0.662	0.350	0.688	0.473
mt10c1	0.027	0.708	0.619	0.351	0.623
mt10cc	0.024	0.742	0.640	0.379	0.699
mt10x	0.000	1.030	0.916	0.526	0.980
mt10xx	0.152	0.200	0.165	0.047	0.182
mt10xxx	0.015	0.911	1.024	0.275	0.332

续表

实例	KGGABC	ABC	EARL	IMOEA/D-HS	FICA
mt10xy	0.015	0.794	0.679	0.356	0.686
mt10xyz	0.086	0.317	0.272	0.171	0.267
setb4c9	0.157	0.486	0.432	0.376	0.490
setb4cc	0.185	0.508	0.412	0.300	0.482
setb4x	0.107	0.458	0.355	0.225	0.364
setb4xx	0.132	0.392	0.358	0.339	0.409
setb4xxx	0.028	0.711	0.613	0.454	0.625
setb4xy	0.051	0.515	0.431	0.415	0.498
setb4xyz	0.084	0.301	0.362	0.323	0.388
seti5c12	0.019	0.553	0.531	0.359	0.556
seti5cc	0.117	0.720	0.690	0.631	0.734
seti5x	0.000	0.591	0.552	0.352	0.543
seti5xx	0.000	0.959	0.793	0.636	0.816
seti5xxx	0.076	0.958	0.755	0.669	0.868
seti5xy	0.069	0.601	0.493	0.347	0.567
seti5xyz	0.080	0.375	0.364	0.213	0.340
kacem01	0.015	0.285	0.178	0.239	0.232
kacem02	0.121	0.109	1.053	1.881	1.354
kacem03	0.157	0.043	0.899	1.545	0.935
kacem04	0.359	0.607	0.015	0.254	0.466
kacem05	0.130	0.318	0.891	2.263	0.746

表4-4　　　　所有算法关于指标 HV 的性能比较

实例	KGGABC	ABC	EARL	IMOEA/D-HS	FICA
MK01	0.937	0.608	0.553	0.440	0.562
MK02	0.934	0.569	0.584	0.576	0.478
MK03	0.842	0.336	0.704	0.409	0.555

续表

实例	KGGABC	ABC	EARL	IMOEA/D-HS	FICA
MK04	0.927	0.472	0.461	0.385	0.477
MK05	0.768	0.418	0.508	0.485	0.462
MK06	0.944	0.372	0.695	0.427	0.462
MK07	0.686	0.645	0.814	0.581	0.613
MK08	0.951	0.407	0.552	0.490	0.447
MK09	0.951	0.341	0.534	0.466	0.448
MK10	0.948	0.394	0.589	0.477	0.441
MK11	0.892	0.459	0.638	0.328	0.478
MK12	0.960	0.522	0.581	0.412	0.544
MK13	0.959	0.185	0.260	0.198	0.218
MK14	0.911	0.303	0.371	0.279	0.262
MK15	0.864	0.401	0.662	0.698	0.478
01a	0.829	0.368	0.476	0.614	0.406
02a	0.770	0.620	0.712	0.544	0.460
03a	0.642	0.455	0.643	0.492	0.491
04a	0.804	0.567	0.681	0.711	0.677
05a	0.724	0.346	0.564	0.605	0.463
06a	0.738	0.469	0.559	0.556	0.476
07a	0.825	0.403	0.510	0.531	0.341
08a	0.895	0.310	0.548	0.378	0.433
09a	0.595	0.438	0.553	0.565	0.555
10a	0.854	0.632	0.793	0.873	0.699
11a	0.791	0.455	0.651	0.459	0.413
12a	0.739	0.356	0.558	0.617	0.452
13a	0.752	0.338	0.446	0.552	0.394
14a	0.925	0.352	0.558	0.513	0.400
15a	0.804	0.400	0.525	0.438	0.451
16a	0.926	0.456	0.555	0.473	0.512

第 4 章　考虑有限等待时间的绿色柔性作业车间调度

续表

实例	KGGABC	ABC	EARL	IMOEA/D – HS	FICA
17a	0.765	0.362	0.538	0.475	0.496
18a	0.848	0.436	0.643	0.371	0.544
mt10c1	0.807	0.406	0.478	0.637	0.418
mt10cc	0.932	0.375	0.442	0.599	0.386
mt10x	0.939	0.357	0.455	0.646	0.384
mt10xx	0.734	0.815	0.784	0.881	0.728
mt10xxx	0.936	0.442	0.476	0.756	0.752
mt10xy	0.859	0.409	0.479	0.664	0.462
mt10xyz	0.791	0.550	0.588	0.674	0.599
setb4c9	0.815	0.454	0.517	0.540	0.458
setb4cc	0.887	0.386	0.500	0.705	0.454
setb4x	0.838	0.441	0.474	0.599	0.465
setb4xx	0.927	0.497	0.587	0.612	0.516
setb4xxx	0.848	0.376	0.442	0.569	0.415
setb4xy	0.935	0.486	0.561	0.605	0.495
setb4xyz	0.858	0.512	0.480	0.558	0.456
seti5c12	0.938	0.387	0.413	0.554	0.369
seti5cc	0.981	0.498	0.524	0.547	0.471
seti5x	0.892	0.402	0.458	0.567	0.445
seti5xx	0.963	0.312	0.344	0.481	0.351
seti5xxx	0.968	0.389	0.410	0.468	0.330
seti5xy	0.897	0.361	0.423	0.558	0.386
seti5xyz	0.782	0.402	0.406	0.603	0.413
kacem01	0.878	0.572	0.700	0.632	0.685
kacem02	0.945	0.890	0.584	0.340	0.525
kacem03	0.865	0.962	0.622	0.352	0.635
kacem04	0.673	0.506	0.890	0.676	0.513
kacem05	0.970	0.800	0.610	0.288	0.558

表 4-5　　　　　　　所有算法关于指标 C 的性能比较

实例	$C(K, A)$	$C(A, K)$	$C(K, E)$	$C(E, K)$	$C(K, I)$	$C(I, K)$	$C(K, F)$	$C(F, K)$
MK01	1.000	0.000	1.000	0.000	1.000	0.000	1.000	0.000
MK02	1.000	0.000	1.000	0.000	1.000	0.000	1.000	0.000
MK03	1.000	0.000	1.000	0.000	1.000	0.000	1.000	0.000
MK04	1.000	0.000	1.000	0.000	1.000	0.000	0.846	0.048
MK05	1.000	0.000	0.846	0.000	0.889	0.000	0.800	0.000
MK06	1.000	0.000	1.000	0.000	1.000	0.000	1.000	0.000
MK07	0.200	0.214	0.071	0.571	0.167	0.143	0.429	0.286
MK08	1.000	0.000	1.000	0.000	1.000	0.000	1.000	0.000
MK09	1.000	0.000	0.941	0.000	1.000	0.000	1.000	0.000
MK10	1.000	0.000	0.875	0.000	1.000	0.000	1.000	0.000
MK11	0.929	0.000	0.909	0.000	1.000	0.000	1.000	0.000
MK12	1.000	0.000	0.889	0.000	0.500	0.000	1.000	0.000
MK13	1.000	0.000	0.917	0.000	1.000	0.000	1.000	0.000
MK14	1.000	0.000	0.786	0.000	1.000	0.000	1.000	0.000
MK15	1.000	0.000	0.846	0.000	0.917	0.000	1.000	0.000
01a	1.000	0.000	0.941	0.000	0.929	0.000	1.000	0.000
02a	0.833	0.000	0.750	0.000	1.000	0.000	1.000	0.000
03a	0.750	0.111	0.143	0.333	0.462	0.333	0.833	0.222
04a	0.923	0.000	1.000	0.000	0.400	0.222	0.778	0.000
05a	1.000	0.000	0.769	0.000	0.667	0.200	0.923	0.000
06a	0.800	0.118	0.667	0.176	0.300	0.176	0.769	0.118
07a	1.000	0.000	1.000	0.000	1.000	0.000	1.000	0.000
08a	1.000	0.000	1.000	0.000	0.917	0.000	1.000	0.000
09a	0.667	0.083	0.533	0.167	0.778	0.167	0.333	0.167
10a	0.900	0.000	0.727	0.100	0.000	0.800	0.900	0.100
11a	0.750	0.000	0.692	0.000	0.714	0.000	1.000	0.000
12a	1.000	0.000	0.444	0.000	0.364	0.167	0.750	0.000
13a	1.000	0.000	0.750	0.000	0.429	0.000	1.000	0.000

第4章 考虑有限等待时间的绿色柔性作业车间调度

续表

实例	$C(K, A)$	$C(A, K)$	$C(K, E)$	$C(E, K)$	$C(K, I)$	$C(I, K)$	$C(K, F)$	$C(F, K)$
14a	1.000	0.000	1.000	0.000	0.667	0.167	1.000	0.000
15a	1.000	0.000	0.692	0.000	0.375	0.000	0.833	0.000
16a	1.000	0.000	1.000	0.000	1.000	0.000	1.000	0.000
17a	1.000	0.000	0.846	0.000	0.600	0.000	0.300	0.000
18a	0.909	0.000	0.778	0.000	1.000	0.000	0.917	0.000
mt10c1	1.000	0.000	0.824	0.000	0.750	0.063	0.857	0.000
mt10cc	1.000	0.000	1.000	0.000	0.947	0.000	1.000	0.000
mt10x	1.000	0.000	1.000	0.000	1.000	0.000	1.000	0.000
mt10xx	0.375	0.550	0.000	0.700	0.000	0.850	0.188	0.000
mt10xxx	1.000	0.000	1.000	0.000	0.714	0.071	1.000	0.000
mt10xy	1.000	0.000	1.000	0.000	0.900	0.000	1.000	0.000
mt10xyz	0.667	0.167	0.769	0.167	0.667	0.167	0.600	0.167
setb4c9	0.778	0.000	0.727	0.000	1.000	0.000	0.778	0.000
setb4cc	1.000	0.000	1.000	0.000	1.000	0.000	0.813	0.000
setb4x	1.000	0.000	1.000	0.000	0.846	0.000	0.867	0.000
setb4xx	0.778	0.000	0.889	0.000	0.941	0.000	0.941	0.000
setb4xxx	1.000	0.000	0.923	0.000	0.625	0.118	1.000	0.000
setb4xy	1.000	0.000	1.000	0.000	1.000	0.000	0.947	0.000
setb4xyz	0.900	0.000	0.857	0.000	1.000	0.000	0.867	0.000
seti5c12	1.000	0.000	0.923	0.000	1.000	0.000	1.000	0.000
seti5cc	1.000	0.000	1.000	0.000	0.895	0.000	0.818	0.000
seti5x	1.000	0.000	1.000	0.000	1.000	0.000	1.000	0.000
seti5xx	1.000	0.000	1.000	0.000	1.000	0.000	1.000	0.000
seti5xxx	1.000	0.000	1.000	0.000	0.900	0.000	1.000	0.000
seti5xy	1.000	0.000	0.667	0.071	0.727	0.071	1.000	0.000
seti5xyz	1.000	0.000	0.750	0.000	0.700	0.250	0.625	0.125
kacem01	1.000	0.000	1.000	0.000	1.000	0.000	0.813	0.032
kacem02	0.167	0.286	0.900	0.000	1.000	0.000	1.000	0.000

续表

实例	$C(K, A)$	$C(A, K)$	$C(K, E)$	$C(E, K)$	$C(K, I)$	$C(I, K)$	$C(K, F)$	$C(F, K)$
kacem03	0.000	0.889	1.000	0.000	1.000	0.000	1.000	0.000
kacem04	0.467	0.000	0.077	0.833	0.647	0.333	0.889	0.000
kacem05	0.923	0.000	1.000	0.000	1.000	0.000	1.000	0.000

从表 4-4 和表 4-5 可以得出，KGGABC 的三种指标 IGD、C 和 HV 关于大部分实例均优于 ABC、EARL、IMOEA/D - HS 和 FICA，具体结果分析如下：KGGABC 的 IGD 值分别关于 57、53、56 和 59 个实例小于 ABC、EARL、IMOEA/D - HS 和 FICA。对于第二个性能指标 HV，KGGABC 分别关于 57 个、55 个、56 个和 59 个实例大于对比算法。另外，KGGABC 获得的非劣解关于 40 个实例全部支配 ABC。$C(K, E)$，$C(K, I)$、$C(K, F)$ 关于 25 个、27 个和 33 个实例大于 $C(E, K)$、$C(I, K)$、$C(F, K)$。

图 4-8 为 KGGABC、ABC、EARL、IMOEA/D - HS 和 FICA 关于三个评价指标的箱线图，说明 KGGABC 与 ABC、EARL、IMOEA/D - HS、FICA 差异显著，同时优于对比算法。总之，KGGABC 在求解 EFJSP - LWT 上比对比算法具有更强的优势。图 4-9 为所有算法关于实例 05a、MK05、MK11 和 setb4x 的非劣解分布图，也验证了 KGGABC 的优越性。

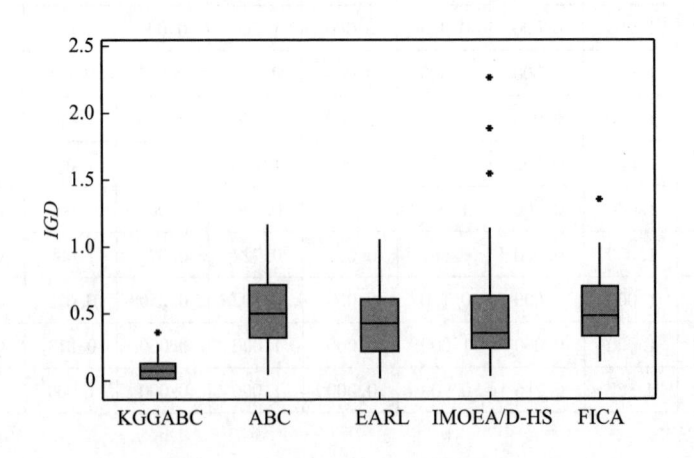

第 4 章　考虑有限等待时间的绿色柔性作业车间调度

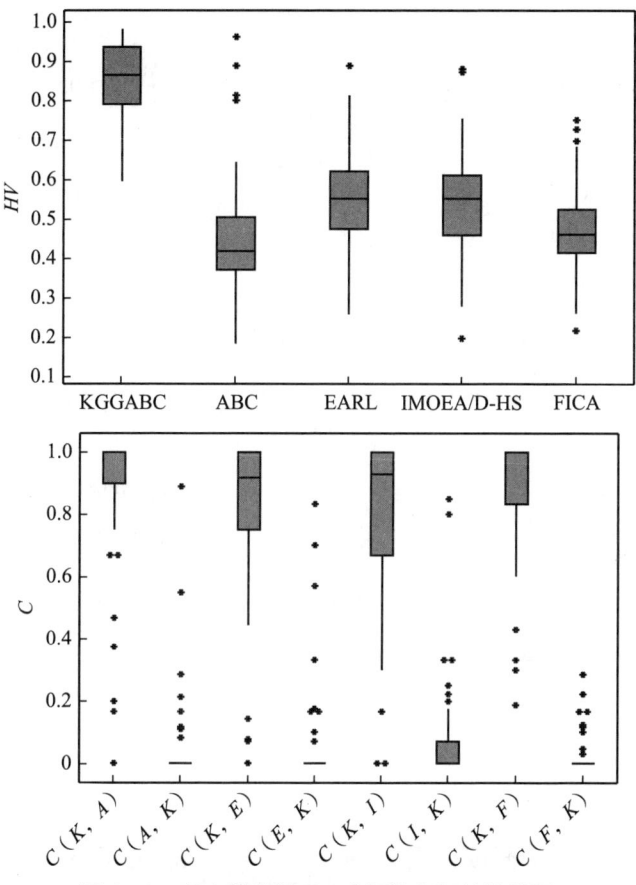

图 4-8　所有算法关于三个评价指标的箱线图

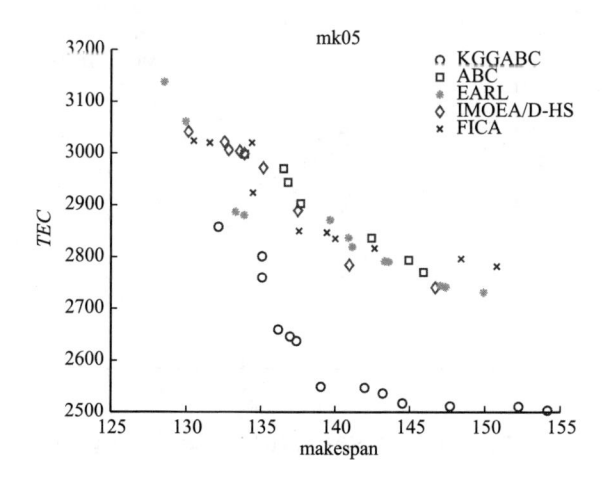

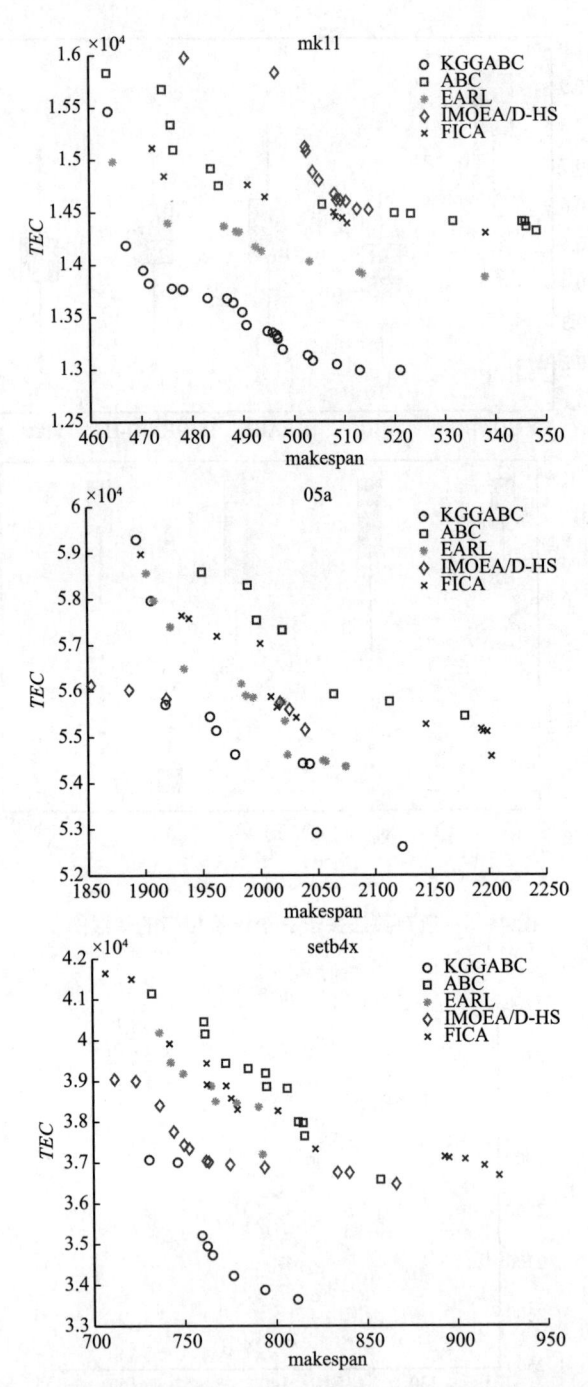

图4-9 关于实例05a、MK05、MK11和setb4x的非劣解分布图

表4-6是关于三种指标的Wilcoxon检验结果。置信水平α设置为0.05。如果$p<0.05$，则表明配对算法之间存在显著差异。从表4-6中可以发现所有p值均小于0.05。即KGGABC和配对算法（ABC、EARL、IMOEA/D-HS和FICA）存在显著差异。

表4-6　　三种指标的Wilcoxon检验结果

水平	指标	R^+	R^-	p-value	$\alpha=0.05$
KGGABC vs. ABC	IGD	57	2	0.000	YES
	HV	57	2	0.000	YES
	$\mathcal{C}$	55	4	0.000	YES
KGGABC vs. EARL	IGD	53	6	0.000	YES
	HV	55	4	0.000	YES
	$\mathcal{C}$	55	4	0.000	YES
KGGABC vs. IMOEA/D-HS	IGD	55	4	0.000	YES
	HV	56	3	0.000	YES
	$\mathcal{C}$	57	2	0.000	YES
KGGABC vs. FICA	IGD	59	0	0.000	YES
	HV	59	0	0.000	YES
	$\mathcal{C}$	59	0	0.000	YES

KGGABC中，通过非支配排序选择若干最佳食物源并为每个食物源分配一定数量的雇佣蜜蜂进行搜索，其搜索方式呈现多样化。观察蜂阶段应用改进的选择方法减少了仅依赖食物源适应度值的影响并使用知识指导搜索。因此，KGGABC能够有效地求解EFJSP-LWT。

4.5　本章小结

本章针对考虑有限等待时间的绿色柔性作业车间调度问题，提出了一种基于知识引导的分组人工蜂群算法。该算法中通过非支配排序选择若干最优食物源并为每个食物源分配一定数量的雇佣蜜蜂进行搜索。在观察蜂阶段设计了一种改进选择方法以减少仅依赖食物源适应度值的影响。最后通过大量实验验证了所提出算法在求解 EFJSP – LWT 方面的有效性。

第 5 章

高维多目标绿色柔性作业车间调度

本章针对高维多目标绿色 FJSP，提出了一种改进型 ICA 以同时最小化总能耗、最大延迟时间、makespan 和最大机器负荷，该算法采用新方法构建初始帝国使得大多数殖民国家分配数量相近的殖民地，引入殖民国家的同化操作，并应用新的革命策略和帝国竞争方法以获得质量较高的解。最后通过大量实验测试改进型 ICA 新策略对其性能的影响，并将改进型 ICA 与其他算法对比，实验结果表明改进型 ICA 在求解高维多目标绿色 FJSP 方面具有较强的优势。

5.1 问题描述

高维多目标绿色 FJSP 可以描述如下：存在工件集 $J = \{J_1, J_2, \cdots, J_n\}$ 和机器集 $M = \{M_1, M_2, \cdots, M_m\}$。工件 J_i 具有 h_i 道工序，工序 o_{ij} 为工件 J_i 的第 j 道工序，该工序可由相容机器集 S_{ij} 中的任何一台机器加工，$S_{ij} \subseteq M$；机器 M_k 具有两种模式：加工模式和空闲模式，E_k、SE_k 分别表示机器 M_k 处于加工模式和空闲模式时单位时间能耗。

存在一些与机器和工件相关的约束，包括同一时刻一台机器最多只能加工一道工序；同一时刻一个工件最多只能在一台机器上加工；机器加工不能中断；调整时间和清理时间包含在加工时间内等。

高维多目标绿色 FJSP 包括调度子问题和机器分配子问题，前者确定每台机器上各个工序的加工顺序,后者为每道工序选择合适的机器。

该问题的目的是在满足所有约束的条件下同时最小化以下 4 个目标函数:

$$f_1 = \sum_{k=1}^{m} \int_0^{C_{\max}} \left(\sum_{i=1}^{n} \sum_{j=1}^{h_i} E_k y_{ijk}(t) + SE_k z_k(t) \right) dt \qquad (5-1)$$

$$f_2 = \max_{1 \leq i \leq n} \{ C_i - D_i, 0 \} \qquad (5-2)$$

$$f_3 = C_{\max} \qquad (5-3)$$

$$f_4 = \max_{1 \leq k \leq m} W_k \qquad (5-4)$$

其中 $y_{ijk}(t)$ 为二进制量,如果在时刻 t 机器 $M_k \in S_{ij}$ 处于加工模式,则 $y_{ijk}(t)=1$;否则 $y_{ijk}(t)=0$;如果机器 M_k 在时刻 t 处于空闲模式,则 $z_k(t)=1$;否则 $z_k(t)=0$。C_i、D_i 分别表示工件 J_i 的完成时间和交货期。W_k 表示机器 M_k 的负荷。f_1、f_2、f_3 和 f_4 分别表示总能耗、最大延迟时间、makespan 和最大机器负荷。四个目标中,总能耗 f_1 为机器在加工模式和空闲模式下能耗之和,对其优化能够有效降低能耗,优化 f_2 可以提高客户满意度,f_3 反映车间的生产效率,而减小 f_4 有利于提高机器利用率。

现有研究表明,makespan 与最大机器负荷之间存在冲突关系[15,32],makespan、最大延迟时间和总能耗之间也存在冲突关系[36~40],另外,最大机器负荷、最大延迟时间和总能耗也彼此冲突[51],由此可以得出,四个目标间不可避免地存在冲突关系。

机器分配子问题的优化将直接决定 f_4 和所有机器加工模式下的能耗总和,即 f_1 的第一部分的积分,同时也会改变 f_2 和 f_3,而 f_1 的第 2 部分的积分,即空闲模式下的总能耗直接取决于调度子问题的求解质量,由 f_4 的定义可知,f_4 的大小不受调度子问题的影响,和机器分配相比,调度子问题的解的质量对目标 f_2 和 f_3 的影响更大;再结合调度子问题具有更高的复杂度,需要对调度子问题分配更多计算资源以提高算法的搜索速度。

绿色 FJSP 通常为典型多目标优化问题,多目标优化问题根据目标个数可分为:①常规多目标优化问题,其目标个数为 2 或 3,如 makespan

和总延迟时间；②高维多目标优化问题，其目标个数至少为 4。

现有绿色 FJSP 研究很少考虑高维多目标绿色 FJSP。事实上，高维多目标绿色 FJSP 广泛存在于实际生产系统中，例如，随着总能耗或碳排放目标的引入，文献［15，32］所研究的三目标 FJSP 将转化为高维多目标绿色 FJSP。和常规多目标绿色 FJSP 相比，高维多目标绿色 FJSP 的计算复杂度和搜索难度更大，求解该问题的智能算法所获得的非劣解在种群中所占比例显著上升，因此，有必要根据高维多目标绿色 FJSP 的特点探讨有效的求解方法。

5.2 基于改进型 ICA 的高维多目标绿色 FJSP

由于高维多目标绿色 FJSP 具有 4 个目标，初始种群中的非劣解的数量相对较大，导致大多数殖民国家甚至所有殖民国家彼此非劣，应为这些殖民国家分配相近数量的殖民地以同等对待它们。除了殖民地同化，还引入殖民国家的同化，有助于不断地提高殖民国家的质量，而随机选择殖民地参加革命，很可能导致计算资源的浪费。另外，帝国竞争时，至少存在一个帝国的势力为 0，导致这些帝国在竞争中难以取胜。本章根据高维多目标绿色 FJSP 和 ICA 的特点，提出了一种改进型 ICA 以解决该问题。

5.2.1 初始帝国

初始帝国的构建是 ICA 的关键步骤。为了构建初始帝国，首先产生初始种群，其中每个解都用两个串表示。针对具有 n 个工件和 m 台机器的高维多目标绿色 FJSP，通常采用调度串 $[(\theta_1, r_1), (\theta_2, r_2), \cdots, (\theta_i, r_i), \cdots, (\theta_h, r_h)]$ 和机器分配串 $[q_{11}, q_{12}, \cdots, q_{1h_1}, \cdots, q_{nh_n}]$ 来表示问题的一个解，其中 $h = \sum_{i=1}^{n} h_i$ 表示工序总数。调度串中，

$\theta_i \in \{1, 2, \cdots, n\}$，$1 \leq r_i \leq h_{\theta_i}$，二元组（$\theta_i$，$r_i$）对应工序 $o_{\theta_i r_i}$，这样整个串对应一个有序工序表 [$o_{\theta_1 r_1}$，$o_{\theta_2 r_2}$，$\cdots$，$o_{\theta_i r_i}$，$\cdots$，$o_{\theta_h r_h}$]。机器分配串中，元素 $q_{ij} \in S_{ij}$ 表示用于加工工序 o_{ij} 的一台机器。

初始帝国构建过程如下所示。随机产生 W 个初始种群后，找到有 η 个非劣解的种群，η 与 N_{im} 接近甚至大于 N_{im}。与殖民地随机分配给殖民国家不同，本章在所有殖民地按 $rank$ 值升序排序后，依次将殖民地分配给相应的殖民国家，这样有助于使大多数帝国具有相近的势力，从而使帝国竞争可以充分进行。

步骤 1：随机产生 W 个初始种群。

步骤 2：选择非劣解数量 η 最大的种群作为初始种群 P。

步骤 3：对种群 P 非劣排序[223]。

步骤 4：如果 $\eta < N_{im}$，选择 η 个非劣解以及 $N_{im} - \eta$ 个最优的受支配解作为殖民国家；否则随机选择 N_{im} 个非劣解作为殖民国家。

步骤 5：令 $A = \lfloor N/N_{im} \rfloor$。

步骤 6：如果殖民国家 $k(k < N_{im})$ 是非劣解，则 $NC_k = A + a$，$a \in \{0, 1\}$；否则 $NC_k = A + a$，$a \in \{-1, -2\}$。当 $k = N_{im}$ 时，$NC_{N_{im}} = N_{col} - \sum_{k=1}^{N_{im}-1} NC_k$。

步骤 7：对所有殖民地按 $rank$ 值升序排序，令 $s = 1$。如果殖民国家 k 未分配 NC_k 个殖民地，则殖民地 s 分配给殖民国家 k，$s = s + 1$。

5.2.2 同化

同化过程使得殖民地与殖民国家更加相似，通常采用殖民地和殖民国家之间的交叉[51]来实现，只是现有研究很少考虑殖民国家的同化。本章给出了新的同化过程，具体实现过程如下：对于帝国 k，

步骤 1：当外部档案 Ω 中存在与殖民国家 k 不同的解 $x \in \Omega$ 时，如果随机数 $s < \alpha$，对解 x 与殖民国家 k 执行第一种交叉；否则对两个解执行第二种交叉。

步骤 2：得到新解 z 并与殖民国家 k 比较，如果解 z 不被殖民国家 k 支配，则用解 z 替换殖民国家 k 并更新外部档案 Ω。

步骤 3：对于帝国 k 中的每个殖民地 g，如果随机数 $s < \alpha$，则殖民地 g 与殖民国家 k 执行第一种交叉操作；否则对两个解执行第二种交叉操作。

步骤 4：得到新解 z 并与殖民地 g 比较，如果解 z 不被殖民地 g 支配，则用解 z 替换殖民地 g 并更新外部档案 Ω。

其中两种交叉操作如第 3 章所示。如前所述，调度子问题比机器分配子问题更复杂，求解难度更大，对前 3 个目标的影响也更大，通常设置 $\alpha > 0.5$ 以分配更多的计算资源给调度子问题，通过实验确定 $\alpha = 0.6$。

外部档案 Ω 的更新过程如下：将新解加入到 Ω 之后，对 Ω 内的所有解进行 Pareto 比较，保留所有非劣解，同时剔除所有受支配解。

通常，殖民国家仅根据同化和革命的计算结果进行更新。如果一个帝国中的殖民国家在很多代内无法得到改善，由于帝国中的所有殖民地都试图变得与殖民国家更相似，这样殖民地的相似性将大大增加，导致帝国或者整个种群的多样性显著减少，ICA 的搜索将停滞不前；而引入殖民国家同化，提供了产生新殖民国家的新途径，从而提高了殖民国家的更新频率；由于殖民国家是优秀的个体，使用优秀解更容易产生质量较好的解，因此，殖民国家同化的引入是合理的。

5.2.3 革命

殖民地革命是 ICA 产生新解的另一种方式。通常，帝国中的每个殖民地都有相同的概率被选中作为革命者。由于革命概率 U_R 通常小于 0.4，阿弗鲁齐等（Afruzi et al.）[224]和巴亚雷等（Bayareh et al.）[225]分别将其设为 0.35 和 0.3，故革命是稀缺资源。如果选择一些较弱殖民地进行革命，将很难产生较好的解并且可能浪费计算资源；相反，如果仅让部分较好的殖民地参加革命，并将所有用于革命的计算资源分配给它们，则这些殖民地可以得到较充分进化，容易产生更好的殖民地。

新革命策略的具体过程如下：对于帝国 k，

步骤 1：根据 U_R 确定参加革命的殖民地数量 α。

步骤 2：如果 $\alpha > 1$，则从帝国 k 中未被选择的殖民地选择最好的殖民地 λ，令 $g \leftarrow 1$。重复执行如下步骤 R 次：如果 $g = 1$，则对殖民地 λ 执行 *insert*；否则对殖民地 λ 执行 *change*，产生新解 z；若解 z 不被殖民地 λ 支配，则利用解 z 替换殖民地 λ 并更新 Ω；否则 $g \leftarrow g + 1$ 且若 $g = 3$，则令 $g \leftarrow 1$。

其中 R 是一个整数，U_R 的值根据实验确定为 0.1。

上述过程中所有殖民地依据 Pareto 支配进行排序，最优的殖民地为受最少的殖民地支配的解。

同化和革命后更新殖民国家。每个殖民地都与其殖民国家进行比较，如果殖民地不受殖民国家支配，则殖民地变为新殖民国家，而原殖民国家变为殖民地。

5.2.4 帝国竞争

常规 ICA 中，至少存在一个帝国其势力为 0，这些势力为 0 的帝国难以在帝国竞争中成为胜利者，这样所有国家将很快聚集在一个帝国中，帝国竞争无法充分进行，因此，需要保证每个帝国的势力都大于 0。

为了实现帝国竞争，首先定义每个国家的成本值。对于解 i 其成本值 c_i 计算如下：

$$c_i = rank_i - dist_3^i / (\varepsilon + \sum_{l \in H_{rank_i}} dist_3^l) \quad (5-5)$$

式（5-5）中，$rank_i$ 是解 i 通过非劣排序确定的 rank 值，$dist_3^i$ 是解 i 与其最近三个解之间的平均距离，H_{rank_i} 表示 rank 值为 $rank_i$ 的集合，ε 是一个接近 0 的正数，目的是防止分母等于 0。

总成本值 TC_k 为：$TC_k = c_k + \zeta \times \text{mean}\{\text{Cost}(\text{colonies of empire } k)\}$。通常，归一化总成本为：$NTC_k = \max_h \{TC_h\} - TC_k$；这样帝国 k 的势力 EP_k 可能为 0：

$$EP_k = \left| NTC_k \bigg/ \sum_{v=1}^{N_{im}} NTC_v \right| \tag{5-6}$$

为了确保所有帝国的势力都大于0，重新定义归一化总成本：

$$NTC_k = 2 \times \max_h \{TC_h\} - TC_k \tag{5-7}$$

由式（5-7）可知，帝国间势力值差别将大大减少，这样每个帝国都可能成为竞争中的胜利者，从而使得帝国竞争充分进行。

5.2.5 算法描述

改进型 ICA 具体过程与常规 ICA 相同，只是采用新方式实现了初始帝国的构建、同化、革命和帝国竞争，终止条件为 max_it。改进型 ICA 的流程图如图 5-1 所示。该算法的时间复杂度为 $O(N \times G \times \overline{N}^2 \times L)$，其中种群规模为 N，外部档案的大小是 $\overline{N}$，L 表示算法循环部分的循环次数。

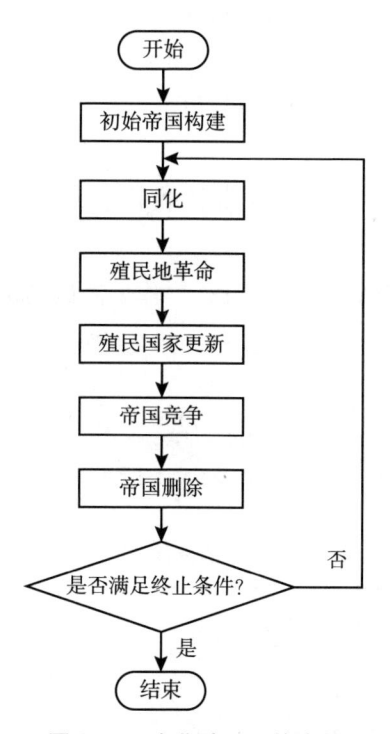

图 5-1 改进型 ICA 的流程

新算法具有如下特点：

①未利用成本值确定殖民地的数量，并采用顺序方式为殖民国家分配数量相近的殖民地。

②殖民国家和殖民地都执行同化；不过，这两类国家的同化过程各不相同。

③为了充分利用计算资源，选择最优的殖民地进行革命，帝国竞争采用新的执行方式，以实现帝国间的充分竞争。

④ICA 中既存在邻域搜索也存在全局搜索，这样有利于维持探索和利用间的良好平衡。

5.3 计算实验

为了测试改进型 ICA 在求解高维多目标绿色 FJSP 方面的性能，进行了大量实验。所有的实验均由 Microsoft Visual C++ 2015 编程实现，并运行于 4.0G RAM 2.00GHz CPU PC。

5.3.1 测试实例、评价指标和比较算法

选择 MK01 - 15[228] 和 DP1 - 18[229] 作为测试实例，为此在实例中引入能耗信息：$E_k \in [2, 4]$，$SE_k = 1$，其交货期计算公式如下：

$$D_i = \delta \sum_{j=1}^{h_i} \max_{k=1,2,\cdots,m} \{p_{ijk}\} \tag{5-8}$$

其中 δ 为某一区间的随机数，如表 5 - 1 所示。

表 5 - 1　　　　　　　　　　δ 的设置

δ	实例	δ	实例
[0.5, 0.7]	MK01, 03 - 05	[1, 1.5]	DP1 - 12
[0.3, 0.5]	MK02, 06, 08 - 10	[1.2, 1.6]	MK11 - 15
[1.2, 1.7]	DP13 - 18	[0.7, 0.9]	MK07

多目标优化算法结果评价指标较多,选择 DI_R,ρ_l 和 nd_l 三个指标评估算法性能,具体描述见第 2 章。

选择 VNS[26] 和 MOGA[37] 作为比较算法。巴盖里和赞迪耶(Bagheri and Zandieh)[26] 运用 VNS 求解双目标 FJSP,加入外部档案更新策略和当前解被新解替代的条件后,VNS 可用于求解高维多目标绿色 FJSP。皮鲁兹法德等(Piroozfard et al.)[37] 提出了一种 MOGA 求解双目标绿色 FJSP,该算法能够直接应用于高维多目标绿色 FJSP 的求解。

5.3.2 参数设置

改进型 ICA 的主要参数如下:N,N_{im},$\max\_it$ 和 R。Taguchi 方法用于确定参数设置。每个参数的水平如表 5 - 2 所示。表 5 - 3 给出了正交阵列 $L_{16}(4^4)$。各参数的响应值如表 5 - 4 所示。对于 MK07 每一种组合均随机运行 10 次,仅仅计算 DI_R。DI_R 的结果以及 S/N 比值如图 4 - 2 所示。S/N 比值定义为 $-10\log_{10}(DI_R^2)$。如图 5 - 2 所示,最佳参数设置为:$N = 80$,$N_{im} = 6$,$\max\_it = 10^5$,$R = 8$。

表 5 - 2　　　　　　　　参数水平

参数	水平			
	1	2	3	4
N	40	60	80	100
N_{im}	4	5	6	7
$\max\_it$	80000	90000	100000	110000
R	6	8	10	12

表5-3　　　　　　　　　　正交表 $L_{16}(4^4)$

实验次数	参数水平				DI_R
	N	N_{im}	max_it	R	
1	1	1	1	1	9.810
2	1	2	2	2	8.711
3	1	3	3	3	7.471
4	1	4	4	4	8.214
5	2	1	2	3	8.043
6	2	2	1	4	7.203
7	2	3	4	1	8.452
8	2	4	3	2	7.629
9	3	1	3	4	7.806
10	3	2	4	3	6.949
11	3	3	1	2	5.788
12	3	4	2	1	6.628
13	4	1	4	2	7.547
14	4	2	3	1	6.963
15	4	3	2	4	7.546
16	4	4	1	3	8.291

表5-4　　　　　　　　　　各参数的响应值

水平	N	N_{im}	max_it	R
1	8.552	8.302	7.773	7.963
2	7.832	7.457	7.732	7.419
3	6.793	7.315	7.468	7.689
4	7.587	7.691	7.791	7.693
极差	1.759	0.987	0.323	0.544
等级	1	2	4	3

图 5-2 DI_R 及其信噪比 S/N

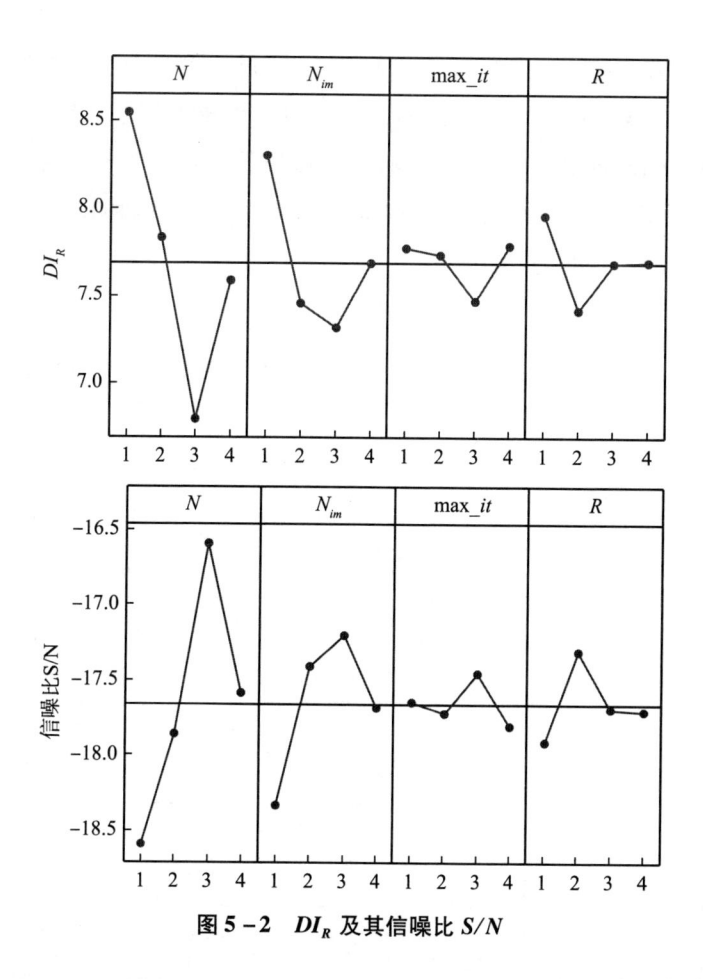

MOGA 的参数设置来自文献 [37]：种群规模 100，交叉概率 0.7，变异概率 0.4。VNS 的终止条件为 $\max\_it = 10^5$，其他参数取自文献 [26]。MOGA 和 VNS 的主要参数虽来自相应的文献，但实验表明，利用这些参数设置两种算法都获得了最好的计算结果。三种算法当 $\max\_it = 10^5$ 时，停止搜索。

5.3.3 改进型 ICA 新策略的影响

首先构建改进型 ICA 的三种变体：ICA1、ICA2 和 ICA3。ICA1 中，使用常规方法计算帝国的归一化总成本，通过比较改进型 ICA 和 ICA1，可确定新定义的归一化总成本对改进型 ICA 性能的影响。ICA2 中，不存在殖民国家同化。ICA3 中，随机选择殖民地参加革命。表 5－5～表 5－7 列出了四种算法的计算结果，参考集 Ω^* 由四种算法外部档案的并集 $\cup_l \Omega_l$ 中的非劣解组成。

表 5－5　改进型 ICA、ICA1、ICA2 和 ICA3 关于指标 DI_R 的计算结果

实例	改进型 ICA	ICA1	ICA2	ICA3	实例	改进型 ICA	ICA1	ICA2	ICA3
MK01	**5.357**	6.442	8.192	11.11	DP3	15.31	14.40	17.68	17.04
MK02	18.99	12.17	23.50	4.164	DP4	18.02	0.000	23.16	25.98
MK03	11.67	11.13	10.97	19.89	DP5	22.59	1.135	31.64	12.22
MK04	5.401	3.386	8.944	7.917	DP6	**2.594**	8.317	7.392	9.183
MK05	5.504	5.721	8.032	4.377	DP7	17.19	4.704	8.613	9.564
MK06	8.064	8.359	7.289	6.484	DP8	**5.020**	7.805	13.07	5.223
MK07	4.713	3.540	8.549	8.870	DP9	7.334	5.233	12.94	6.201
MK08	8.582	10.73	5.624	13.76	DP10	5.087	3.410	11.03	8.165
MK09	17.21	8.874	5.481	19.93	DP11	**5.921**	8.279	12.50	6.089
MK10	**3.648**	17.85	24.07	5.790	DP12	6.799	8.971	9.545	5.880
MK11	5.265	5.118	7.986	3.105	DP13	6.878	7.951	14.42	4.112
MK12	7.761	3.809	9.824	7.083	DP14	**7.627**	11.49	14.49	8.996
MK13	**4.248**	4.658	18.56	7.796	DP15	7.140	2.680	12.26	8.043
MK14	**4.202**	6.834	15.23	9.526	DP16	8.365	6.502	16.61	12.98
MK15	**3.186**	7.763	26.40	12.36	DP17	**3.926**	9.796	19.18	8.909
DP1	**3.419**	17.39	15.73	12.06	DP18	**7.960**	8.484	9.287	8.585
DP2	6.753	3.632	6.754	5.018					

表 5-6　改进型 ICA、ICA1、ICA2 和 ICA3 关于指标 nd_I 的计算结果

实例	改进型 ICA	ICA1	ICA2	ICA3	实例	改进型 ICA	ICA1	ICA2	ICA3
MK01	**18**	17	9	1	DP3	5	5	1	9
MK02	2	3	4	4	DP4	0	15	0	0
MK03	13	20	13	1	DP5	0	55	0	4
MK04	23	42	10	17	DP6	**32**	9	9	1
MK05	12	13	3	20	DP7	1	11	2	4
MK06	27	24	26	40	DP8	**47**	12	1	44
MK07	30	41	7	1	DP9	18	22	3	19
MK08	33	10	35	15	DP10	57	90	6	18
MK09	1	16	24	0	DP11	29	12	1	31
MK10	28	0	0	35	DP12	18	10	1	30
MK11	**37**	33	6	35	DP13	40	21	4	64
MK12	8	43	3	13	DP14	**16**	1	0	14
MK13	**33**	29	0	21	DP15	30	56	4	5
MK14	**76**	31	2	26	DP16	42	52	0	27
MK15	**53**	12	0	6	DP17	**55**	13	0	25
DP1	17	1	2	4	DP18	14	16	16	26
DP2	5	25	1	19					

表 5-7　改进型 ICA、ICA1、ICA2 和 ICA3 关于指标 ρ_I 的计算结果

实例	改进型 ICA	ICA1	ICA2	ICA3	实例	改进型 ICA	ICA1	ICA2	ICA3
MK01	0.400	0.378	0.200	0.022	MK07	0.380	0.519	0.089	0.127
MK02	**0.154**	0.231	0.308	0.308	MK08	0.355	0.108	0.376	0.161
MK03	0.277	0.426	0.277	0.021	MK09	0.024	0.390	0.585	0.000
MK04	0.250	0.457	0.109	0.185	MK10	0.444	0.000	0.000	0.556
MK05	0.250	0.271	0.063	0.417	MK11	**0.333**	0.297	0.054	0.316
MK06	0.231	0.205	0.222	0.342	MK12	0.119	0.642	0.045	0.194

续表

实例	改进型ICA	ICA1	ICA2	ICA3	实例	改进型ICA	ICA1	ICA2	ICA3
MK13	**0.398**	0.349	0.000	0.253	DP9	0.290	0.355	0.048	0.306
MK14	**0.563**	0.230	0.015	0.193	DP10	0.333	0.526	0.035	0.105
MK15	**0.746**	0.169	0.000	0.085	DP11	0.397	0.164	0.014	0.425
DP1	0.708	0.042	0.083	0.167	DP12	0.305	0.169	0.017	0.508
DP2	0.100	0.500	0.020	0.380	DP13	0.310	0.163	0.031	0.496
DP3	0.250	0.250	0.050	0.450	DP14	**0.516**	0.032	0.000	0.452
DP4	0.000	1.000	0.000	0.000	DP15	0.133	0.747	0.053	0.067
DP5	0.000	0.932	0.000	0.068	DP16	0.347	0.430	0.000	0.223
DP6	**0.627**	0.176	0.176	0.020	DP17	**0.591**	0.140	0.000	0.269
DP7	0.056	0.611	0.111	0.222	DP18	0.194	0.222	0.222	0.361
DP8	**0.452**	0.115	0.010	0.423					

如表 5-5~表 5-7 所示，改进型 ICA 关于 17 个实例获得了比 ICA1 更小的 DI_R 值，关于 11 个实例，改进型 ICA 提供了参考集中的所有成员，这表明避免帝国势力为 0 是必要的，可以使得帝国间竞争更加充分。

从表 5-5~表 5-7 可以发现，改进型 ICA 的 3 个指标值都优于 ICA2。改进型 ICA 关于 27 个实例所获得的 DI_R 值都小于 ICA2，且关于 7 个实例 2 种算法的 DI_R 值差别大于 10；和 ICA2 相比，改进型 ICA 能够为 Ω^* 提供更多的非劣解，这些结果表明引入殖民国家同化操作有利于提高 ICA 的性能。

表 5-5~表 5-7 的结果也表明，改进型 ICA 的性能优于 ICA3。关于 22 个实例，改进型 ICA 的 DI_R 值小于 ICA3，革命者的合理选择非常必要。事实上，当最优的殖民地被选作革命者时，可能产生质量更好的解，总之，改进型 ICA 的 3 种新策略能有效地改善其性能。

5.3.4 计算结果比较与分析

表 5-8~表 5-11 给出了改进型 ICA，VNS 和 MOGA 的计算结果和运行时间，其中参考集 Ω^* 由三种算法非劣解集的并集中的非劣解组成。从中可以看出，关于大多数实例，改进型 ICA 取得了优于其他两种算法计算结果。MOGA 和 VNS 关于 31 个实例的解总是远离改进型 ICA 的非劣解，改进型 ICA 关于 10 个实例产生了参考集的所有非劣解，关于 31 个实例获得了参考集的大部分非劣解。图 5-3 为三种算法关于 3 种指标的具有 95% 置信区间均值图，从中可以发现，改进型 ICA 的均值点位于 VNS 和 MOGA 的均值点的下方（或上方）并且没有重叠区间，说明改进型 ICA 与 VNS、MOGA 差异显著，同时优于两个对比算法。总之，改进型 ICA 在求解高维多目标绿色 FJSP 上比两种对比算法具有更强的优势，图 5-4 给出的三种算法箱线图和图 5-5 关于实例 MK12 的非劣解分布图。图 5-5 为平行坐标系法显示高维目标空间中的解，其中坐标系存在若干坐标轴，每一坐标轴代表一个目标函数，一条折线表示一个非劣解。图 5-4 和图 5-5 也验证了改进型 ICA 的优越性。

表 5-8 三种算法关于指标 DI_R 的计算结果

实例	改进型 ICA	VNS	MOGA	实例	改进型 ICA	VNS	MOGA
MK01	**0.943**	36.49	15.39	MK10	**0.000**	81.25	61.77
MK02	**0.000**	55.81	15.55	MK11	**0.090**	50.74	18.27
MK03	**0.000**	75.93	12.87	MK12	**0.000**	47.41	34.99
MK04	**0.545**	27.04	11.36	MK13	**0.000**	86.67	35.97
MK05	**0.150**	33.84	11.43	MK14	**0.000**	39.95	39.41
MK06	**0.700**	50.80	10.52	MK15	**0.000**	76.60	43.87
MK07	**0.169**	66.00	6.612	DP1	20.75	5.588	38.93
MK08	**0.000**	41.78	31.60	DP2	**3.417**	22.92	41.09
MK09	**0.000**	95.51	43.08	DP3	**1.713**	20.08	22.96

续表

实例	改进型 ICA	VNS	MOGA	实例	改进型 ICA	VNS	MOGA
DP4	40.10	5.776	30.49	DP12	**2.269**	27.69	14.46
DP5	**0.962**	25.30	20.69	DP13	**1.096**	38.68	21.29
DP6	**3.327**	17.38	19.02	DP14	**1.490**	48.28	21.05
DP7	**0.000**	21.23	32.27	DP15	**3.541**	40.15	15.34
DP8	**3.226**	30.49	22.02	DP16	**0.952**	35.66	21.21
DP9	**4.365**	26.39	22.19	DP17	**1.820**	37.52	32.26
DP10	**1.911**	35.96	28.35	DP18	**3.571**	43.20	17.47
DP11	**2.582**	29.26	23.38				

表 5-9　　三种算法关于指标 nd_1 的计算结果

实例	改进型 ICA	VNS	MOGA	实例	改进型 ICA	VNS	MOGA
MK01	**31**	0	2	DP3	**90**	4	7
MK02	**9**	0	0	DP4	0	8	1
MK03	**63**	0	0	DP5	**61**	0	4
MK04	**45**	0	4	DP6	**43**	0	2
MK05	**50**	0	1	DP7	**5**	0	0
MK06	**62**	0	3	DP8	**50**	0	11
MK07	**66**	0	4	DP9	**40**	0	14
MK08	**75**	0	0	DP10	**111**	0	12
MK09	**54**	0	0	DP11	**47**	0	14
MK10	**45**	0	0	DP12	**89**	0	28
MK11	**126**	0	1	DP13	**89**	0	9
MK12	**76**	0	0	DP14	**109**	0	17
MK13	**51**	0	0	DP15	**74**	0	30
MK14	**92**	0	0	DP16	**89**	0	9
MK15	**66**	0	0	DP17	**73**	0	12
DP1	**19**	31	0	DP18	**70**	0	18
DP2	**78**	0	8				

表5-10　　　　三种算法关于指标 ρ_l 的计算结果

实例	改进型ICA	VNS	MOGA	实例	改进型ICA	VNS	MOGA
MK01	**0.940**	0.000	0.061	DP3	**0.891**	0.040	0.069
MK02	**1.000**	0.000	0.000	DP4	0.000	**0.889**	0.111
MK03	**1.000**	0.000	0.000	DP5	**0.938**	0.000	0.062
MK04	**0.918**	0.000	0.082	DP6	**0.956**	0.000	0.044
MK05	**0.962**	0.000	0.038	DP7	**1.000**	0.000	0.000
MK06	**0.954**	0.000	0.046	DP8	**0.820**	0.000	0.180
MK07	**0.943**	0.000	0.057	DP9	**0.741**	0.000	0.260
MK08	**1.000**	0.000	0.000	DP10	**0.902**	0.000	0.098
MK09	**1.000**	0.000	0.000	DP11	**0.770**	0.000	0.230
MK10	**1.000**	0.000	0.000	DP12	**0.761**	0.000	0.240
MK11	**0.992**	0.000	0.008	DP13	**0.908**	0.000	0.092
MK12	**1.000**	0.000	0.000	DP14	**0.865**	0.000	0.135
MK13	**1.000**	0.000	0.000	DP15	**0.712**	0.000	0.288
MK14	**1.000**	0.000	0.000	DP16	**0.908**	0.000	0.092
MK15	**1.000**	0.000	0.000	DP17	**0.859**	0.000	0.141
DP1	0.380	0.620	0.000	DP18	**0.795**	0.000	0.205
DP2	**0.907**	0.000	0.093				

表5-11　　　　改进型ICA、VNS和MOGA的运行时间

实例	运行时间（s） 改进型ICA	VNS	MOGA	实例	运行时间（s） 改进型ICA	VNS	MOGA
MK01	5.753	5.034	6.131	MK08	23.05	25.52	22.10
MK02	4.316	3.939	5.975	MK09	22.21	29.08	21.76
MK03	16.43	14.63	12.51	MK10	24.26	32.38	20.08
MK04	9.068	7.720	7.687	MK11	30.56	22.74	17.64
MK05	12.63	11.38	10.74	MK12	27.67	27.98	20.12
MK06	13.98	13.89	11.17	MK13	30.55	49.24	20.14
MK07	10.55	7.054	8.788	MK14	31.83	33.97	19.13

续表

实例	运行时间（s）			实例	运行时间（s）		
	改进型 ICA	VNS	MOGA		改进型 ICA	VNS	MOGA
MK15	33.69	34.28	19.16	DP10	25.59	29.20	23.96
DP1	13.68	17.27	19.18	DP11	32.22	38.22	24.11
DP2	26.94	28.02	19.99	DP12	29.39	37.61	24.07
DP3	21.74	28.56	19.76	DP13	44.33	45.83	37.77
DP4	14.94	12.30	19.92	DP14	35.50	51.81	36.40
DP5	24.98	27.16	19.51	DP15	44.57	56.06	39.81
DP6	24.82	25.40	19.50	DP16	42.71	51.60	36.17
DP7	20.70	22.22	29.38	DP17	40.06	49.17	31.05
DP8	35.40	46.79	29.88	DP18	37.07	50.26	31.26
DP9	27.11	38.26	29.90				

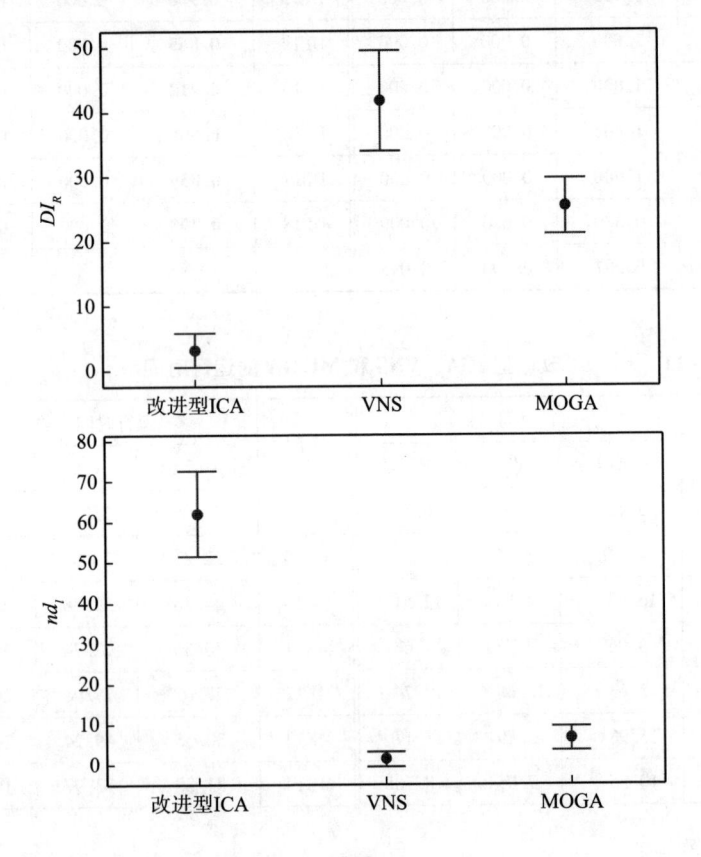

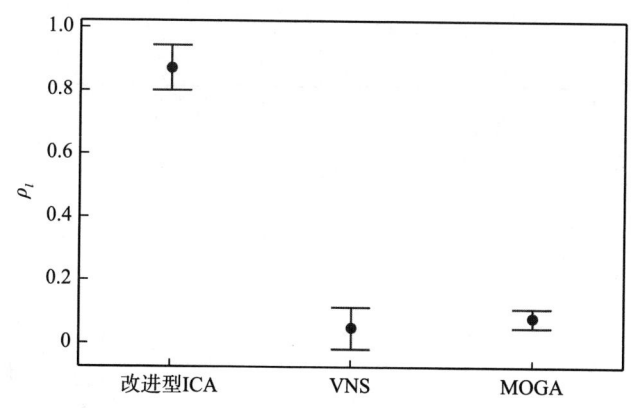

图 5-3　三种算法关于三种指标的具有 95% 置信区间均值

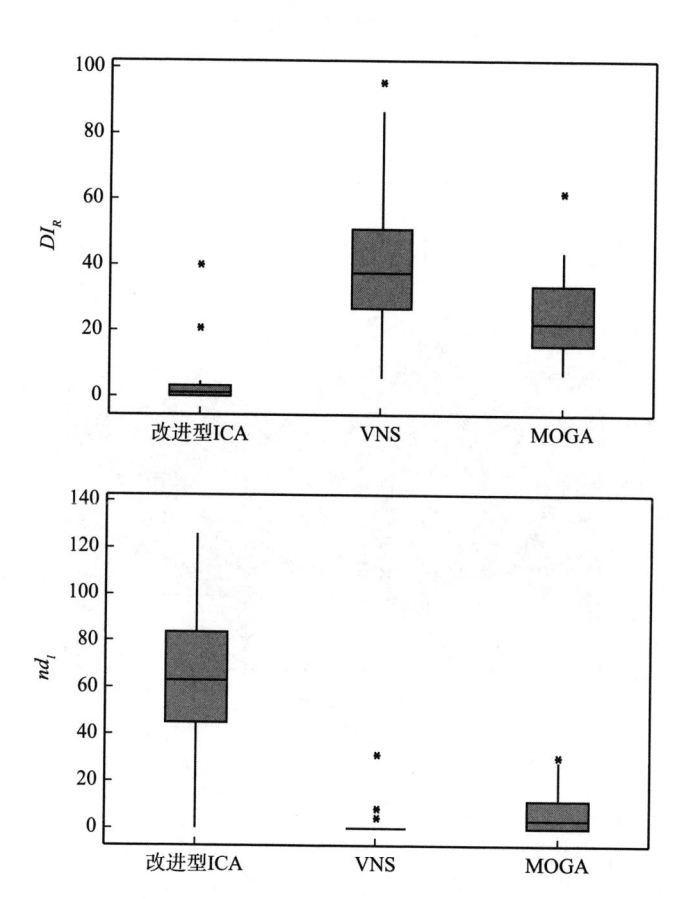

图 5-4　三种算法的箱线图

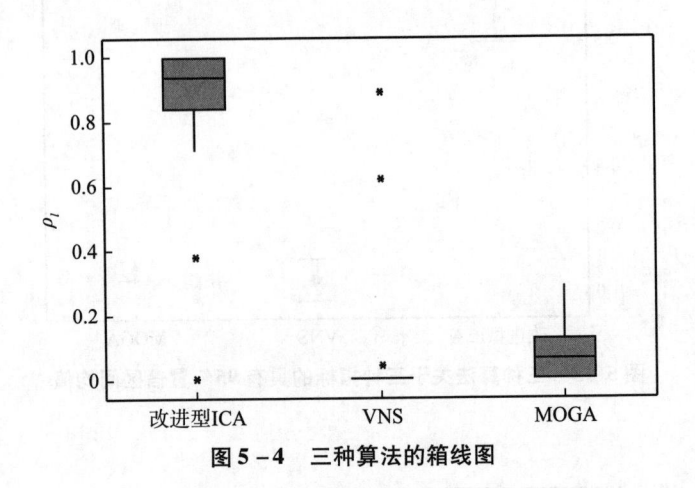

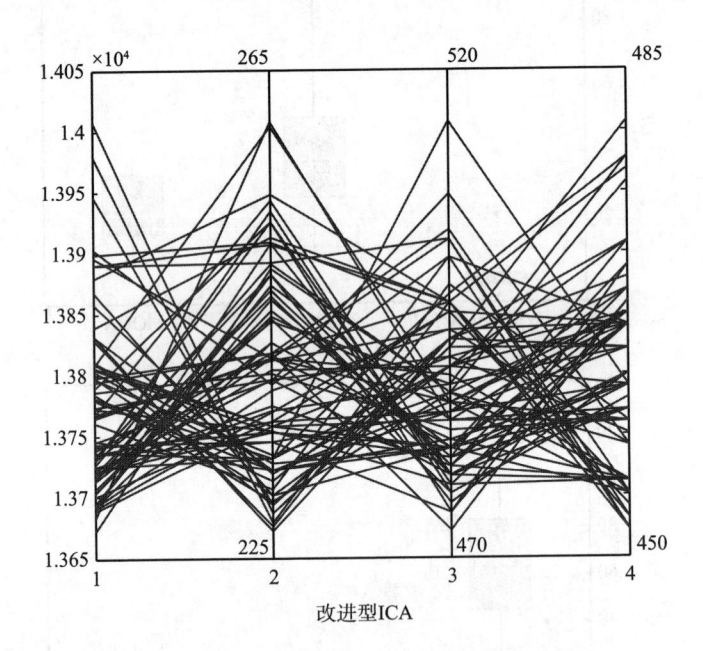

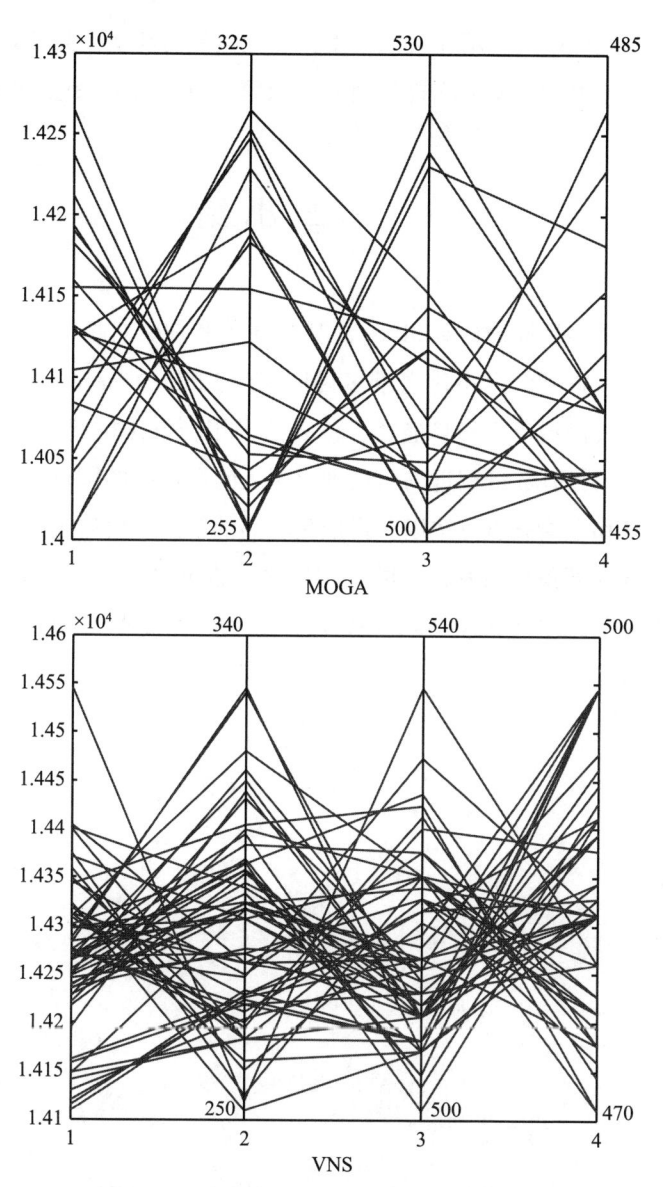

图 5-5 三种算法关于实例 MK12 的非劣解

改进型 ICA 的优越性能主要来自初始帝国的构建、同化和帝国竞争这些新策略。初始帝国的构建使得大多数殖民国家分配数量相近的殖民地，新帝国竞争方法使得竞争更加充分，算法可以避免早熟。殖民国家同化与选择最优殖民地革命可大幅度提高搜索能力和获得高质量解的可能性，可以得出改进型 ICA 能够有效地求解高维多目标绿色 FJSP。

5.4 本章小结

针对高维多目标绿色 FJSP 的计算复杂度和搜索难度大，提出了一种改进型 ICA 以同时最小化高维多目标绿色 FJSP 的 makespan、最大延迟时间、最大机器负荷和总能耗，该算法采用新方法构建初始化帝国，使得殖民国家具有数量相近的殖民地，引入殖民国家的同化，并应用新的革命策略和帝国竞争方法以获得质量较高的解。最后通过大量实验测试改进型 ICA 新策略对其性能的影响并将改进型 ICA 与其他算法对比，实验结果表明改进型 ICA 在求解高维多目标绿色 FJSP 方面具有较强的优势。

第 6 章

考虑关键目标的绿色柔性作业车间调度

近年来,绿色 FJSP 的研究在优化过程中往往同等对待各目标,令所有目标具有相同的重要性。然而,实际制造过程经常需要区别对待各个目标,例如,当制造商重点关注按时交货水平和生产性能提高时,会更看重 makespan 和延迟时间,同时适当降低能耗目标的重要性,为此,将总延迟时间和 makespan 选作关键目标,而总能耗作为非关键目标,研究具有关键目标的绿色 FJSP。

本章针对考虑关键目标的绿色 FJSP,提出了一种差异化 ICA 以充分优化关键目标 makespan 和总延迟时间的同时持续改进非关键目标总能耗。该算法采用新的同化策略使得帝国内每个解至少存在多个学习对象并区别对待帝国内的最好解和其他殖民地,新型帝国竞争中给出了归一化总成本新定义并引入了殖民国家的全局搜索。通过实验系统地分析了总能耗的劣化程度与关键目标的改善程度之间的关系,并验证了差异化 ICA 在求解所研究绿色 FJSP 方面较强的优势。

6.1 问题描述

考虑关键目标的绿色 FJSP 由工件集 $J = \{J_1, J_2, \cdots, J_n\}$ 和机器集 $M = \{M_1, M_2, \cdots, M_m\}$ 组成。工件 J_i 具有 h_i 道工序,工序 o_{ij} 为工

件 J_i 的第 j 道工序，该工序可由相容机器集 S_{ij} 中的任何一台机器加工，$S_{ij} \subseteq M$，每台机器具有速度集 $V = \{vel_1, vel_2, \cdots, vel_d\}$，$\eta_{ijk}$ 表示工序 o_{ij} 在机器 M_k 的基本加工要求，p_{ijkl} 为工序 o_{ij} 在机器 M_k 上以速度 vel_l 加工的加工时间，$p_{ijkl} = \eta_{ijk}/vel_l$。$E_{kl}$ 表示机器 M_k 以速度 v_l 加工时单位时间的能耗，s_{0ik} 为工件作为机器 M_k 上第一个加工工件时的调整时间，s_{jik} 为当 J_j 先于 J_i 在机器 M_k 加工时 J_i 的调整时间。机器 M_k 具有三种模式：加工模式、空闲模式和调整模式。

存在一些与机器和工件相关的约束，包括同一时刻一台机器最多只能加工一道工序，同一时刻一个工件最多只能在一台机器上加工，机器加工不能中断等。

考虑关键目标的绿色 FJSP 包括三个子问题：调度子问题、机器分配子问题和速度选择子问题。调度子问题确定每台机器上各个工序的加工顺序。机器分配子问题为每道工序选择合适的机器，第三个子问题则为每道工序的加工机器确定合适的加工速度。

该问题的目的是在所有约束得到满足的条件下同时最小化如下 3 个目标函数：

$$f_1 = C_{\max} \tag{6-1}$$

$$f_2 = \sum_{i=1}^{n} \max\{C_i - D_i, 0\} \tag{6-2}$$

$$f_3 = TEC = \sum_{k=1}^{m} \int_{0}^{C_{\max}} \left(\sum_{i=1}^{n} \sum_{j=1}^{h_i} \sum_{l=1}^{d} E_{kl} y_{ijkl}(t) \right) dt + \sum_{k=1}^{m} \int_{0}^{C_{\max}} (SE_k z_k(t) + SDE_k u_k(t)) dt \tag{6-3}$$

其中如果在时刻 t 机器 M_k 以速度 vel_l 加工工序 o_{ij}，则 $y_{ijkl}(t) = 1$；否则 $y_{ijkl}(t) = 0$。如果机器 M_k 在时刻 t 空闲，则 $z_k(t) = 1$；否则 $z_k(t) = 0$。如果机器 M_k 在时刻 t 处于调整模式，则 $u_k(t) = 1$；否则 $u_k(t) = 0$。$C_{\max}$ 表示最大完成时间。C_i，D_i 分别表示工件 J_i 的完成时间和交货期。TEC 表示总能耗。f_1，f_2 和 f_3 分别为 makespan、总延迟时间和总能耗。SE_k 和 SDE_k 分别表示机器 M_k 在空闲模式和调整模式时单位

时间的能耗。

当制造商主要关注按时交货和生产性能时，会更看重前两个目标。为了处理这种情形，将前两个目标定为关键目标，而降低总能耗的重要性，将其看作非关键目标。如果优化时同等对待三个目标，制造商也会忽略那些总能耗偏小的解，因为这些解不符合他们的偏好；相反，将上述偏好嵌入到优化过程中，关键目标可得到充分优化，从而使得相应的结果能更好地满足制造商的要求，因此，有必要考虑关键目标。

6.2 基于差异化 ICA 的绿色 FJSP

6.2.1 关键目标处理策略

加权方法和字典序方法常用于重要程度各异的目标的处理。雷和郑（Lei and Zheng）提出了一种处理关键目标的有效方法[117]。本章提出一种新策略，该策略在 ICA 的优化过程中，非关键目标 f_3 不超过持续下降的阈值的条件下，加强对关键目标 f_1, f_2 的优化。

首先，对种群内所有解的 f_3 降序排序，确定排在第 $\mu \times N$ 位的 f_3，作为总能耗的阈值 Q，其中 μ 为实数，通常 $1 \leqslant \mu \times N \leqslant 0.2N$，使得种群内不低于80%的个体都是可行的。

然后，将原问题转化为以 f_1, f_2 为目标同时具有总能耗约束 $f_3 \leqslant Q$ 的问题，并利用 ICA 优化转化后的问题。

关于阈值 Q，若 $\mu = 0.1$，则种群内90%左右的解都是可行解，而且 Q 不是固定不变的，在 ICA 的优化过程中它将不断下降，即每得到新的种群，采用上述方法确定位于第 $\mu \times N$ 位的 f_3，若它小于 Q，则它成为新的 Q；否则 Q 保持不变。随着 Q 的持续减少，意味着种群内大多数解的 f_3 得到了持续改进。

6.2.2 构建初始帝国

随机产生国家数量为 N 的初始种群 P。针对具有 n 个工件和 m 台机器的绿色 FJSP，由于它由三个子问题组成，为此，采用如下三个串表示问题的一个解，其中 $[(\theta_1, r_1), (\theta_2, r_2), \cdots, (\theta_i, r_i), \cdots, (\theta_h, r_h)]$ 为调度串，二元组 (θ_i, r_i) 对应工序 $o_{\theta_i r_i}$，$\theta_i \in \{1, 2, \cdots, n\}$，$1 \leq r_i \leq h_{\theta_i}$；机器分配串 $[q_{11}, q_{12}, \cdots, q_{1h_1}, \cdots, q_{nh_n}]$ 中，基因 $q_{ij} \in S_{ij}$ 表示用于工序 o_{ij} 加工的机器；速度选择串 $[w_{11}, w_{12}, \cdots, w_{1h_1}, \cdots, w_{nh_n}]$ 中，$w_{ij} \in V$ 为机器 q_{ij} 加工 o_{ij} 的速度。

为了构建初始帝国，解 x_j 的归一化目标 $\bar{f}_{ij}$ 定义如下：

$$\bar{f}_{ij} = (f_{ij} - f_{i,\min})/(f_{i,\max} - f_{i,\min} + \varepsilon) \tag{6-4}$$

其中 $f_{i,\min}$ 和 $f_{i,\max}$ 分别为种群 P 中所有解的最小 f_i 和最大 f_i；为了避免分母为 0，ε 取 0.0001。

解 x_j 的成本定义为 $c_j = \sum_{i=1}^{3} \bar{f}_{ij}$。

殖民国家的归一化成本 Y_v 定义为：

$$Y_v = 1/(1 + e^{-\alpha_1 \times (\max_l(c_l) - c_v)}) \tag{6-5}$$

其中 α_1 取值为 1.2。

初始帝国构建的具体过程如下：

步骤 1：计算每个解 j 归一化目标 $\bar{f}_{ij}$ 和成本 c_j。
步骤 2：选择成本最小的 N_{im} 个解作为殖民国家。
步骤 3：计算每个殖民国家 v 的归一化成本 Y_v。
步骤 4：确定殖民国家 v 所分配的殖民地数量 NC_v。
步骤 5：随机选择 NC_v 个殖民地分配给殖民国家 v。

其中，$NC_v = \text{round}(pow_v \times N_{col})$，$pow_v$ 为殖民国家 v 的势力，$pow_v = Y_v / \sum_{l=1}^{N_{im}} Y_l$，殖民地数量 $N_{col} = N - N_{im}$。

归一化成本 Y_v 的定义保证了 NC_v 大于 0，而文献 [233~234] 中，由于至少存在一个殖民国家的势力为 0，这些殖民国家所分配的殖民地数量 NC_v 为 0，导致各殖民国家所分配的殖民地数量差异较大。

6.2.3 同化与革命

同化过程通常通过殖民地和殖民国家间的交叉[51]来实现。然而，殖民地仅仅朝着所属殖民国家移动即只有一个学习对象，容易导致殖民地和殖民国家越来越相似，解的多样性降低，故有必要让殖民地有多个学习对象。另外，有必要区别对待帝国内部分最好解和其他殖民地。基于这两点，提出了一种差异化同化过程。

帝国 k 内的差异化同化过程的具体描述如下：

步骤 1：如果 $NC_k > \beta$，则执行如下步骤。

步骤 2：对帝国 k 中的解根据 f_1，f_2 进行非劣排序。

步骤 3：根据 $rank$ 值和距离选择 β 个最好解。

步骤 4：对于每个选中的解 x，如果外部档案 Ω 中存在与殖民国家 k 不同的解 $y \in \Omega$，随机选择一个解 $y \in \Omega$ 对解 x 和 y 执行全局搜索；得到新解 z 并根据替代条件确定解 z 能否替代解 x，若是则利用更新外部档案 Ω。

步骤 5：对于其他殖民地 λ，如果随机数 $s < \gamma$，从 β 个最好解中任选一个与殖民地 λ 执行全局搜索，否则执行殖民地 λ 与殖民国家 k 间的全局搜索。得到新解 z 并根据替代条件判定 z 能否替代 x，若是则利用 z 更新 Ω。

步骤 6：否则对帝国内的每个殖民地 λ，执行殖民地 λ 与殖民国家 k 间的全局搜索得到新解 z 并根据替代条件确定解 z 能否替代解 x，若是则利用 z 更新 Ω。其中 γ 是一个概率，通过实验确定 $\gamma = 0.4$，β 为大于 1 且比较小的整数。

从帝国 k 中选择 β 个最优解的方法如下：如果 $\beta = \sum_{l=1}^{g} A_l$，则选择 $rank$ 值位于 $[1, g]$ 内的所有解；如果 $\sum_{l=1}^{g} A_l < \beta < \sum_{l=1}^{g+1} A_l$，则首先选择 $\sum_{l=1}^{g} A_l$ 个解，然后在 $rank$ 值为 $g+1$ 的所有解中选择距离 $dist_3^i$ 最大的 $\beta - \sum_{l=1}^{g} A_l$ 个解。其中 $dist_3^i$ 是解 i 与其最近三个解之间的平均距离，根据式（6-5）所示计算归一化目标，A_g 为帝国 k 中 $rank$ 值为 g 的解的数量。

采用三种交叉操作，第一种交叉作用于调度串，第二种交叉用于机器分配串，第三种交叉针对速度选择串，三种交叉的详细描述如第 3 章所示。

全局搜索过程如下：对于两个解，如果随机数 $s < \alpha_2$，则以相等概率执行第二种和第三种交叉；否则执行第一种交叉。其中 α_2 是一个概率，通过实验确定 $\alpha_2 = 0.4$。

新解 z 和解 x 比较时，若满足如下替换条件之一：①$f_3(z) \leq Q$，$f_3(x) \leq Q$ 且根据 f_1，f_2 可得解 z 不受 x 支配；②$f_3(z) \leq Q$，$f_3(x) > Q$。由于不可行解比例低，若解 x 不可行，只有新解 z 可行，才能替代解 x。

外部档案 Ω 用于保留非劣解，更新过程如下：将新解加入 Ω 之后，根据 f_1，f_2 对 Ω 中的所有解进行 Pareto 比较，保留所有非劣解，同时剔除所有受支配解。

上述过程中，β 个最好解包括殖民国家向外部档案 Ω 的成员学习，其他殖民地则向殖民国家或者 β 个最好解学习，这样帝国内的每个解都有不止一个学习对象，且最好解和其他殖民地的学习对象各异，这样不仅易产生更好的殖民地，而且也能保持帝国内解的多样性，从而提高算法的搜索效率。

当 $NC_k \leq \beta$，表明帝国 k 中最多有 β 个解，即该帝国将会以较高的概率消亡，在这种情形下，仅执行常规的同化方法。

殖民地革命类似于 GA 中的变异。革命概率 U_R 用于选择参与革命的殖民地。在殖民地革命中，采用三种邻域结构 *insert*、*change* 和 *speed* 产生新解，其具体过程与第 3 章相同。

殖民地与殖民国家的交换描述如下。每个殖民地根据 f_1，f_2 与其殖民国家进行比较，如果殖民地不受殖民国家支配，则殖民地替代原殖民国家变为新的殖民国家，原殖民国家变为殖民地。

6.2.4 帝国竞争

帝国竞争中，通常直接将最弱帝国的最弱殖民地分配给取胜的帝国，这种分配导致获胜帝国的总成本减小；此外，最弱殖民地即使在新帝国中也难以变得更优，为此，提出了一种新型帝国竞争方法，对取胜帝国的殖民国家进行全局搜索以产生新解并加入到取胜帝国中，而避免直接加入最弱殖民地。

新型帝国竞争的具体过程描述如下：当 $N_{im} \geq 2$，

步骤1：计算各帝国的总成本 TC_k（$k=1$，2，$\cdots$，N_{im}）。

步骤2：确定帝国 k 的归一化总成本 NTC_k。

步骤3：计算所有帝国 k 的势力 EP_k，并构建相应的向量 $[EP_1 - r_1$，$EP_2 - r_2$，$\cdots$，$EP_{N_{im}} - r_{N_{im}}]$。

步骤4：确定向量中最大元素 $EP_v - s_v$ 所对应的帝国 v。

步骤5：如果外部档案 Ω 中存在与帝国 v 的殖民国家 v 不同的解，则随机选择一个解 $y \in \Omega$，执行解 y 和殖民国家 v 间的全局搜索，得到新解 z。若新解 z 不受最弱帝国的最弱殖民地支配，则将新解 z 分配给帝国 v 并剔除最弱殖民地；否则将最弱殖民地转移到帝国 v 中。

其中 TC_k 和 EP_k 定义如下：

$$TC_k = c_k + \zeta \times \text{mean}\{\text{Cost}(\text{colonies of empire } k)\} \quad (6-6)$$

$$EP_k = \left| NTC_k \Big/ \sum_{v=1}^{N_{im}} NTC_v \right| \quad (6-7)$$

其中 ζ 是一个实数，通常设为 0.1。

国家成本仍采用6.2节初始帝国构建部分的方法计算。通常帝国归一化总成本 NTC_k 采用下式计算：

$$NTC_k = \max_l \{TC_l\} - TC_k \quad (6-8)$$

这样至少存在一个帝国的 NTC_k 和 EP_k 等于0，对应的帝国将难以在竞争中取胜，从而导致国家很快聚集在少数几个帝国中，容易出现搜索停滞，为此，给出了归一化总成本的新定义。

$$NTC_v = 1/(1 + e^{-\alpha_3 \times (\max_l(TC_l) - TC_v)}) \quad (6-9)$$

其中 α_3 取值为1.5。

帝国竞争中，解 y 和殖民国家 v 间的全局搜索采用与同化过程相同的方法进行。由于取胜帝国中的殖民国家质量较高，对其进行全局搜索容易产生质量更好的解，增加了取胜帝国获得质量更好解的可能性，从而有助于提高算法的搜索效率。

6.2.5 算法描述

差异化ICA的详细步骤描述如下：

步骤1：随机产生初始种群 P，根据关键目标处理策略确定初始阈值 Q。

步骤2：构建 N_{im} 个初始帝国。

步骤3：执行每个帝国的同化，并根据6.2.1节方法确定新的阈值 Q。

步骤4：进行每个帝国的革命，实现可能的殖民国家和殖民地的互换，并根据6.2.1节方法确定新的阈值 Q。

步骤5：执行新型帝国竞争，如果某帝国没有任何国家，则该帝国消亡。

步骤6：如果终止条件成立，则停止搜索；否则转到步骤3。

其中终止条件为最大目标向量估计次数。

图6-1给出了差异化ICA的流程图。

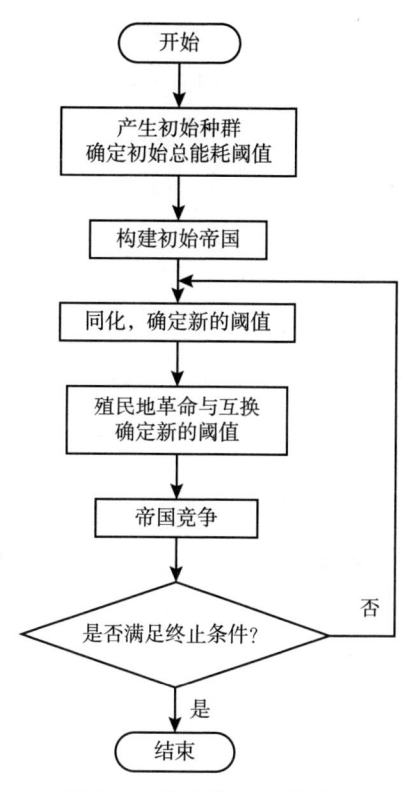

第6章 考虑关键目标的绿色柔性作业车间调度

图 6-1 差异化 ICA 的流程

与现有 ICA 不同,差异化 ICA 具有以下特点:

①提出了新的同化策略,为殖民地提供更多学习对象,并区分部分最好解与其他殖民地,以保持帝国中解的多样性,提高算法的求解质量。

②通过引入殖民国家的全局搜索和归一化总成本的新定义,实现了新型帝国竞争过程,避免直接将最弱殖民地转移到取胜帝国中。

6.3 计算实验

为了测试差异化 ICA 在求解考虑关键目标的绿色 FJSP 方面的性能,

进行了一系列实验。所有实验均由 Microsoft Visual C++ 2015 编程实现，并运行于 4.0G RAM 2.00GHz CPU PC。

6.3.1 测试实例、评价指标和比较算法

选择 MK01 - MK15[228]，DP1 - DP18[229] 以及文献 [230] 中的 21 个实例进行测试，在实例中引入能耗信息：$E_{kl} = \xi_k \times vel_l^2$，$\xi_k \in [2, 4]$，$V = (1.00, 1.30, 1.55, 1.80, 2.00)$，$SDE_k = 1$，$SE_k = 1$，$s_{0ik} \in [1, 2]$，$s_{jik} \in [2, 4]$，其交货期计算公式如下：

$$D_i = \delta \sum_{j=1}^{h_i} \max_{k=1,2,\cdots,m} \{\eta_{ijk}\} \qquad (6-10)$$

其中 δ 为某一区间的随机实数，关于实例 seti5c12、seti5cc、seti5x、set5xx、seti5xxx、set5xy 和 seti5xyz 取值为 $\delta \in [0.5, 0.8]$，其余实例的 δ 值与第 3 章中的相同。

选择 DI_R 和 C 两个指标评估算法性能。

皮鲁兹法德等 (Piroozfard et al.)[37] 提出了 MOGA 求解双目标绿色 FJSP，在 MOGA 中加入速度选择串、两点交叉以及 speed 变异后，该算法能够直接应用于绿色 FJSP 的求解。MOGA 已被证明具有较好的求解性能，所以选择该算法作为对比算法。

艾哈迈迪等 (Ahmadi et al.)[233] 应用 NSGA-Ⅱ 求解具有随机机器故障的 FJSP，为了将其应用于绿色 FJSP，对该算法做如下修改：去掉与机器故障相关的部分，加入速度选择串、两点交叉和 speed 变异。NSGA-Ⅱ 作为一种著名的多目标优化算法，已广泛应用于 FJSP 的求解[33~34,38]，故选择该算法作为另一个对比算法。

6.3.2 参数设置

差异化 ICA 具有 5 个主要参数：N，N_{im}，$\max\_it$，R 和 β。应用 Taguchi 方法进行参数设置。每个参数的水平如表 6-1 所示，表 6-2

为正交表 $L_{16}(4^5)$,各参数的响应值如表 6-3 所示。

表 6-1　　　　　　　　　参数水平

因素	水平			
	1	2	3	4
N	60	80	100	120
N_{im}	6	7	8	9
max_it	90000	100000	110000	120000
R	6	8	10	12
β	2	3	4	5

表 6-2　　　　　　　　　正交表 $L_{16}(4^5)$

实验次数	参数水平					DI_R
	N	N_{im}	max_it	R	β	
1	1	1	1	1	1	11.37
2	1	2	2	2	2	8.230
3	1	3	3	3	3	7.435
4	1	4	4	4	4	8.730
5	2	1	2	3	4	7.350
6	2	2	1	4	3	6.951
7	2	3	4	1	2	10.39
8	2	4	3	2	1	7.832
9	3	1	3	4	2	6.841
10	3	2	4	3	1	12.88
11	3	3	1	2	4	10.09
12	3	4	2	1	3	13.42
13	4	1	4	2	3	7.067
14	4	2	3	1	4	10.09

续表

实验次数	参数水平					DI_R
	N	N_{im}	max_it	R	β	
15	4	3	2	4	1	13.58
16	4	4	1	3	2	17.20

表 6-3　　　　　　　各参数的响应值

水平	N	N_{im}	max_it	R	β
1	8.939	8.154	11.40	11.32	11.41
2	8.130	9.538	10.65	8.303	10.67
3	10.81	10.37	8.048	11.22	8.715
4	11.98	11.80	9.765	9.025	9.065
极差	3.850	3.646	3.352	3.017	2.695
等级	1	2	3	4	5

关于 setb4xy，差异化 ICA 在每一种参数组合下运行 20 次。DI_R 及其信噪比 S/N 如图 6-2 所示，其中 S/N 定义为 $-10\log_{10}(DI_R^2)$，最后确定使 ICA 性能更好的一组参数为 $N=80$，$N_{im}=6$，max_$it=1.1\times10^5$，$R=8$，$\beta=4$。

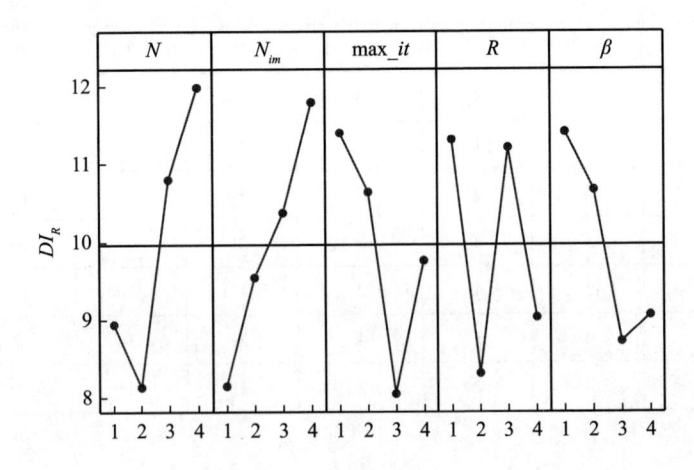

图 6-2 DI_R 及其信噪比 S/N

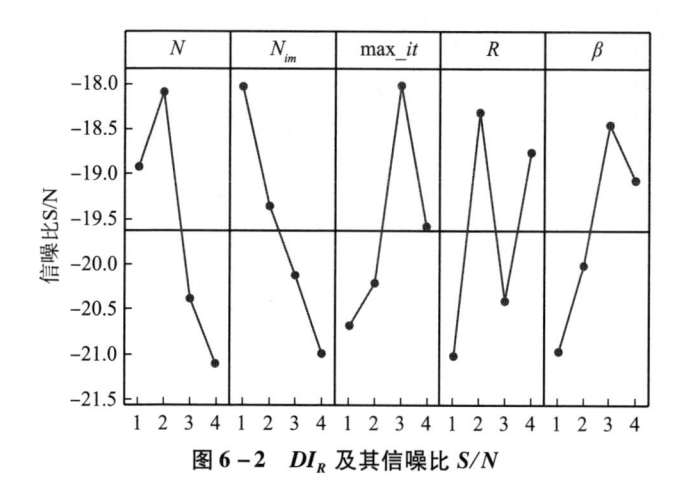

MOGA 的参数来自文献 [37]：种群规模 100，交叉概率 0.7，变异概率 0.4。

NSGA-Ⅱ的参数为：种群规模 100，交叉概率 0.8，变异概率 0.1，最大代数为 max_it/100。这些参数值根据计算实验而得，是使算法获得最好结果的一组值。

6.3.3 总能耗阈值

如前所述，总能耗阈值 Q 根据种群内所有解的总能耗降序排序而确定，除非 Q 是种群内最大的能耗值，这样确定的 Q 将导致种群内存在一定比例的不可行解，显然不可行解的比例越大，阈值 Q 越小，比例为 0，表示 Q 是种群内最大的能耗值，比例为 5%，表示 Q 是种群内第 $0.05N$ 大的能耗值，依次类推。

选取 mt10xyz，令种群中不可行解的比例从 0 到 20%，图 6-3 给出了实例 mt10xyz 的总能耗变化趋势曲线和 DI_R 的变化情况，DI_R 根据两个关键目标计算而得，参考集为 5 种情况下 ICA 所得外部档案的并集中的非劣解组成。

(a) DI_R 的变化趋势

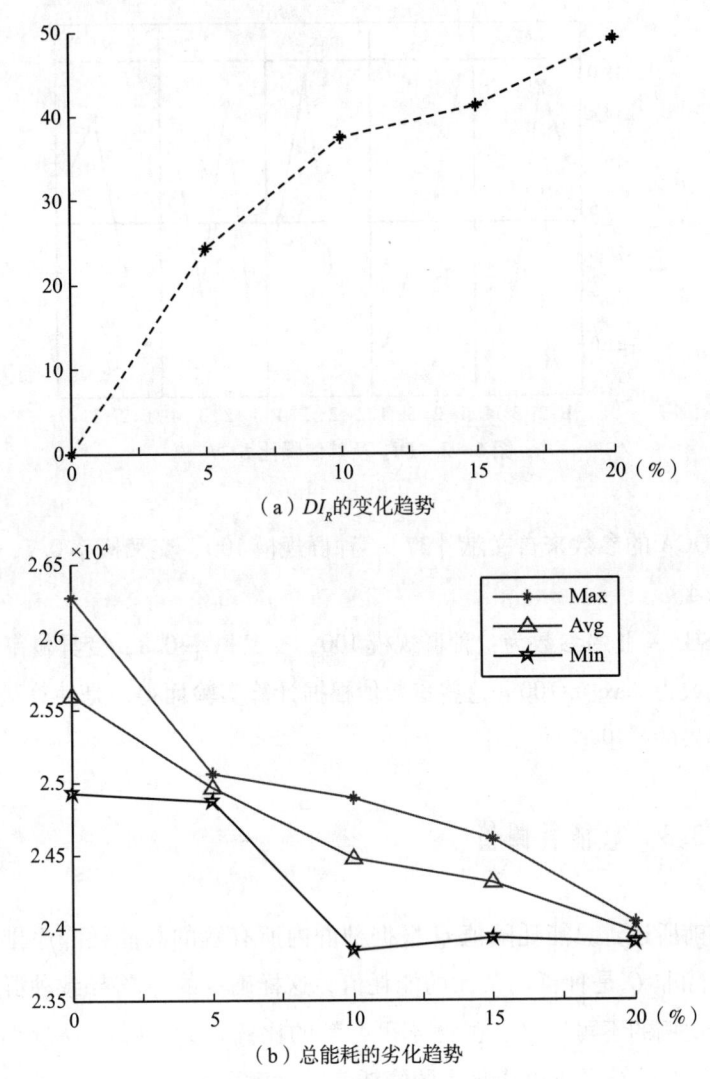

(b) 总能耗的劣化趋势

图 6-3　总能耗劣化引起的关键目标变化趋势曲线

当不可行解的比例从 20% 降到 5%，总能耗平均值 Avg 仅上升 1000 左右，DI_R 下降了 25 左右，而不可行解的比例从 0 上升到 5%，总能耗平均值下降的幅度超过 500，DI_R 却增加了 25 左右，这表明总能耗的劣化引起了关键目标的改善，只是改进幅度不均匀。由于不可行解的比例为 0 时，总能耗明显偏大，其值持续改进的幅度偏少，虽然其对应的

DI_R 最小,但其能耗改进明显不够,不符合本章要求,而不可行比例为 5% 时,DI_R 小于其他几个比例对应的 DI_R 值,而总能耗平均值比 10% 和 15% 对应的能耗平均值差别相对偏小,而 20% 对应的 DI_R 太大,不合适,因此,选择不可行解比例为 5% 时的能耗值作为 Q。

6.3.4 计算结果比较与分析

传统多目标调度往往同等对待各个目标,而新方法则侧重于关键目标的优化,为此,关于实例 mt10xyz,分别用新方法和传统方法进行求解,其中传统方法指差异化 ICA 去掉与关键目标处理的相关策略,直接根据三个目标的 Pareto 支配关系实现各步骤,表 6-4 给出了两种方法所获得的非劣解。

表 6-4 新方法和传统方法的对比

新方法	传统方法
{574.1, 1542.5, 24812.3}, {534.6, 1447.6, 25030.4}	{599.6, 2116.2, 21682.5}, {603.4, 1943.6, 22590.2}
{545.2, 1319.5, 25207.7}, {538.2, 1395.7, 24964.9}	{607.5, 2090.9, 21990.6}, {599.9, 1942.4, 22601.7}
{539.6, 1319.9, 25053.4}, {555.9, 1642.5, 24777.4}	{618.9, 1987.4, 22038.9}, {615.8, 1989.6, 21832.5}
{581.5, 1767.7, 24567.1}, {558.0, 1883.9, 24749.2}	{611.6, 2347.5, 21035.3}, {601.4, 2141.5, 21463.4}
{562.4, 1797.6, 24529.8}, {575.3, 1772.0, 24633.6}	{626.7, 2022.2, 21200.3}, {650.9, 2359.6, 20158.6}
{520.5, 1516.1, 25291.3}, {521.7, 1505.8, 25325.7}	{647.2, 2395.2, 20139.3}, {624.5, 2106.3, 20887.3}
{516.3, 1154.4, 25391.0}, {544.6, 1146.5, 25326.4}	{697.0, 3104.3, 19623.6}, {742.1, 3301.3, 19565.8}

续表

新方法	传统方法
{534.7, 1441.1, 24954.5}, {531.7, 1482.9, 25006.9}, {540.4, 1424.6, 24847.9}	{768.5, 3436.0, 19546.0}, {586.7, 2066.8, 22487.5}, {618.9, 1983.7, 22133.5}
	{601.1, 2237.2, 21531.8}, {618.2, 2352.7, 20720.6}, {626.7, 2026.3, 21136.6}

可以发现，新方法所获得的关键目标值明显优于传统方法所获得的结果，对比传统方法所得的 {586.7, 2066.8, 22487.5} 和新方法所产生的非劣解 {534.6, 1447.6, 25030.4}，新方法的能耗值比传统方法大 10% 左右，而总延迟时间却下降了近 30%，makespan 也降低了不少，这表明新方法对关键目标的优化更有利，同时非关键目标也得到较大改善。

表 6-5 和表 6-6 给出了差异化 ICA 与两种对比算法的计算结果，其中参考集 Ω^* 由三种算法非劣解集的并集中的非劣解组成，符号 M 和 $N2$ 分别表示 MOGA 和 NSGA-Ⅱ，所有结果由三个目标 f_1，f_2，f_3 计算而得，三种算法的计算时间如表 6-7 所示。图 6-4 所示给出了三种算法的箱线图。图 6-5 为三种算法关于实例 MK07、DP13、setb4x 和 seti5xxx 非劣解分布图。

表 6-5　差异化 ICA、MOGA 和 NSGA-Ⅱ 关于指标 DI_R 的计算结果

实例	差异化 ICA	MOGA	NSGA-Ⅱ	实例	差异化 ICA	MOGA	NSGA-Ⅱ
MK01	**20.76**	35.02	46.88	MK07	**11.30**	23.20	38.11
MK02	**12.79**	15.06	20.16	MK08	**23.54**	28.99	41.01
MK03	**14.96**	32.48	38.04	MK09	**4.594**	19.85	17.96
MK04	**8.285**	10.68	26.34	MK10	29.64	23.57	40.43
MK05	**12.91**	43.82	35.53	MK11	**14.02**	20.74	45.55
MK06	**19.41**	38.55	54.41	MK12	**28.09**	34.53	42.10

第6章 考虑关键目标的绿色柔性作业车间调度

续表

实例	差异化 ICA	MOGA	NSGA-II	实例	差异化 ICA	MOGA	NSGA-II
MK13	**17.89**	59.17	45.24	mt10c1	**15.33**	22.56	24.81
MK14	**21.48**	27.51	32.76	mt10cc	**1.487**	24.82	29.20
MK15	**13.81**	30.71	35.93	mt10x	**6.992**	22.08	29.68
DP1	**8.265**	15.42	22.71	mt10xx	**10.19**	27.57	28.63
DP2	**28.87**	35.11	42.37	mt10xxx	**15.01**	31.59	49.11
DP3	**26.56**	40.56	57.46	mt10xy	**34.63**	16.58	26.34
DP4	24.90	15.19	29.37	mt10xyz	26.70	9.631	33.84
DP5	**18.48**	21.02	37.14	setb4c9	**11.04**	14.71	35.70
DP6	**20.49**	43.48	38.47	setb4cc	**10.56**	20.10	39.67
DP7	**20.11**	33.69	50.43	setb4x	**3.359**	37.02	41.53
DP8	**15.13**	27.36	36.58	setb4xx	**12.92**	18.90	38.11
DP9	**10.96**	32.14	37.34	setb4xxx	**18.96**	24.24	34.26
DP10	**22.39**	29.38	41.12	setb4xy	**6.924**	34.73	47.88
DP11	**17.71**	26.10	50.65	setb4xyz	**13.98**	19.87	35.22
DP12	**19.08**	38.15	49.15	seti5c12	**9.434**	31.17	58.61
DP13	**16.22**	28.16	56.99	seti5cc	**17.09**	41.89	48.70
DP14	34.67	31.50	48.85	seti5x	29.24	15.98	28.62
DP15	**21.11**	32.89	30.09	seti5xx	**19.81**	25.43	53.87
DP16	**11.36**	44.08	55.14	seti5xxx	**11.03**	40.90	31.50
DP17	**27.38**	36.67	48.16	seti5xy	**8.776**	36.74	51.34
DP18	**13.81**	20.06	30.42	seti5xyz	24.18	12.75	39.06

表6-6 三种算法关于指标 C 的计算结果

实例	$C(I, M)$	$C(M, I)$	$C(I, N2)$	$C(N2, I)$	$C(N2, M)$	$C(M, N2)$
MK01	**0.286**	0.000	0.000	0.000	0.143	0.750
MK02	**0.333**	0.000	**0.727**	0.000	0.000	0.818
MK03	0.000	0.000	0.000	0.000	0.000	1.000

续表

实例	$C(I, M)$	$C(M, I)$	$C(I, N2)$	$C(N2, I)$	$C(N2, M)$	$C(M, N2)$
MK04	**0.400**	0.368	**1.000**	0.000	0.133	0.250
MK05	0.000	0.000	**0.583**	0.000	0.000	0.583
MK06	**0.167**	0.000	**0.571**	0.000	0.000	1.000
MK07	**0.333**	0.000	**0.167**	0.000	0.000	0.333
MK08	0.000	0.000	0.000	0.000	0.267	0.500
MK09	**0.917**	0.000	**0.667**	0.154	0.250	0.500
MK10	0.000	0.000	0.000	0.000	0.000	0.500
MK11	**0.273**	0.000	**0.500**	0.000	0.000	0.800
MK12	**0.222**	0.000	**0.091**	0.000	0.333	0.545
MK13	**0.450**	0.000	**0.182**	0.000	0.900	0.000
MK14	**0.333**	0.000	**0.167**	0.000	0.111	0.416
MK15	**0.200**	0.071	**0.600**	0.000	0.000	1.000
DP1	**0.611**	0.000	**0.857**	0.083	0.444	0.000
DP2	0.000	0.000	0.000	0.000	0.000	1.000
DP3	0.000	0.450	0.000	0.000	0.000	1.000
DP4	0.000	0.250	**0.500**	0.000	0.000	0.750
DP5	**0.222**	0.000	**0.200**	0.000	0.000	0.800
DP6	**0.222**	0.000	**0.214**	0.000	0.222	0.428
DP7	0.000	0.111	0.000	0.000	0.000	0.000
DP8	**0.429**	0.000	0.000	0.037	0.428	0.000
DP9	**0.500**	0.000	**0.857**	0.000	0.000	0.857
DP10	0.000	0.000	**0.333**	0.000	0.000	1.000
DP11	**0.450**	0.000	**0.636**	0.000	0.000	0.636
DP12	**0.500**	0.000	**0.167**	0.000	0.000	1.000
DP13	0.000	0.200	0.000	0.200	0.000	1.000
DP14	0.000	0.407	0.000	0.000	0.000	0.000

第6章 考虑关键目标的绿色柔性作业车间调度

续表

实例	$C(I, M)$	$C(M, I)$	$C(I, N2)$	$C(N2, I)$	$C(N2, M)$	$C(M, N2)$
DP15	**0.375**	0.000	0.000	0.000	0.625	0.000
DP16	**0.400**	0.000	**0.400**	0.000	0.000	0.400
DP17	0.000	0.320	0.000	0.000	0.000	1.000
DP18	**0.154**	0.000	0.000	0.000	0.154	0.067
mt10c1	**0.429**	0.000	**0.800**	0.000	0.143	0.200
mt10cc	**0.778**	0.000	**1.000**	0.000	0.200	0.200
mt10x	**0.167**	0.071	**1.000**	0.000	0.000	0.778
mt10xx	**0.250**	0.056	**0.167**	0.056	0.625	0.000
mt10xxx	**0.500**	0.000	**1.000**	0.000	0.000	0.875
mt10xy	**0.273**	0.000	**0.571**	0.000	0.091	0.500
mt10xyz	0.000	0.500	**0.625**	0.063	0.000	1.000
setb4c9	0.000	0.000	**0.500**	0.000	0.000	1.000
setb4cc	**0.222**	0.000	**0.909**	0.000	0.000	1.000
setb4x	**0.867**	0.000	**1.000**	0.000	0.000	0.867
setb4xx	**0.762**	0.000	**1.000**	0.000	0.000	1.000
setb4xxx	**0.368**	0.000	**1.000**	0.000	0.000	0.947
setb4xy	0.000	0.318	**0.786**	0.000	0.000	1.000
setb4xyz	0.000	0.000	**1.000**	0.000	0.000	1.000
seti5c12	**0.750**	0.000	**0.500**	0.000	0.000	1.000
seti5cc	**0.200**	0.000	**0.556**	0.000	0.000	0.778
seti5x	0.000	0.556	0.000	0.444	0.000	0.500
seti5xx	0.000	0.375	**1.000**	0.000	0.000	0.800
seti5xxx	**0.143**	0.000	**0.727**	0.000	0.000	0.455
seti5xy	0.000	0.000	0.000	0.000	0.000	0.750
seti5xyz	0.000	0.571	0.000	0.000	0.000	1.000

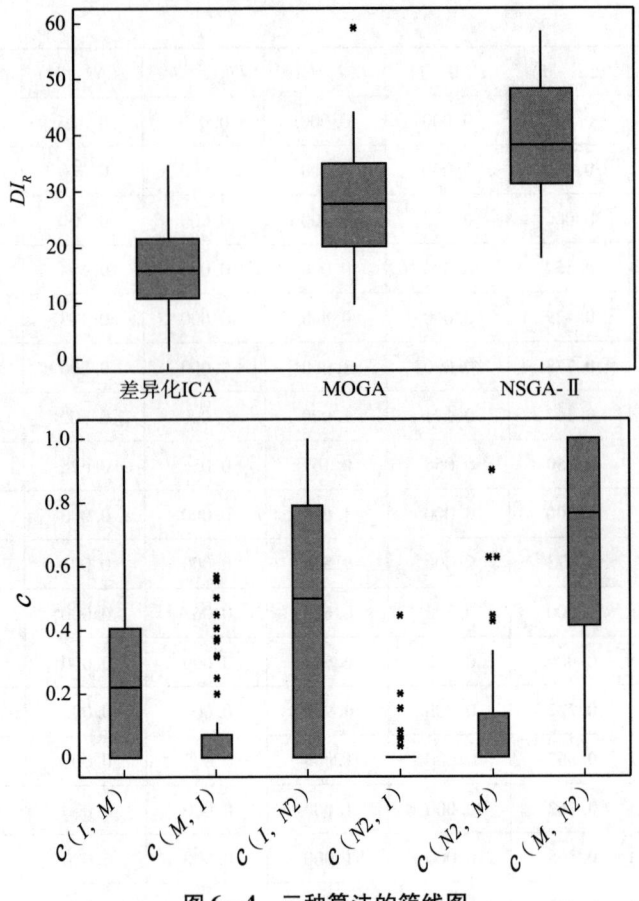

图 6-4 三种算法的箱线图

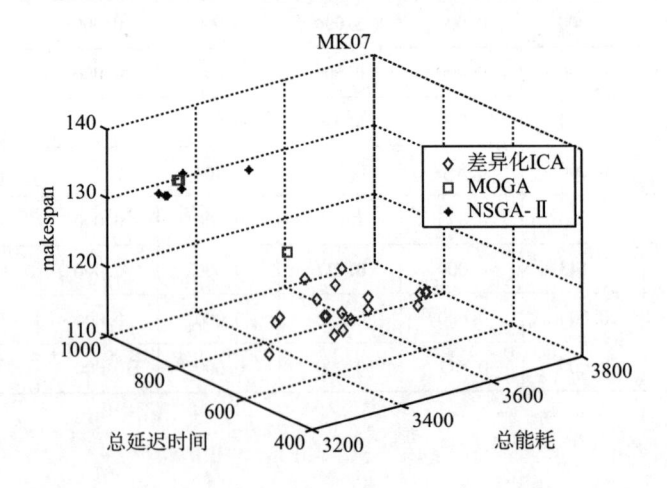

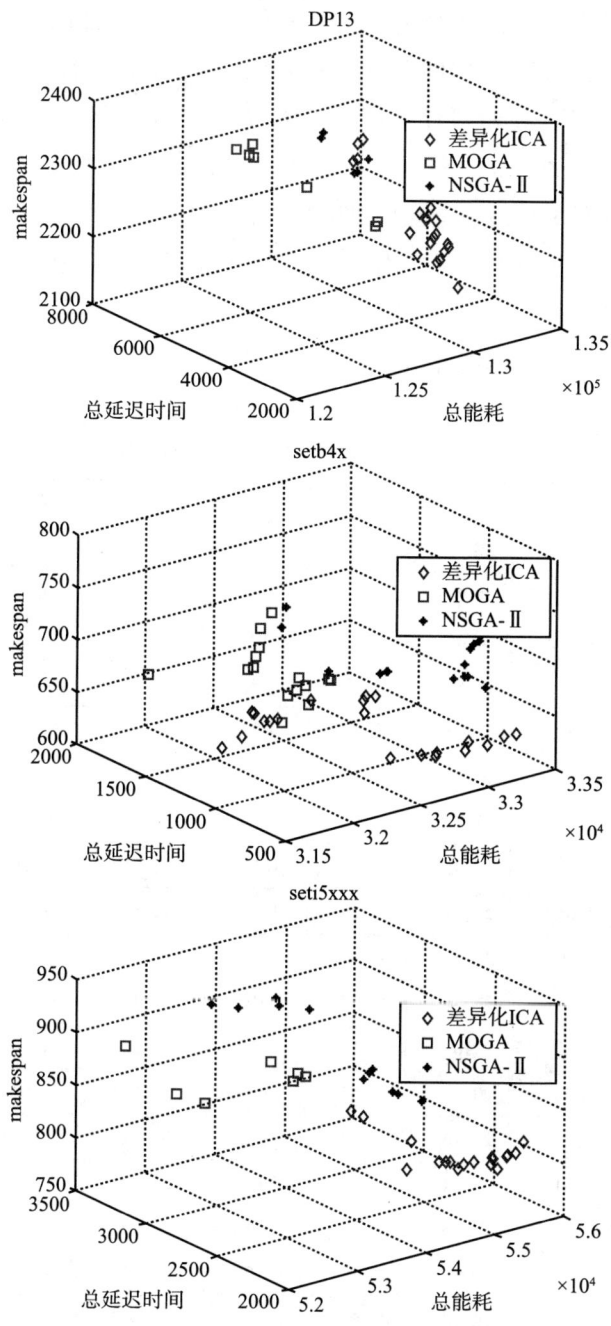

第6章 考虑关键目标的绿色柔性作业车间调度

图6-5 三种算法关于4个实例的非劣解分布图

可以看出，关于48个实例，差异化ICA所获得的DI_R优于其他两种算法，且关于26个实例，差异化ICA的DI_R值比两种对比算法的对应值至少小10。关于43个实例，$C(M, I)$小于或等于$C(I, M)$；关于51个实例，$C(N2, I)$小于或等于$C(I, N2)$，且其中关于9个实例，差异化ICA的非劣解完全支配NSGA-Ⅱ的非劣解，总之，差异化ICA在相似的时间里取得了明显优于对比算法的计算结果，图6-4三种算法的箱线图和图6-5三种算法的非劣解分布图也验证了该结论，不过差异化ICA所获得的能耗值略逊于对比算法。

表6-7 差异化ICA，MOGA和NSGA-Ⅱ的计算时间

实例	运行时间（s） 差异化ICA	MOGA	NSGA-Ⅱ	实例	运行时间（s） 差异化ICA	MOGA	NSGA-Ⅱ
MK01	5.148	4.234	7.133	DP4	22.78	20.48	38.70
MK02	4.889	4.447	7.011	DP5	21.34	20.26	35.08
MK03	11.76	10.88	17.85	DP6	21.99	19.62	37.13
MK04	6.983	5.646	9.419	DP7	32.33	30.37	54.55
MK05	12.30	10.57	18.19	DP8	31.93	30.14	52.52
MK06	9.610	8.419	13.95	DP9	31.20	30.13	52.32
MK07	9.364	7.850	13.27	DP10	32.91	30.26	52.12
MK08	22.65	20.71	44.26	DP11	32.67	31.10	52.70
MK09	22.69	21.02	40.90	DP12	32.69	31.80	51.97
MK10	19.95	17.96	33.57	DP13	53.30	51.87	93.05
MK11	23.71	21.01	37.67	DP14	52.55	51.25	92.45
MK12	22.57	20.06	34.62	DP15	53.69	50.91	104.5
MK13	23.24	20.16	34.90	DP16	53.22	52.31	97.79
MK14	21.54	18.84	29.95	DP17	53.32	50.10	98.08
MK15	20.79	17.86	29.61	DP18	52.92	50.11	91.65
DP1	21.63	20.02	43.70	mt10c1	7.837	6.305	10.66
DP2	21.88	20.10	47.23	mt10cc	7.932	6.105	10.38
DP3	21.60	19.83	34.70	mt10x	7.797	6.121	10.47

续表

实例	运行时间（s）			实例	运行时间（s）		
	差异化 ICA	MOGA	NSGA-II		差异化 ICA	MOGA	NSGA-II
mt10xx	8.521	6.197	10.68	setb4xy	12.61	10.02	15.61
mt10xxx	9.403	6.279	10.56	setb4xyz	12.67	10.13	15.73
mt10xy	8.539	6.169	10.55	seti5c12	17.63	14.51	23.54
mt10xyz	8.070	6.117	10.48	seti5cc	18.37	14.50	23.67
setb4c9	12.52	10.07	16.93	seti5x	18.40	14.58	23.15
setb4cc	12.39	10.00	16.74	seti5xx	19.16	14.98	23.32
setb4x	12.64	9.663	17.49	seti5xxx	18.11	14.65	23.55
setb4xx	12.66	10.09	15.94	seti5xy	18.00	15.18	25.66
setb4xxx	12.80	10.37	15.96	seti5xyz	17.55	13.80	24.72

差异化 ICA 的优越性能主要来自其新型同化和帝国竞争策略。新的同化方法增加了殖民地的学习对象，能保持帝国中解的多样性，算法可以避免早熟；新型帝国竞争方法有利于取胜帝国获得质量较高的解，提高了算法的搜索能力，因此，差异化 ICA 在求解考虑关键目标的绿色 FJSP 方面具有较强优势。

6.4 本章小结

绿色 FJSP 研究取得了较大进展，但一些问题如考虑关键目标的绿色 FJSP 未受到研究者的重视，而现有研究往往同等对待各目标，很少考虑目标重要程度各异的情形。针对考虑关键目标的绿色 FJSP，提出了一种差异化 ICA 以同时最小化关键目标 makespan 和总延迟时间以及非关键目标总能耗，给出了一种关键目标的有效处理策略，运用新型同化和新型帝国竞争设计了一种具有较强搜索优势的 ICA，通过计算实验分析了非关键目标的劣化与关键目标的改善间的关系，验证了差异化 ICA 在求解所研究的绿色 FJSP 方面所具有的优越性。

第 7 章

考虑劣化效应的绿色置换流水车间调度

实际制造过程中,由于机器长时间运行,其性能会有所降低,导致后续工件的加工时间延长,能耗增加,这种现象称为机器劣化效应。本章针对考虑机器劣化效应的绿色置换流水车间调度问题(energy-efficient permutation flow shop scheduling problem with deterioration effect of machines, EPFSP – DEM)提出了一种考虑多样性和收敛性的帝国竞争算法(imperialist competitive algorithm considering diversity and convergence, DCICA)以最小化 makespan 和 TEC。该算法中设计了多样化同化操作以提高种群的多样性以及基于知识引导的革命过程以有效地分配计算资源;定义了种群的收敛性和多样性用于评估同化和革命操作的搜索质量;同时提出了一种新的帝国竞争以加强帝国间的信息交流。最后系统地分析了两个目标和不同劣化率之间的关系,大量实验结果表明 DCICA 在求解所研究问题方面的有效性。

7.1 问题描述

EPFSP – DEM 可以描述如下:存在工件集 $\pi = \{\pi_1, \pi_2, \cdots, \pi_n\}$ 和机器集 $M = \{M_1, M_2, \cdots, M_m\}$。所有工件按照相同的顺序依次在机器 $M_1, M_2, \cdots, M_m$ 上加工。所有机器均有 d 种不同的加工速度。$V =$

第7章 考虑劣化效应的绿色置换流水车间调度

$\{v_1, v_2, \cdots, v_d\}$。$p_{ik}$ 为工件 π_i 在机器 M_k 上加工时的基本加工时间。S_{ik} 和 C_{ik} 表示工件 π_i 在机器上 k 的开始加工时间和完成时间。当工件 π_i 以速度 v_l 在机器 M_k 上加工时,其加工时间为 p_{ik}/v_l。机器 M_k 的劣化率定义为 b_k。

另外,作出如下假设:

① 工件不允许发生抢占;

② 所有工件在同一时刻只能在一台机器上加工;

③ 在零时刻所有机器的初始状态均为空闲可用;

④ 在零时刻所有工件都到达系统可以加工;

⑤ 每台机器在同一时刻最多只能加工一个工件;

⑥ 运输时间和调整时间忽略不计。

本章采用阶跃劣化模型来描述机器的劣化状态。该模型中,工件 π_i 的实际加工时间 p'_{ik} 通过一个上界分段函数表示,由基本加工时间 p_{ik} 和一个惩罚时间共同确定。如图 7-1 所示,当工件 π_i 在时间 $t_k^{\min}$ 之后完成时,需增加一个惩罚时间。但是 p'_{ik} 不能无限增大。当工件 π_i 在 $t_k^{\max}$ 之后完成,则惩罚时间是固定不变的。p'_{ik} 计算如下:

$$p'_{ik} = p_{ik} + b_k \times [\max\{t - t_k^{\min}, 0\} - \max\{t - t_k^{\max}, 0\}] \quad (7-1)$$

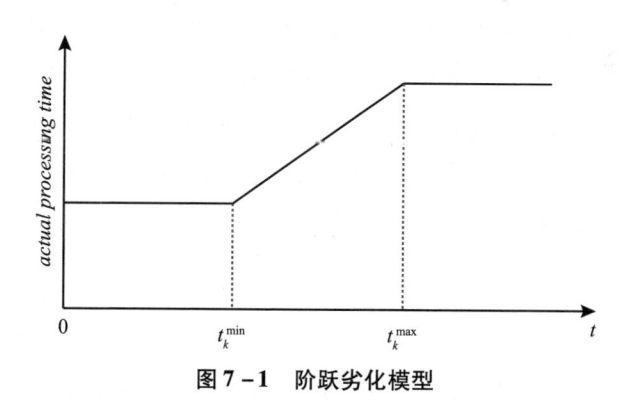

图 7-1 阶跃劣化模型

本章的目标是 EPFSP – DEM 在满足所有约束的前提下同时优化以下两个目标 f_1 和 f_2:

$$f_1 = C_{max} = \max\{C_{ik}\}, \quad i=1, 2, \cdots, n; \quad k=1, 2, \cdots, m \quad (7-2)$$

$$f_2 = TEC = \sum_{k=1}^{m} \int_{0}^{C_{max}} \left(\sum_{l=1}^{d} E_{kl} y_{kl}(t) + SE_k z_k(t) \right) dt \quad (7-3)$$

$$\sum_{q=1}^{n} h_{jq} = 1, \quad j=1, 2, \cdots, n \quad (7-4)$$

$$\sum_{j=1}^{n} h_{jq} = 1, \quad q=1, 2, \cdots, n \quad (7-5)$$

$$S_{ik} + p'_{ik} \leq S_{ik+1}, \quad i=1, 2, \cdots, n; \quad k=1, 2, \cdots, m-1 \quad (7-6)$$

$$x_{i,i'} + x_{x',x} \leq 1, \quad i, i'=1, 2, \cdots, n \quad (7-7)$$

$$C_{ik'} - p'_{ik} - C_{ik} + \tilde{L} \times (1 - x_{ii'}) \geq 0, \quad i=1, 2, \cdots, n; \quad k, k'=1, 2, \cdots, m \quad (7-8)$$

$$t_k^{min} < t_k^{max}, \quad k=1, 2, \cdots, m \quad (7-9)$$

$$S_{ik} \geq 0, \quad C_{ik} \geq 0, \quad i=1, 2, \cdots, n; \quad k=1, 2, \cdots, m \quad (7-10)$$

$$x_{i,i'} \in \{0, 1\}, \quad i, i'=1, 2, \cdots, n \quad (7-11)$$

$$y_{kl} \in \{0, 1\}, \quad k=1, 2, \cdots, m; \quad l=1, 2, \cdots, d \quad (7-12)$$

$$z_k \in \{0, 1\}, \quad k=1, 2, \cdots, m \quad (7-13)$$

式（7-2）~式（7-13）中，f_1 和 f_2 分别表示 makespan 和 TEC。约束（7-4）和约束（7-5）要求将每个工件分配到处理序列中的特定位置。约束（7-6）表明工件只有在前一台机器上完成加工后，才能在下一台机器中加工。约束（7-7）和约束（7-8）确保每台机器一次只能加工一个工件。约束（7-9）是机器 M_k 劣化效应阈值的下限和上限之间的关系。约束（7-10）要求 M_k 上工件 π_i 的开始处理时间和完成时间大于0。约束（7-11）、约束（7-12）和约束（7-13）定义了决策变量。

7.2 基于 DCICA 的 EPFSP – DEM

现有 ICA，每个帝国中的殖民地仅仅存在一个学习对象（所属的殖民国家），容易导致种群多样性的迅速降低。革命操作中，也很少考虑计算资源的分配问题。另外，帝国竞争中仅仅将最弱帝国中的最弱殖民地转移至获胜帝国，有必要加强帝国之间的信息交流以提高算法的搜索能力。基于此，本章提出了一种 DCICA 求解 EPFSP – DEM。

7.2.1 编码和解码

EPFSP – DEM 需要解决调度和速度选择两个子问题。因此，本章采用两个串的编码表示问题的一个解。调度串 $[\pi_1, \pi_2, \cdots, \pi_n]$ 和速度串 $[w_{11}, w_{12}, \cdots, w_{1m}, \cdots, w_{nm}]$，其中 $\pi_i \in \{1, 2, \cdots, n\}$。速度集 $V = \{v_1, v_2, \cdots, v_d\}$，$w_{ik} \in V$ 表示加工工件 π_i 时机器 M_k 的速度。

解码过程描述如下：首先根据速度串确定每台机器的速度，然后依次安排调度串中的工件以最早可以开始的时间在机器 $M_1, M_2, \cdots, M_m$ 加工，直到所有工件加工结束。

表 7 – 1 给出了 EPFSP – DEM 的示例，一个可能的解为调度串 [2, 8, 4, 3, 6, 9, 5, 7, 1, 10]，速度串 [1.8, 1, 1.8, 1, 1.3, 2, 1, 1.55, 1.3, 1.55, 1.8, 1.55, 1.8, 2, 1, 2, 1, 1.8, 1.8, 1.3, 1.55, 1, 1, 2, 1.3, 1.55, 1.3, 1.55, 1.8, 2, 1.8, 2, 1, 2, 1.8, 1.55, 2, 2, 1.55]。$[t_1^{\min}, t_1^{\max}] = [7.3, 14.6]$，$[t_2^{\min}, t_2^{\max}] = [6.6, 13.2]$，$[t_3^{\min}, t_3^{\max}] = [7.5, 15]$，$[t_4^{\min}, t_4^{\max}] = [7.5, 15]$。根据公式（7 – 2）和公式（7 – 3），在不考虑机器劣化的情况下 $C_{\max} = 68.07$，$TEC = 1253.16$（见图 7 – 2a），考虑机器劣化的情况下 $C_{\max} = 73.73$，$TEC = 1368.1$（见图 7 – 2b）。由此可以得出，当考虑机器劣化时，工件的最大完成时间和总能耗均有所增加。因此，实际加工生产中应考虑机器劣化的影响。

离散工业过程绿色调度理论和方法

表 7–1　　　　　　　　　　EPFSP – DEM 的示例

Job	π_1	π_2	π_3	π_4	π_5	π_6	π_7	π_8	π_9	π_{10}	b_k
M_1	6	7	9	10	6	5	10	6	7	7	0.131
M_2	5	5	8	10	5	5	7	8	7	6	0.116
M_3	9	19	7	9	6	6	8	6	7	7	0.093
M_4	7	5	9	10	9	7	5	6	10	7	0.097

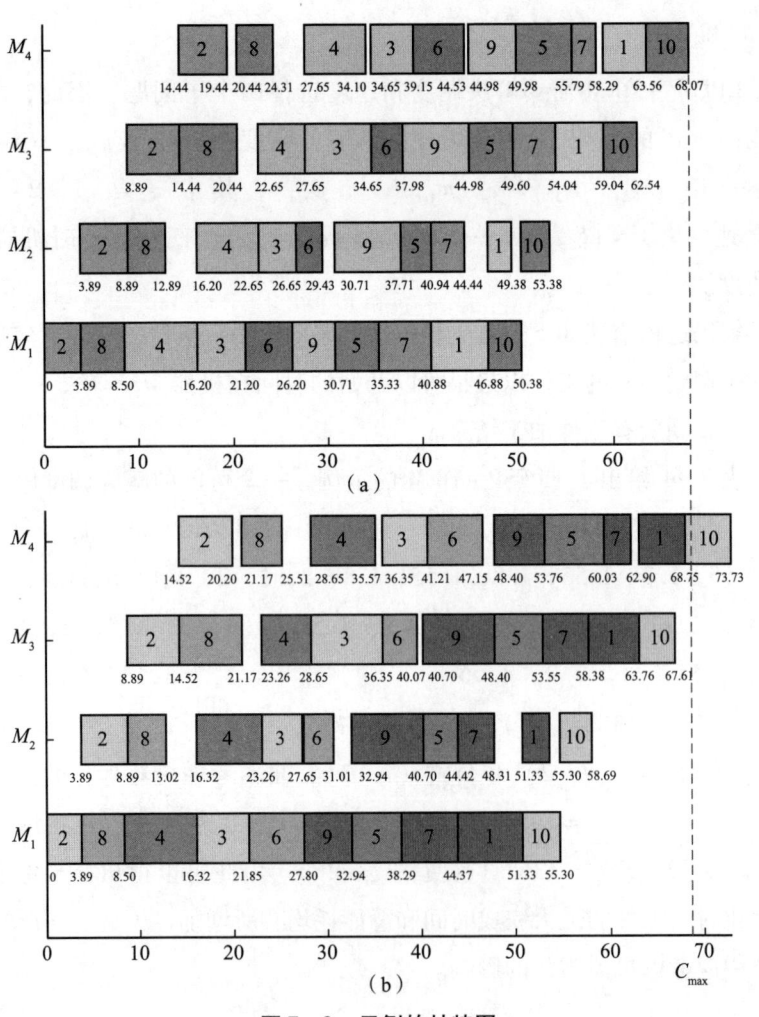

图 7–2　示例的甘特图

7.2.2 种群初始化和初始帝国

为了确保种群的多样性,初始种群 Pop 随机产生,其规模为 N。

初始种群 Pop 产生后,构建初始帝国。对于殖民地 x_i,首先计算其归一化成本 $\bar{c}_i$,然后选择归一化成本最大的 N_{im} 个殖民地作为殖民国家。计算殖民国家 IM_k 的势力 pow_k 和分配的殖民地数量 NC_k,最后为殖民国家 IM_k 随机选择 NC_k 个殖民地构建成为帝国 k:

$$\bar{c}_i = \max_{l=1,2,\cdots,N}\{rank_l\} - rank_i + crowd_i \bigg/ \sum_{j \in \Theta_{rank_i}} crowd_j \quad (7-14)$$

$$pow_k = \bar{c}_k \bigg/ \sum_{v \in H} \bar{c}_v \quad (7-15)$$

$$NC_k = Round(pow_k \times N_{col}) \quad (7-16)$$

$$N_{col} = N - N_{im} \quad (7-17)$$

式(7-14)~式(7-17)中,$\bar{c}_i$ 为殖民地 x_i 的归一化成本,$rank_i$ 是殖民地 x_i 通过非劣排序确定的 rank 值;Θ_{rank_i} 表示 rank 值为 $rank_i$ 的解集,$crowd_i$ 表示殖民地 x_i 的拥挤距离[223],H 为殖民国家的集合。$Round(x)$ 为四舍五入取整函数。

构建 N_{im} 个帝国后,每个帝国 k 由殖民国家 IM_k 和 NC_k 个殖民地组成。帝国 k 的归一化总成本 $\overline{TC}_k$ 定义如下:

$$\overline{TC}_k = \bar{c}_k + \xi \sum_{\lambda \in Q_k} \bar{c}_\lambda / NC_k, \quad k = 1, 2, \cdots, N_{im} \quad (7-18)$$

其中 Q_k 为殖民国家 k 拥有的殖民地集合;ξ 是一个实数,$\xi = 0.1$。

所有帝国根据其归一化总成本降序排序,假设 $\overline{TC}_1 \geqslant \overline{TC}_2 \geqslant \cdots \geqslant \overline{TC}_{N_{im}}$,则帝国 1 是最强帝国,帝国 N_{im} 为最弱帝国。

7.2.3 多样化同化操作

通常,使用交叉操作执行殖民国家和殖民地之间的同化操作,殖民国家保持不变。当殖民地仅仅朝着所属殖民国家移动时,将会导致帝国中的解更加相似,种群多样性迅速降低。因此,殖民地应当朝着更多的殖民国家或者其他殖民地移动以保持种群的多样性。另外，有必要区分帝国中的部分最好解和其他解。基于此，本节设计了多样化的同化操作，具体过程描述如下：

步骤1：对于帝国 k，当 $NC_k > \beta$，对帝国 k 执行非支配排序，选择最优的 β 个解加入集合 Λ_k。

步骤2：如果 $x_i \in \Lambda_k$，随机从外部档案 Ω 中选择一个解 y，对解 x_i 和 y 执行交叉操作。否则，随机从集合 Λ_k 中选择一个解 y，以相同概率与解 x_i 和殖民国家 IM_k 执行交叉操作。

步骤3：如果 $x_i \notin \Lambda_k$，解 x_i 和殖民国家 IM_k 执行交叉操作。

步骤4：如果新解 z 不受解 x_i 支配，则 z 替代 x_i 并且利用 z 更新 Ω；否则仅利用 z 更新 Ω。

初始的 Λ_k 为空集。当同化结束后，删除 Λ_k 中所有解。Ω 的更新过程如下：将新解加入 Ω 后，对 Ω 内的所有解进行 Pareto 比较，保留所有非劣解，剔除所有受支配解。

交叉过程描述如下：解 x_i 和 $IM_k(y)$ 的调度串和速度串依次执行交叉。本章中选择 OBX 和两点交叉两种交叉方式。

OBX 作用于调度串。对于解 x_i 和 x_k，首先从 x_k 中随机选择 G 个基因，将这些基因从解 x_i 中删除，产生部分解 x_j，然后将这些基因按照在 x_k 中顺序依次加入解 x_j，最终产生新解 x_i'，如图 7-3 所示。通过实验设置参数 G 的值为 $0.3 \times n$。

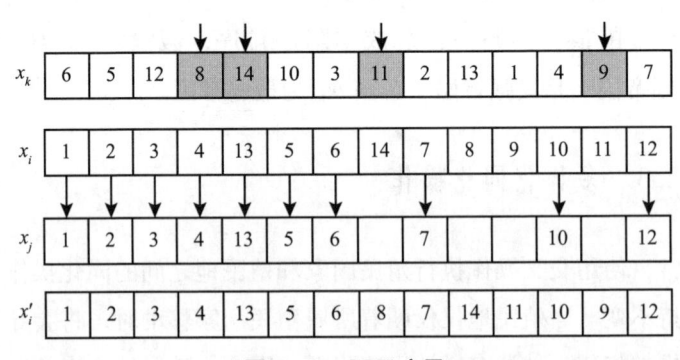

图 7-3 OBX 交叉

两点交叉应用于速度串。对于解 x_i，随机选择两个位置 l 和 h，$1 \leqslant l < h \leqslant n \times m$，将解 x_k 中位于 l 和 h 之间的速度替换解 x_i 中相同的元素，如图 7-4 所示。

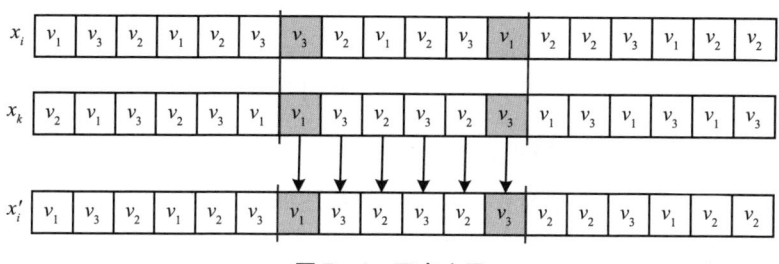

图 7-4 两点交叉

7.2.4 基于知识引导的革命操作

革命操作是产生新解的另一种途径。通常，殖民地按照概率 U_R 执行革命操作。革命操作有利于提高算法的局部搜索能力。本节使用 insert，change 和 swap，三种邻域结构执行革命，分别采用 $\mathcal{N}_1$，$\mathcal{N}_2$，$\mathcal{N}_3$ 表示，如图 7-5 所示。$\mathcal{N}_g(x)$ 为执行 $\mathcal{N}_g$ 所产生的解 x 的邻域解集。图 7-5 描述了 $\mathcal{N}_1$，$\mathcal{N}_2$，$\mathcal{N}_3$ 的具体操作过程。

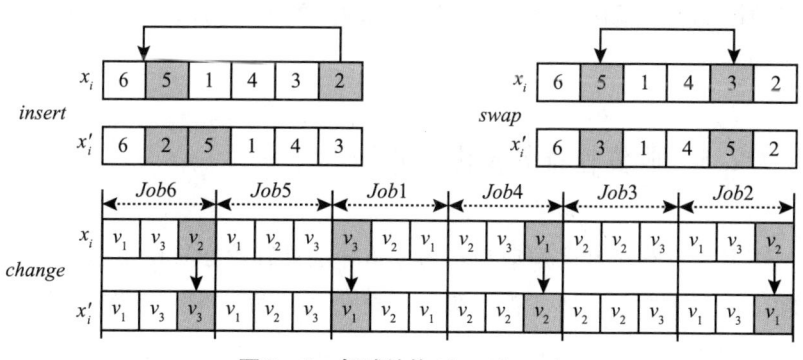

图 7-5 邻域结构 $\mathcal{N}_1$，$\mathcal{N}_2$，$\mathcal{N}_3$

为了充分利用 $\mathcal{N}_1$，$\mathcal{N}_2$，$\mathcal{N}_3$，本章设计了基于知识引导的革命操作。

两种知识定义如下:

知识1: 使用 $\mathcal{N}_r$ 更新殖民地的次数,定义为 kw_1^r。

知识2: 使用 $\mathcal{N}_r$ 更新 Ω 的次数,定义为 kw_2^r。

在算法进化过程中,选择 $\mathcal{N}_r$ 的概率 pro_r 定义如下:

$$pro_r = \frac{1}{3} + \frac{\lambda \times kw_1^r + (1-\lambda) \times kw_2^r}{\sum_{i=1}^{3}(\lambda \times kw_1^i + (1-\lambda) \times kw_2^i)} \quad (7-19)$$

式(7-19)中,λ 为权重系数。

基于知识引导的革命操作具体步骤描述如下:

步骤1: 令 $kw_1^r = 0$, $kw_2^r = 0$。

步骤2: 对于帝国 k 中每个解殖民地 x_i,如果随机数 $\delta < U_R$,则重复执行如下步骤 R 次:

根据公式(7-19)确定 pro_r,采用轮盘赌方法选择邻域结构 $\mathcal{N}_r$,产生新解 $z \in \mathcal{N}_r(x_i)$,如果新解 z 不被 x_i 支配,则 z 替代 x_i,$kw_1^r = kw_1^r + 1$ 并且利用 z 更新 Ω。若 Ω 被更新,则 $kw_2^r = kw_2^r + 1$。如果 x_i 支配新解 z,利用 z 更新 Ω。若 Ω 被更新,则 $kw_2^r = kw_2^r + 1$。归一化 pro_r,$pro_r = pro_r / \sum_{i=1}^{3} pro_i$。

同化和革命结束后,每个帝国中殖民地依次与殖民国家进行比较,如果殖民地不受殖民国家支配,则殖民地变为殖民国家,殖民国家沦为殖民地。

7.2.5 收敛性和多样性的定义

DCICA 获得的非劣解应当均匀分布并且具有较好的收敛性。对于解 x_i 和 x_k,尽管它们互不支配,但是收敛性却不同。解 x_i 更接近于理想点。如图7-6(a)所示,$d(x_i, f_{1,\min}) + d(x_i, f_{2,\min}) < d(x_k, f_{1,\min}) + d(x_k, f_{2,\min})$,$d(x_{i(k)}, f_{1(2),\min}) = x_{i(k)} - f_{1(2),\min}$。$f_{i,j}$ 表示解 x_i 的第 j 个目标值。$f_{j,\min}(f_{j,\max})$ 是第 j 个目标值的最小值(最大值)。另外,非劣解

第7章 考虑劣化效应的绿色置换流水车间调度

应当均匀分布,即具有更好的多样性,如图7-6(b)所示。

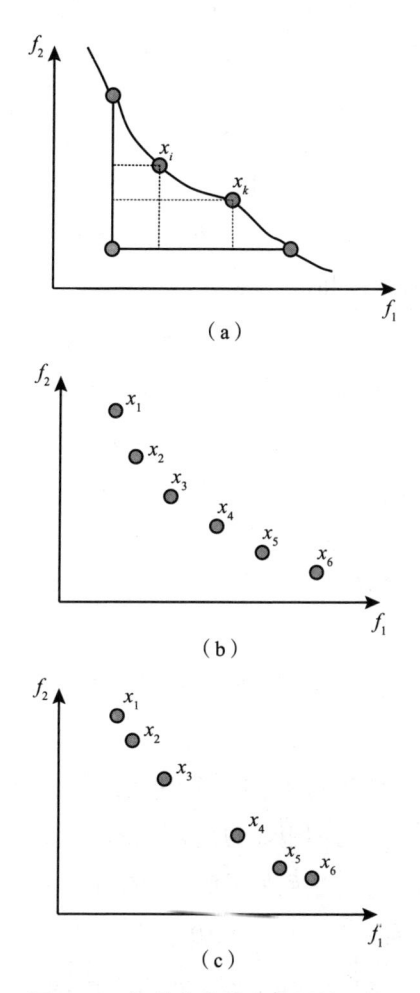

图7-6 解的收敛性和多样性比较

基于以上分析,本章设计了两个指标 $Con_{\Omega,gen}$ 和 $Div_{\Omega,gen}$ 用于评价非劣解的收敛性和多样性。外部档案 Ω 在第 gen 代的收敛性定义为:

$$Con_{\Omega,gen} = \frac{1}{|\Omega|} \sum_{j=1}^{2} \sum_{i=1}^{|\Omega|} \frac{f_{i,j} - f_{j,\min}}{f_{j,\max} - f_{j,\min} + \varepsilon} \qquad (7-20)$$

关于分布性指标,首先对目标 f_1 和 f_2 降序排序。外部档案 Ω 在第

gen 代的多样性定义如下：

$$Div_{\Omega,gen} = \frac{1}{|\Omega|-1} \times \sum_{j=1}^{2} \sum_{i=2}^{|\Omega|-1} \frac{f_{i+1,j} - f_{i-1,j}}{f_{j,\max} - f_{j,\min} + \varepsilon}$$

$$+ \frac{1}{2} \times \left(\sum_{j=1}^{2} \frac{f_{2,j} - f_{1,j} + f_{i,j} - f_{i-1,j}}{f_{j,\max} - f_{j,\min} + \varepsilon} \right) \quad (7-21)$$

通过以上两个指标对 Ω 评估后，采用四种策略执行同化和革命，其中 $Con_{\Omega,gen}^a$（$Con_{\Omega,gen}^r$）和 $Div_{\Omega,gen}^a$（$Div_{\Omega,gen}^r$）表示 Ω 在第 gen 代执行同化（革命）操作后的收敛性和多样性。

策略 1：$Con_{\Omega,gen}^a - Con_{\Omega,gen-1}^a \geq 0$ 并且 $Div_{\Omega,gen}^a - Div_{\Omega,gen-1}^a \leq 0$。

策略 2：$Con_{\Omega,gen}^r - Con_{\Omega,gen-1}^r \geq 0$ 并且 $Div_{\Omega,gen}^r - Div_{\Omega,gen-1}^r \leq 0$。

策略 3：$Con_{\Omega,gen}^{a(r)} - Con_{\Omega,gen-1}^{a(r)} \geq 0$ 并且 $Div_{\Omega,gen}^{a(r)} - Div_{\Omega,gen-1}^{a(r)} \leq 0$。

策略 4：对于其他情形，DCICA 的搜索方式保持不变。

7.2.6 帝国竞争

帝国竞争中，当某一帝国的势力远大于其他帝国时，将会有足够多的获胜机会，从而迅速占有更多的殖民地，导致算法陷入局部最优；此外，竞争仅改变了获胜帝国和最弱帝国中的解，事实上，更多帝国间的殖民地交换有利于改变帝国中解的结构，提高算法搜索效率。为此，设计了新型帝国竞争，具体过程如下所示，其中 Z 是一个正整数，W 和 σ 为实数，根据实验确定 $W=2$ 和 $\sigma=0.1$。

步骤 1：根据 $\overline{TC}_k$（$k=1, 2, \cdots, N_{im}$），计算帝国 k 的势力 EP_k：

$$EP_k = \left| \overline{TC}_k / \sum_{v \in H} \overline{TC}_v \right| \quad (7-22)$$

步骤 2：当 $N_{im} \geq Z$ 时，对所有帝国的势力降序排列。

步骤 2.1：若 $EP_1/EP_2 \leq W$，通过二元锦标赛确定获胜帝国 $\bar{v}$，随机从最弱帝国中选择一个殖民地加入到帝国 $\bar{v}$ 中，对所有帝国（不包含帝国 $\bar{v}$ 和最弱帝国）根据 EP_k 降序排列，假设帝国排列为 $1, 2, \cdots, N_{im}-2$，依次从帝国 $k+1$ 中随机选择一个殖民地加入帝国 k（$k=1, 2, \cdots,$

$N_{im} - 3$)。

步骤 2.2：若 $EP_1/EP_2 > W$，依次从帝国 $k+1$ 中随机选择一个殖民地加入帝国 $k(k = 2, 3, \cdots, N_{im} - 1)$。

步骤 3：当 $2 < N_{im} < Z$，从其他帝国中随机选择一个殖民地加入帝国 1。

步骤 4：选择种群中最差的 $\sigma \times N$ 个解构造集合 χ。

步骤 5：对于每个殖民地 $\lambda \in \chi$，随机选择一个解 $y \in \Omega$，执行多邻域搜索，产生新解 z，若 z 不受殖民地 λ 支配，则利用 z 替代殖民地 λ 并更新 Ω。

对殖民地 λ 执行多邻域搜索的具体步骤如下：令 $g = 1$，重复以下步骤 R 次。随机产生新解 $z \in \mathcal{N}_g(\lambda)$，若 z 不被 λ 支配，则利用新解 z 替代 λ 并更新 Ω，否则使用新解 z 更新 Ω，$g = g + 1$。若 $g = 4$，则 $g \leftarrow 1$。

7.3 时间复杂度分析

DCICA 的时间复杂度分析如下：初始种群 Pop 随机产生，规模为 N，因此初始种群的复杂度 $O(N)$；对于初始化帝国和外部档案，其复杂度为 $O(N)$ 和 $O(N^2)$；多样化同化中需要执行非劣排序，故时间复杂度记为 $O(N^2)$；基于知识引导的革命操作，其时间复杂度被评估为 $O(R*N)$；帝国竞争的复杂度为 $O(N\log N)$；因此 DCICA 的时间复杂度为 $O(MaxCycle*N^2)$。$MaxCycle$ 为 DCICA 的最大迭代次数。

7.4 计 算 实 验

为了测试 DCICA 在求解考虑劣化效应 EPFSP-DEM 方面的性能，进行了一系列实验。所有的实验均由 Python 语言编程实现，并运行于

Intel Core i7 – 1260 16.0G RAM 2.10GHz win11 64OS CPU PC。

7.4.1 测试实例、评价指标和比较算法

使用 32 个标准测试实例，$n = \{10, 20, 50, 100, 200, 300, 400, 500\}$，$m = \{5, 10, 15, 20\}$。$E_{kl} = \xi \times v_l^2$。$\xi \in [2, 4]$。$p_{ik} \in [1, 99]$。$V = [1, 1.3, 1.55, 1.8, 2]$。$b_k$ 的三种区间值分别位于 $U[0.05, 0.15]$，$U[0.15, 0.25]$ 和 $U[0.25, 0.40]$，用于测试不同劣化率对 EPFSP – DEM 的影响。$[t_k^{\min}, t_k^{\max}] = [0.1, 0.2] \times \sum_{i=1}^{n} p_{ik}$。

选择 IGD、C 和 HV 三个指标评估算法性能。

选择 ICA、MODBH、IDWSO、HMOBSA、MO – DFWA 和 MMOIG 作为对比算法。

7.4.2 参数设置

DCICA 的主要参数包括：N，N_{im}，R，β，U_R，λ，Z。田口方法用于确定参数的最佳组合。表 7 – 2 列出了每个参数的水平。表 7 – 3 为正交表 $L_{27}(3^7)$，IGD 是 DCICA 在 b_k 的三种情形下针对实例 500 × 5 随机运行 10 次的平均值。图 7 – 7 为指标 IGD 的主效应图。

表 7 – 2　　　　　　　　DCICA 的参数水平

参数	水平		
	1	2	3
N	60	80	100
N_{im}	6	7	8
R	8	12	16
β	3	4	5
U_R	0.05	0.1	0.15

续表

参数	水平		
	1	2	3
λ	0.2	0.4	0.6
Z	4	5	6

表 7-3　　　　　　　　　　正交表 $L_{27}(3^7)$

实验次数	参数水平							IGD
	N	N_{im}	R	β	U_R	λ	Z	
1	1	1	1	1	1	1	1	0.031
2	1	1	1	1	2	2	2	0.061
3	1	1	1	1	3	3	3	0.011
4	1	2	2	2	1	1	1	0.003
5	1	2	2	2	2	2	2	0.004
6	1	2	2	2	3	3	3	0.053
7	1	3	3	3	1	1	1	0.062
8	1	3	3	3	2	2	2	0.027
9	1	3	3	3	3	3	3	0.037
10	2	1	2	3	1	2	3	0.033
11	2	1	2	3	2	3	1	0.035
12	2	1	2	3	3	1	2	0.009
13	2	2	3	1	1	2	3	0.019
14	2	2	3	1	2	3	1	0.023
15	2	2	3	1	3	1	2	0.037
16	2	3	1	2	1	2	3	0.033
17	2	3	1	2	2	3	1	0.019
18	2	3	1	2	3	1	2	0.005
19	3	1	3	2	1	3	2	0.057
20	3	1	3	2	2	1	3	0.045

续表

实验次数	参数水平							IGD
	N	N_{im}	R	β	U_R	λ	Z	
21	3	1	3	2	3	2	1	0.035
22	3	2	1	3	1	3	2	0.019
23	3	2	1	3	2	1	3	0.060
24	3	2	1	3	3	2	1	0.008
25	3	3	2	1	1	3	2	0.044
26	3	3	2	1	2	1	3	0.015
27	3	3	2	1	3	2	1	0.031

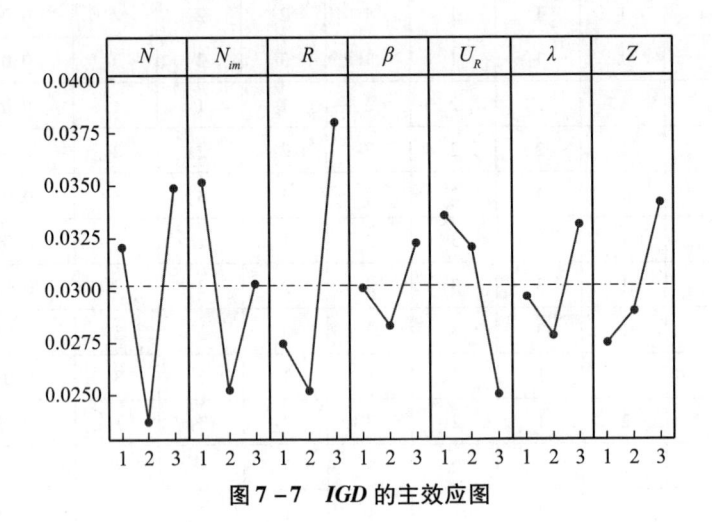

图 7-7 IGD 的主效应图

DCICA 的最佳参数组合为：$N = 80$，$N_{im} = 7$，$R = 12$，$\beta = 4$，$U_R = 0.15$，$\lambda = 0.4$，$Z = 4$。另外，所有算法的终止条件设置为 $0.2 \times n \times m$ 秒。

对比算法的参数设置如下：

MODBH：$pop_{max} = 25$，$\tilde{\lambda} = 3$。

IDWSO：$pop_{max} = 50$，$F = 1$，$T_{max} = 2$，$sd = 4$。

HMOBSA：$pop_{max} = 50$，$b = 0.2$，$p_c = 0.9$，$p_m = 0.1$。

MMOIG：$pop_{max}=25$，$\tilde{d}=3$，$\rho=0.4$。

MO-DFWA：$pop_{max}=30$，$iter\_time=5n$，$lb\_tem=0.3$，$ub\_tem=0.75$，$exp\_r=0.5$。

7.4.3 计算结果比较与分析

为了减少随机性的影响，DCICA、ICA、MODBH、IDWSO、HMOBSA、MMOIG 和 MO-DFWA 关于所有实例独立运行 10 次。由于真实 Pareto 前沿是未知的。本章选择 $P^*=P_1\cup P_2\cup P_3\cup P_4\cup P_5\cup P_6\cup P_7$ 作为真实的 Pareto 前沿。P_1、P_2、P_3、P_4、P_5、P_6 和 P_7 分别为 DCICA、ICA、MODBH、IDWSO、HMOBSA、MMOIG 和 MO-DFWA 的获得非劣解。表 7-4~表 7-12 为在三种劣化率下所有算法关于测试实例的性能评价结果。"D""I_1""M_1""I_2""H""M_2"和"M_3"分别代表 DCICA、ICA、MODBH、IDWSO、HMOBSA、MMOIG 和 MO-DFWA。

表 7-4　$b_k\in U[0.05,0.15]$ 时所有算法关于指标 *IGD* 的性能比较

实例	DCICA	ICA	MODBH	IDWSO	HMOBSA	MMOIG	MO-DFWA
10×5	0.002	0.327	0.094	0.127	0.110	0.084	0.215
10×10	0.017	0.209	0.103	0.106	0.115	0.138	0.328
10×15	0.027	0.215	0.146	0.098	0.160	0.198	0.235
10×20	0.014	0.203	0.085	0.077	0.109	0.130	0.286
20×5	0.013	0.265	0.057	0.095	0.097	0.088	0.601
20×10	0.034	0.209	0.085	0.068	0.138	0.176	0.415
20×15	0.037	0.162	0.106	0.085	0.101	0.218	0.414
20×20	0.053	0.226	0.110	0.071	0.131	0.173	0.599
50×5	0.026	0.285	0.085	0.149	0.137	0.170	0.318
50×10	0.081	0.198	0.117	0.061	0.152	0.1883	0.227
50×15	0.040	0.218	0.083	0.093	0.136	0.120	0.207
50×20	0.081	0.206	0.157	0.071	0.207	0.143	0.264

续表

实例	DCICA	ICA	MODBH	IDWSO	HMOBSA	MMOIG	MO-DFWA
100×5	0.060	0.171	0.086	0.103	0.119	0.155	0.426
100×10	0.205	0.639	0.208	0.000	0.373	0.234	0.928
100×15	0.243	0.339	0.259	0.275	0.228	0.342	0.433
100×20	0.121	0.174	0.149	0.134	0.146	0.197	0.505
200×5	0.147	0.274	0.156	0.107	0.206	0.201	0.351
200×10	0.266	0.291	0.308	0.309	0.305	0.329	0.445
200×15	0.094	0.183	0.122	0.164	0.180	0.141	0.295
200×20	0.186	0.255	0.234	0.278	0.278	0.254	0.422
300×5	0.102	0.221	0.237	0.219	0.205	0.236	0.359
300×10	0.264	0.288	0.286	0.281	0.285	0.243	0.479
300×15	0.120	0.250	0.176	0.134	0.192	0.109	0.411
300×20	0.140	0.633	0.206	0.270	0.362	0.170	0.599
400×5	0.370	0.454	0.303	0.284	0.345	0.329	0.714
400×10	0.293	0.389	0.364	0.323	0.355	0.366	0.643
400×15	0.707	0.920	0.071	0.753	0.345	0.891	0.966
400×20	0.137	0.352	0.163	0.157	0.136	0.096	0.528
500×5	0.339	0.364	0.364	0.349	0.363	0.357	0.594
500×10	0.168	0.237	0.197	0.217	0.205	0.234	0.411
500×15	0.285	0.333	0.293	0.272	0.319	0.400	0.607
500×20	0.168	0.165	0.162	0.153	0.157	0.156	0.506

表7-5　$b_k \in U[0.05, 0.15]$ 时所有算法关于指标 HV 的性能比较

实例	DCICA	ICA	MODBH	IDWSO	HMOBSA	MMOIG	MO-DFWA
10×5	0.731	0.503	0.618	0.611	0.603	0.633	0.451
10×10	0.788	0.553	0.699	0.669	0.651	0.640	0.499
10×15	0.714	0.483	0.578	0.674	0.577	0.533	0.440
10×20	0.762	0.528	0.715	0.722	0.648	0.620	0.428

第7章 考虑劣化效应的绿色置换流水车间调度

续表

实例	DCICA	ICA	MODBH	IDWSO	HMOBSA	MMOIG	MO-DFWA
20×5	0.828	0.581	0.796	0.753	0.719	0.735	0.328
20×10	0.813	0.595	0.756	0.768	0.658	0.664	0.412
20×15	0.752	0.630	0.750	0.732	0.680	0.606	0.512
20×20	0.769	0.580	0.753	0.712	0.745	0.702	0.414
50×5	0.789	0.523	0.734	0.711	0.661	0.609	0.486
50×10	0.679	0.561	0.692	0.764	0.611	0.559	0.451
50×15	0.769	0.584	0.730	0.770	0.639	0.643	0.495
50×20	0.823	0.703	0.753	0.868	0.704	0.809	0.536
100×5	0.721	0.555	0.665	0.632	0.658	0.561	0.425
100×10	0.767	0.524	0.799	0.923	0.635	0.713	0.543
100×15	0.725	0.588	0.795	0.657	0.776	0.591	0.301
100×20	0.875	0.784	0.780	0.853	0.770	0.784	0.365
200×5	0.716	0.562	0.715	0.736	0.628	0.623	0.441
200×10	0.701	0.703	0.627	0.654	0.651	0.607	0.283
200×15	0.754	0.633	0.719	0.734	0.647	0.732	0.467
200×20	0.608	0.462	0.602	0.536	0.636	0.590	0.360
300×5	0.726	0.578	0.585	0.527	0.559	0.562	0.306
300×10	0.555	0.575	0.541	0.545	0.534	0.598	0.293
300×15	0.744	0.641	0.825	0.787	0.735	0.745	0.447
300×20	0.740	0.594	0.779	0.708	0.610	0.835	0.568
400×5	0.716	0.662	0.859	0.809	0.739	0.771	0.115
400×10	0.627	0.435	0.510	0.573	0.476	0.506	0.142
400×15	0.546	0.481	0.860	0.529	0.762	0.517	0.447
400×20	0.685	0.451	0.673	0.756	0.651	0.688	0.386
500×5	0.538	0.430	0.469	0.500	0.470	0.491	0.182
500×10	0.760	0.762	0.773	0.721	0.736	0.660	0.369
500×15	0.648	0.563	0.633	0.674	0.567	0.454	0.164
500×20	0.366	0.387	0.347	0.379	0.399	0.350	0.293

表 7-6　$b_k \in U[0.05, 0.15]$ 时所有算法关于指标 C 的性能比较

实例	$C(D, I_1)$	$C(I_1, D)$	$C(D, M_1)$	$C(M_1, D)$	$C(D, I_2)$	$C(I_2, D)$	$C(D, H)$	$C(H, D)$	$C(D, M_2)$	$C(M_2, D)$	$C(D, M_3)$	$C(M_3, D)$
10×5	1.000	0.000	0.833	0.113	0.789	0.022	0.941	0.045	1.000	0.000	1.000	0.000
10×10	0.900	0.071	0.667	0.393	0.867	0.000	1.000	0.000	0.875	0.143	1.000	0.000
10×15	1.000	0.000	0.875	0.037	0.600	0.444	1.000	0.000	1.000	0.000	1.000	0.000
10×20	1.000	0.000	0.643	0.361	0.538	0.222	0.750	0.111	0.857	0.000	1.000	0.000
20×5	1.000	0.000	0.706	0.184	0.364	0.449	0.867	0.102	0.769	0.061	1.000	0.000
20×10	1.000	0.000	0.750	0.190	0.667	0.476	0.909	0.095	0.667	0.238	1.000	0.000
20×15	0.875	0.000	0.111	0.300	0.357	0.200	0.400	0.100	1.000	0.000	0.833	0.067
20×20	1.000	0.000	0.333	0.429	0.500	0.393	0.500	0.393	0.800	0.143	0.909	0.000
50×5	1.000	0.000	0.455	0.367	0.500	0.400	0.889	0.100	0.778	0.067	0.857	0.067
50×10	0.714	0.111	0.700	0.389	0.333	0.889	0.700	0.056	1.000	0.000	0.867	0.000
50×15	1.000	0.000	0.500	0.300	0.375	0.100	0.857	0.200	0.857	0.000	0.571	0.000
50×20	0.889	0.176	0.700	0.294	0.429	0.824	0.909	0.000	0.500	0.529	0.500	0.235
100×5	1.000	0.000	0.500	0.167	0.857	0.000	0.833	0.250	1.000	0.000	0.400	0.000
100×10	1.000	0.000	0.625	0.117	0.000	1.000	1.000	0.000	0.750	0.118	0.400	0.059
100×15	1.000	0.000	0.250	0.857	0.143	0.429	0.000	0.714	0.857	0.071	0.429	0.000
100×20	0.750	0.000	0.200	0.438	0.571	0.500	0.400	0.563	1.000	0.000	0.909	0.000
200×5	1.000	0.000	0.333	0.333	0.519	0.167	1.000	0.000	1.000	0.000	0.143	0.000

第 7 章　考虑劣化效应的绿色置换流水车间调度

续表

实例	$C(D, I_1)$	$C(I_1, D)$	$C(D, M_1)$	$C(M_1, D)$	$C(D, I_2)$	$C(I_2, D)$	$C(D, H)$	$C(H, D)$	$C(D, M_2)$	$C(M_2, D)$	$C(D, M_3)$	$C(M_3, D)$
200×10	0.000	0.545	0.909	0.000	0.800	0.364	0.714	0.000	0.375	0.363	0.000	0.000
200×15	0.833	0.000	0.500	0.078	0.333	0.308	0.800	0.154	0.667	0.153	0.500	0.000
200×20	0.889	0.000	0.200	0.563	0.800	0.313	0.667	0.689	0.333	0.563	0.000	0.000
300×5	0.857	0.000	0.833	0.188	1.000	0.000	0.833	0.000	1.000	0.000	0.556	0.000
300×10	0.333	0.571	0.333	0.643	0.429	0.714	0.286	0.214	0.625	0.714	0.200	0.000
300×15	1.000	0.000	0.571	0.692	0.454	0.077	0.400	0.462	0.333	0.308	1.000	0.000
300×20	0.750	0.167	0.000	0.500	0.500	0.500	1.000	0.000	0.333	0.250	0.500	0.083
400×5	0.500	0.182	0.250	0.545	0.000	1.000	0.200	0.273	0.250	0.636	0.000	0.000
400×10	1.000	0.000	1.000	0.000	1.000	0.000	1.000	0.000	1.000	0.000	0.000	0.000
400×15	0.600	0.000	0.000	1.000	0.333	0.222	0.000	0.000	0.500	0.111	1.000	0.000
400×20	1.000	0.000	0.250	0.200	0.692	0.400	0.714	0.200	0.250	0.600	1.000	0.000
500×5	0.667	0.111	0.800	0.333	1.000	0.000	0.333	0.000	0.923	0.000	0.000	0.000
500×10	0.750	0.429	0.250	0.214	0.000	0.500	0.400	0.143	0.600	0.143	0.375	0.000
500×15	0.750	0.167	0.714	0.167	0.786	0.000	1.000	0.000	1.000	0.000	0.286	0.000
500×20	0.600	0.364	0.250	0.000	0.714	0.000	0.000	0.545	0.833	0.000	0.000	0.000

· 173 ·

表 7-7　$b_k \in U[0.15, 0.25]$ 时所有算法关于指标 IGD 的性能比较

实例	DCICA	ICA	MODBH	IDWSO	HMOBSA	MMOIG	MO-DFWA
10×5	0.006	0.286	0.107	0.138	0.124	0.112	0.317
10×10	0.012	0.239	0.069	0.094	0.107	0.103	0.329
10×15	0.052	0.154	0.092	0.052	0.085	0.107	0.225
10×20	0.021	0.171	0.100	0.126	0.128	0.178	0.383
20×5	0.051	0.214	0.077	0.086	0.093	0.118	0.245
20×10	0.072	0.184	0.134	0.087	0.133	0.160	0.323
20×15	0.060	0.137	0.068	0.040	0.125	0.123	0.599
20×20	0.106	0.226	0.120	0.116	0.136	0.142	0.307
50×5	0.032	0.193	0.071	0.075	0.090	0.133	0.331
50×10	0.094	0.253	0.095	0.135	0.170	0.187	0.424
50×15	0.064	0.196	0.088	0.109	0.200	0.180	0.318
50×20	0.064	0.257	0.158	0.137	0.141	0.152	0.480
100×5	0.214	0.376	0.160	0.107	0.258	0.168	0.588
100×10	0.131	0.255	0.136	0.165	0.198	0.202	0.507
100×15	0.190	0.273	0.254	0.270	0.331	0.258	0.463
100×20	0.173	0.297	0.221	0.180	0.226	0.199	0.401
200×5	0.087	0.240	0.150	0.172	0.194	0.249	0.651
200×10	0.205	0.291	0.222	0.236	0.238	0.253	0.588
200×15	0.111	0.411	0.116	0.337	0.181	0.235	0.633
200×20	0.189	0.224	0.267	0.20	0.185	0.218	0.404
300×5	0.099	0.232	0.187	0.116	0.112	0.180	0.417
300×10	0.209	0.379	0.282	0.311	0.256	0.335	0.678
300×15	0.087	0.315	0.165	0.149	0.308	0.184	0.598
300×20	0.262	0.269	0.286	0.304	0.264	0.243	0.475
400×5	0.301	0.327	0.262	0.302	0.308	0.304	0.517
400×10	0.169	0.256	0.223	0.212	0.231	0.244	0.647
400×15	0.060	0.307	0.083	0.159	0.188	0.100	0.480
400×20	0.074	0.217	0.115	0.155	0.177	0.209	0.780
500×5	0.282	0.363	0.285	0.272	0.315	0.298	0.687
500×10	0.132	0.276	0.188	0.222	0.321	0.294	0.462
500×15	0.192	0.242	0.248	0.162	0.293	0.246	0.593
500×20	0.112	0.177	0.182	0.294	0.152	0.213	0.433

表7-8　　$b_k \in U[0.15, 0.25]$ 时所有算法关于指标 HV 的性能比较

实例	DCICA	ICA	MODBH	IDWSO	HMOBSA	MMOIG	MO-DFWA
10×5	0.732	0.406	0.604	0.558	0.569	0.584	0.426
10×10	0.783	0.455	0.658	0.629	0.631	0.611	0.375
10×15	0.623	0.480	0.570	0.639	0.580	0.554	0.454
10×20	0.679	0.501	0.656	0.595	0.541	0.508	0.294
20×5	0.615	0.423	0.593	0.573	0.561	0.487	0.383
20×10	0.759	0.572	0.744	0.709	0.659	0.669	0.416
20×15	0.761	0.638	0.741	0.764	0.679	0.691	0.353
20×20	0.796	0.589	0.801	0.776	0.744	0.741	0.471
50×5	0.757	0.495	0.680	0.689	0.659	0.636	0.412
50×10	0.841	0.653	0.846	0.823	0.747	0.741	0.396
50×15	0.640	0.478	0.599	0.610	0.500	0.506	0.380
50×20	0.809	0.641	0.760	0.718	0.714	0.726	0.453
100×5	0.728	0.603	0.775	0.860	0.686	0.788	0.285
100×10	0.805	0.668	0.930	0.851	0.721	0.781	0.405
100×15	0.903	0.750	0.811	0.806	0.731	0.886	0.370
100×20	0.693	0.527	0.614	0.562	0.747	0.647	0.309
200×5	0.751	0.482	0.778	0.699	0.615	0.530	0.210
200×10	0.893	0.704	0.800	0.774	0.771	0.818	0.271
200×15	0.728	0.410	0.693	0.493	0.627	0.554	0.274
200×20	0.398	0.351	0.426	0.392	0.452	0.339	0.397
300×5	0.722	0.493	0.630	0.694	0.718	0.571	0.343
300×10	0.930	0.685	0.803	0.744	0.820	0.706	0.181
300×15	0.795	0.474	0.637	0.704	0.523	0.658	0.204
300×20	0.787	0.766	0.680	0.697	0.766	0.798	0.328
400×5	0.617	0.620	0.730	0.639	0.637	0.648	0.222
400×10	0.800	0.727	0.738	0.788	0.759	0.718	0.225
400×15	0.765	0.547	0.799	0.619	0.633	0.726	0.319
400×20	0.795	0.593	0.701	0.694	0.750	0.657	0.341
500×5	0.474	0.346	0.493	0.534	0.395	0.444	0.140
500×10	0.817	0.617	0.861	0.823	0.635	0.799	0.400
500×15	0.756	0.652	0.829	0.758	0.600	0.682	0.247
500×20	0.894	0.733	0.776	0.550	0.766	0.673	0.411

表 7-9　$b_k \in U[0.15, 0.25]$ 时所有算法关于指标 C 的性能比较

实例	$C(D, I_1)$	$C(I_1, D)$	$C(D, M_1)$	$C(M_1, D)$	$C(D, I_2)$	$C(I_2, D)$	$C(D, H)$	$C(H, D)$	$C(D, M_2)$	$C(M_2, D)$	$C(D, M_3)$	$C(M_3, D)$
10×5	1.000	0.000	0.933	0.028	0.778	0.056	1.000	0.000	1.000	0.000	0.909	0.000
10×10	1.000	0.000	0.667	0.000	0.923	0.000	1.000	0.000	1.000	0.000	0.800	0.000
10×15	1.000	0.000	0.524	0.078	0.333	0.154	0.700	0.154	0.667	0.078	0.333	0.077
10×20	1.000	0.000	0.455	0.171	0.700	0.314	0.875	0.000	0.917	0.029	1.000	0.000
20×5	1.000	0.000	0.400	0.520	0.650	0.320	0.429	0.400	1.000	0.000	0.778	0.000
20×10	1.000	0.000	0.727	0.143	0.769	0.000	0.715	0.214	0.800	0.357	0.889	0.000
20×15	0.889	0.000	0.222	0.417	0.083	0.500	0.571	0.375	0.818	0.167	1.000	0.000
20×20	0.800	0.043	0.750	0.304	0.583	0.304	0.714	0.261	0.700	0.174	0.500	0.000
50×5	1.000	0.000	0.625	0.226	0.583	0.226	0.714	0.000	0.846	0.000	0.846	0.000
50×10	1.000	0.000	0.455	0.588	0.545	0.353	0.571	0.176	0.778	0.118	0.778	0.000
50×15	1.000	0.000	0.765	0.111	0.667	0.222	1.000	0.000	1.000	0.000	0.800	0.000
50×20	1.000	0.000	0.000	0.611	0.400	0.500	0.800	0.000	0.714	0.056	1.000	0.000
100×5	0.800	0.000	0.000	0.870	0.000	1.000	0.500	0.391	0.750	0.043	0.778	0.000
100×10	1.000	0.000	0.000	0.789	0.000	0.684	0.600	0.474	0.500	0.316	0.900	0.000
100×15	1.000	0.000	0.833	0.250	0.923	0.250	1.000	0.500	0.000	0.750	0.750	0.000
100×20	1.000	0.000	0.800	0.250	0.867	0.125	0.250	0.500	0.400	0.125	0.750	0.000
200×5	1.000	0.000	0.818	0.000	0.800	0.000	1.000	0.000	1.000	0.000	0.500	0.000

第7章 考虑劣化效应的绿色置换流水车间调度

续表

实例	$C(D,I_1)$	$C(I_1,D)$	$C(D,M_1)$	$C(M_1,D)$	$C(D,I_2)$	$C(I_2,D)$	$C(D,H)$	$C(H,D)$	$C(D,M_2)$	$C(M_2,D)$	$C(D,M_3)$	$C(M_3,D)$
200×10	1.000	0.000	0.615	0.000	0.571	0.000	0.833	0.000	0.667	0.000	0.714	0.000
200×15	1.000	0.000	0.667	0.000	1.000	0.000	0.600	0.000	1.000	0.000	0.500	0.000
200×20	0.333	0.364	0.167	0.636	0.429	0.364	0.250	0.636	0.857	0.091	0.000	0.000
300×5	1.000	0.000	0.857	0.000	0.625	0.000	0.600	0.143	1.000	0.000	0.333	0.000
300×10	1.000	0.000	0.800	0.000	1.000	0.000	0.750	0.500	1.000	0.000	0.800	0.000
300×15	0.750	0.000	0.875	0.000	0.750	0.000	1.000	0.000	0.667	0.000	0.667	0.000
300×20	0.889	0.000	0.818	0.000	0.889	0.000	0.833	0.353	0.000	0.235	0.625	0.000
400×5	1.000	0.000	0.143	0.647	0.571	0.000	0.625	0.000	0.500	0.000	0.000	0.000
400×10	1.000	0.000	0.800	0.000	0.929	0.000	1.000	0.053	1.000	0.316	0.500	0.000
400×15	1.000	0.000	0.167	0.474	0.909	0.000	0.667	0.500	0.333	0.167	0.875	0.000
400×20	0.333	0.133	0.250	0.500	0.556	0.867	0.333	0.133	0.833	0.400	1.000	0.000
500×5	1.000	0.000	0.167	0.600	0.167	0.133	0.750	0.000	0.286	0.200	0.778	0.000
500×10	1.000	0.000	0.333	0.733	0.333	0.778	1.000	0.000	0.500	0.000	0.600	0.000
500×15	0.400	0.000	0.000	0.778	0.167	0.000	0.889	0.000	0.643	0.000	0.000	0.000
500×20	0.600	0.000	0.800	0.333	1.000	0.000	0.600	0.167	1.000	0.000	0.875	0.000

表7-10　　$b_k \in U[0.25, 0.40]$ 时所有算法关于指标 IGD 的性能比较

实例	DCICA	ICA	MODBH	IDWSO	HMOBSA	MMOIG	MO-DFWA
10×5	0.012	0.305	0.068	0.177	0.109	0.100	0.292
10×10	0.032	0.239	0.116	0.080	0.131	0.149	0.593
10×15	0.097	0.206	0.055	0.127	0.124	0.135	0.283
10×20	0.030	0.201	0.103	0.094	0.143	0.111	0.391
20×5	0.015	0.169	0.139	0.087	0.124	0.135	0.445
20×10	0.051	0.232	0.078	0.067	0.177	0.133	0.633
20×15	0.088	0.189	0.092	0.064	0.173	0.163	0.401
20×20	0.049	0.188	0.061	0.086	0.106	0.109	0.350
50×5	0.030	0.269	0.060	0.141	0.134	0.260	0.589
50×10	0.143	0.398	0.137	0.175	0.355	0.217	0.530
50×15	0.037	0.283	0.085	0.050	0.128	0.139	0.491
50×20	0.126	0.362	0.187	0.250	0.279	0.307	0.479
100×5	0.088	0.194	0.098	0.135	0.148	0.142	0.548
100×10	0.070	0.486	0.299	0.324	0.313	0.303	0.357
100×15	0.130	0.250	0.142	0.150	0.229	0.199	0.473
100×20	0.392	0.475	0.049	0.217	0.432	0.246	0.441
200×5	0.123	0.297	0.222	0.186	0.258	0.224	0.495
200×10	0.199	0.419	0.457	0.167	0.662	0.410	0.644
200×15	0.131	0.336	0.261	0.261	0.374	0.350	0.451
200×20	0.177	0.879	0.443	0.665	0.825	0.717	0.711
300×5	0.205	0.282	0.211	0.202	0.184	0.185	0.542
300×10	0.453	0.426	0.336	0.393	0.373	0.381	0.446
300×15	0.181	0.344	0.222	0.218	0.220	0.187	0.553
300×20	0.271	0.479	0.366	0.181	0.317	0.280	0.474
400×5	0.296	0.373	0.293	0.340	0.328	0.317	0.543
400×10	0.370	0.403	0.318	0.279	0.352	0.385	0.530
400×15	0.101	0.292	0.461	0.118	0.291	0.212	0.702
400×20	0.251	0.237	0.196	0.320	0.208	0.318	0.631
500×5	0.205	0.227	0.215	0.215	0.219	0.229	0.680
500×10	0.097	0.243	0.125	0.130	0.138	0.145	0.423
500×15	0.103	0.164	0.193	0.161	0.148	0.206	0.314
500×20	0.169	0.213	0.209	0.232	0.267	0.273	0.398

表 7-11　$b_k \in U[0.25, 0.40]$ 时所有算法关于指标 HV 的性能比较

实例	DCICA	ICA	MODBH	IDWSO	HMOBSA	MMOIG	MO-DFWA
10×5	0.762	0.549	0.693	0.659	0.653	0.695	0.434
10×10	0.870	0.609	0.761	0.837	0.758	0.725	0.370
10×15	0.615	0.478	0.635	0.579	0.572	0.563	0.409
10×20	0.698	0.539	0.614	0.663	0.579	0.581	0.316
20×5	0.696	0.471	0.609	0.601	0.574	0.568	0.356
20×10	0.748	0.498	0.752	0.744	0.634	0.696	0.337
20×15	0.715	0.516	0.663	0.686	0.555	0.601	0.516
20×20	0.725	0.518	0.724	0.690	0.626	0.660	0.356
50×5	0.743	0.541	0.725	0.586	0.648	0.549	0.354
50×10	0.715	0.353	0.543	0.561	0.402	0.593	0.389
50×15	0.774	0.559	0.808	0.833	0.653	0.714	0.299
50×20	0.787	0.566	0.866	0.684	0.577	0.557	0.346
100×5	0.614	0.536	0.604	0.566	0.525	0.579	0.214
100×10	0.949	0.560	0.704	0.700	0.667	0.699	0.551
100×15	0.705	0.597	0.712	0.735	0.649	0.721	0.359
100×20	0.501	0.447	0.842	0.700	0.498	0.568	0.538
200×5	0.657	0.437	0.492	0.564	0.447	0.483	0.246
200×10	0.902	0.587	0.566	0.890	0.537	0.774	0.567
200×15	0.744	0.777	0.711	0.741	0.781	0.646	0.399
200×20	0.831	0.578	0.829	0.693	0.588	0.679	0.649
300×5	0.653	0.540	0.618	0.637	0.651	0.601	0.210
300×10	0.569	0.430	0.660	0.543	0.540	0.545	0.287
300×15	0.805	0.563	0.653	0.657	0.633	0.729	0.521
300×20	0.746	0.620	0.709	0.816	0.766	0.735	0.243
400×5	0.468	0.392	0.478	0.413	0.436	0.431	0.296
400×10	0.454	0.396	0.533	0.614	0.491	0.431	0.230
400×15	0.753	0.561	0.449	0.628	0.520	0.554	0.367
400×20	0.793	0.822	0.833	0.754	0.830	0.777	0.268
500×5	0.650	0.549	0.557	0.622	0.593	0.572	0.156
500×10	0.783	0.578	0.767	0.737	0.734	0.680	0.421
500×15	0.576	0.722	0.595	0.565	0.625	0.527	0.404
500×20	0.718	0.586	0.554	0.622	0.504	0.516	0.357

表 7-12　$b_k \in U[0.25, 0.40]$ 时所有算法关于指标 C 的性能比较

实例	$C(D, I_1)$	$C(I_1, D)$	$C(D, M_1)$	$C(M_1, D)$	$C(D, I_2)$	$C(I_2, D)$	$C(D, H)$	$C(H, D)$	$C(D, M_2)$	$C(M_2, D)$	$C(D, M_3)$	$C(M_3, D)$
10×5	0.778	0.042	0.615	0.250	0.786	0.083	0.875	0.104	0.500	0.146	0.909	0.201
10×10	1.000	0.000	0.833	0.030	0.400	0.485	0.833	0.152	0.727	0.182	1.000	0.000
10×15	1.000	0.000	0.357	0.300	0.600	0.100	0.750	0.200	0.667	0.400	0.500	0.000
10×20	0.800	0.138	0.818	0.138	0.375	0.345	0.800	0.069	0.667	0.172	1.000	0.000
20×5	1.000	0.000	0.750	0.162	0.941	0.000	0.889	0.000	0.846	0.054	0.600	0.000
20×10	0.750	0.053	0.250	0.368	0.222	0.421	0.800	0.158	0.857	0.053	1.000	0.000
20×15	0.800	0.222	0.143	0.444	0.600	0.444	0.889	0.222	0.875	0.333	0.875	0.000
20×20	1.000	0.000	0.571	0.435	0.800	0.174	0.900	0.000	0.500	0.174	1.000	0.000
50×5	1.000	0.000	0.444	0.182	1.000	0.000	0.857	0.000	1.000	0.000	0.857	0.000
50×10	0.100	0.000	0.850	0.000	0.778	0.154	1.000	0.000	0.000	0.077	1.000	0.000
50×15	1.000	0.000	0.429	0.231	0.273	0.000	1.000	0.000	0.857	0.000	1.000	0.000
50×20	1.000	0.000	0.000	0.692	1.000	0.111	1.000	0.000	1.000	0.000	0.750	0.000
100×5	0.909	0.000	0.690	0.000	0.833	0.000	1.000	0.000	0.600	0.000	0.800	0.000
100×10	1.000	0.000	1.000	0.000	1.000	0.000	1.000	0.000	1.000	0.000	0.857	0.000
100×15	1.000	0.000	0.500	0.429	0.400	0.214	0.800	0.143	0.833	0.214	0.400	0.000
100×20	0.250	0.000	0.000	1.000	0.000	0.400	0.500	0.000	0.000	0.800	0.400	0.200
200×5	0.500	0.188	0.667	0.125	0.000	0.250	0.750	0.000	0.750	0.000	0.667	0.000

第7章 考虑劣化效应的绿色置换流水车间调度

续表

实例	$C(D, I_1)$	$C(I_1, D)$	$C(D, M_1)$	$C(M_1, D)$	$C(D, I_2)$	$C(I_2, D)$	$C(D, H)$	$C(H, D)$	$C(D, M_2)$	$C(M_2, D)$	$C(D, M_3)$	$C(M_3, D)$
200×10	0.667	0.600	0.667	0.600	0.500	0.600	1.000	0.000	1.000	0.000	1.000	0.000
200×15	0.667	0.333	0.500	0.000	0.500	0.333	0.750	0.333	0.800	0.333	0.833	0.000
200×20	0.800	0.000	0.667	0.000	0.875	0.000	1.000	0.000	0.833	0.000	1.000	0.000
300×5	0.500	0.500	0.810	0.167	0.714	0.667	0.200	0.667	0.333	0.667	0.500	0.000
300×10	0.857	0.000	0.500	0.000	0.714	0.000	1.000	0.000	0.857	0.000	0.000	0.000
300×15	1.000	0.000	0.500	0.750	0.813	0.000	0.714	0.000	0.333	0.000	1.000	0.000
300×20	1.000	0.000	0.800	0.143	0.000	0.429	0.000	0.571	0.500	0.143	0.400	0.000
400×5	1.000	0.000	0.333	0.167	0.929	0.000	0.800	0.000	1.000	0.000	0.000	0.000
400×10	0.000	0.724	0.000	0.826	0.000	0.966	0.000	1.000	0.426	0.483	0.000	0.000
400×15	0.500	0.000	1.000	0.000	0.333	0.400	0.600	0.000	0.400	0.000	1.000	0.000
400×20	0.333	0.250	0.000	0.750	0.667	0.000	0.250	0.250	0.750	0.000	0.714	0.000
500×5	0.250	0.400	0.682	0.200	0.429	0.200	0.571	0.000	0.400	0.200	0.429	0.000
500×10	1.000	0.000	0.333	0.533	0.286	0.333	0.600	0.133	0.667	0.067	1.000	0.000
500×15	0.000	0.714	0.000	0.464	0.143	0.429	0.200	0.393	0.714	0.214	0.250	0.000
500×20	0.500	0.400	0.647	0.000	0.500	0.600	1.000	0.000	1.000	0.000	0.500	0.000

从表 7 – 4 ~ 表 7 – 12 可以得出，DCICA 的三种指标 *IGD*、$\mathcal{C}$ 和 *HV* 在不同劣化率下关于大部分实例均优于 ICA、MODBH、IDWSO、HMOBSA、MMOIG 和 MO – DFWA，具体结果分析如下：

当 $b_k \in U[0.05, 0.15]$，DCICA 的 *IGD* 值分别关于 31、29、25、27、27 和 32 个实例优于 ICA、MODBH、IDWSO、HMOBSA、MMOIG 和 MO – DFWA。DCICA 的 *HV* 值分别关于 28、24、22、27、27 和 32 个实例大于对比算法。$\mathcal{C}(D, I_1)$、$\mathcal{C}(D, M)$、$\mathcal{C}(D, I_2)$、$\mathcal{C}(D, H)$、$\mathcal{C}(D, M_2)$、$\mathcal{C}(D, M_3)$ 关于 30、21、23、25、27 和 26 个实例大于 $\mathcal{C}(I_1, D)$、$\mathcal{C}(M, D)$、$\mathcal{C}(I_2, D)$、$\mathcal{C}(H, D)$、$\mathcal{C}(M_2, D)$、$\mathcal{C}(M_3, D)$。

当 $b_k \in U[0.15, 0.25]$，DCICA 的 *IGD* 值分别关于 31、29、25、27、27 和 32 个实例小于 ICA、MODBH、IDWSO、HMOBSA、MMOIG 和 MO – DFWA。对于第二个性能指标 *HV*，DCICA 分别关于 31、21、24、29、29 和 32 个实例大于对比算法。除了实例 200×20，$\mathcal{C}(D, I_1)$ 的值全部优于 $\mathcal{C}(I_1, D)$。另外，DCICA 获得的非劣解关于 23 个实例全部支配 ICA。$\mathcal{C}(D, M)$、$\mathcal{C}(D, I_2)$、$\mathcal{C}(D, H)$、$\mathcal{C}(D, M_2)$、$\mathcal{C}(D, M_3)$ 关于 19、25、29、29 和 29 个实例大于 $\mathcal{C}(M, D)$、$\mathcal{C}(I_2, D)$、$\mathcal{C}(H, D)$、$\mathcal{C}(M_2, D)$、$\mathcal{C}(M_3, D)$。对于第三种情形，关于三种指标 *IGD*、$\mathcal{C}$ 和 *HV*，DCICA 关于 65% 以上的实例优于对比算法。

图 7 – 8 为 DCICA、ICA、MODBH、IDWSO、HMOBSA、MMOIG 和 MO – DFWA 关于 3 种指标的具有 95% 置信区间均值图，从中可以发现，DCICA 的均值点位于 ICA、MODBH、IDWSO、HMOBSA、MMOIG 和 MO – DFWA 的均值点的下方（或上方）并且没有重叠区间，说明 DCICA 与 ICA、MODBH、IDWSO、HMOBSA、MMOIG、MO – DFWA 差异显著，同时优于对比算法。总之，DCICA 在求解考虑劣化效应 EPFSP – DEM 上比对比算法具有更强的优势。图 7 – 9 关于实例 20×5、100×5、10×10、50×5、100×15 和 20×20 的非劣解分布图，也验证了 DCICA 的优越性。

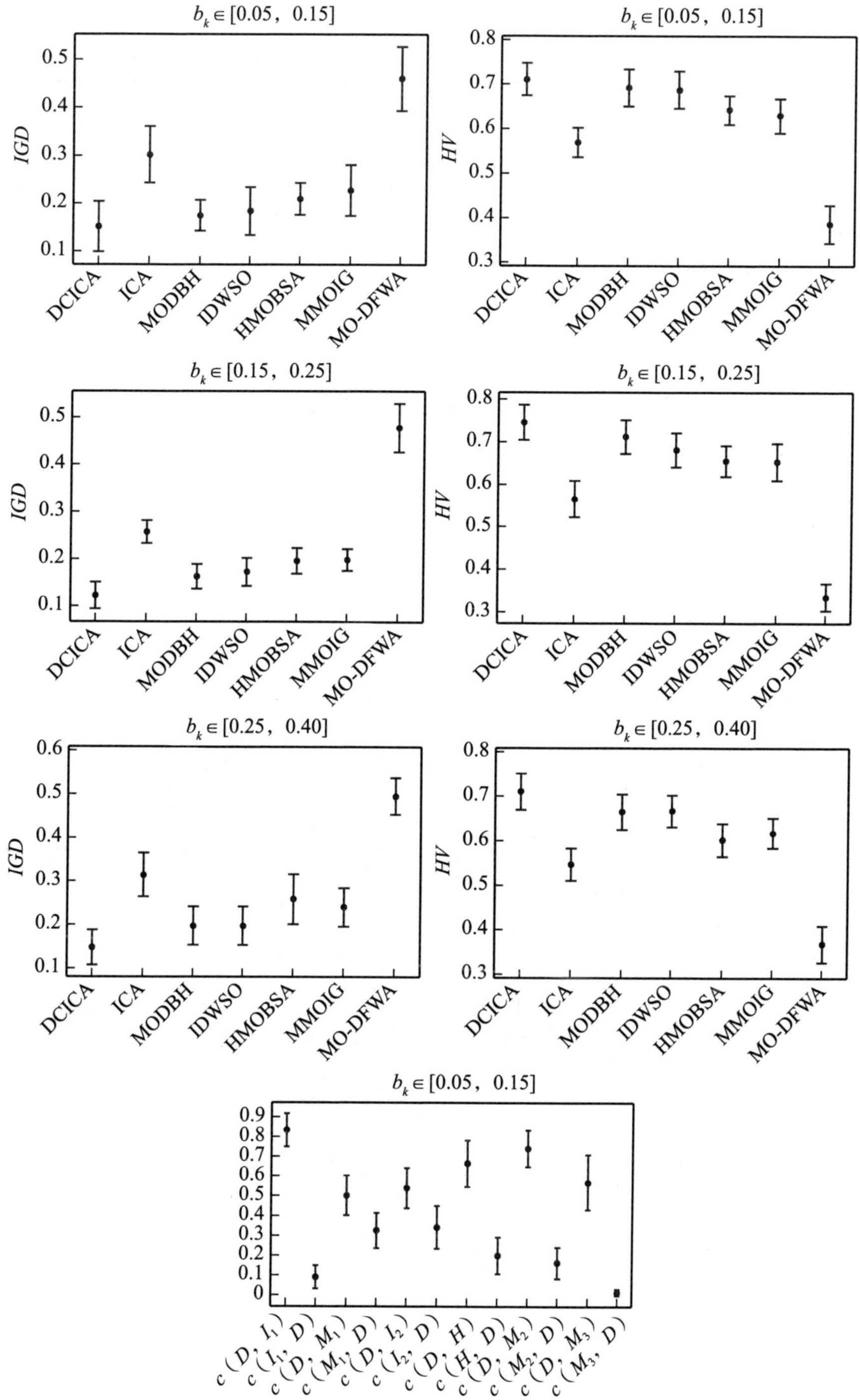
$b_k \in [0.05, 0.15]$
IGD
0.1
0.2
0.3
0.4
0.5
DCICA
ICA
MODBH
IDWSO
HMOBSA
MMOIG
MO-DFWA
$b_k \in [0.05, 0.15]$
HV
0.3
0.4
0.5
0.6
0.7
0.8
$b_k \in [0.15, 0.25]$
IGD
$b_k \in [0.15, 0.25]$
HV
$b_k \in [0.25, 0.40]$
IGD
0.6
$b_k \in [0.25, 0.40]$
HV
$b_k \in [0.05, 0.15]$
0
0.9
c (D, I1)
c (I1, D)
c (D, M1)
c (M1, D)
c (D, I2)
c (I2, D)
c (D, H)
c (H, D)
c (D, M2)
c (M2, D)
c (D, M3)
c (M3, D)

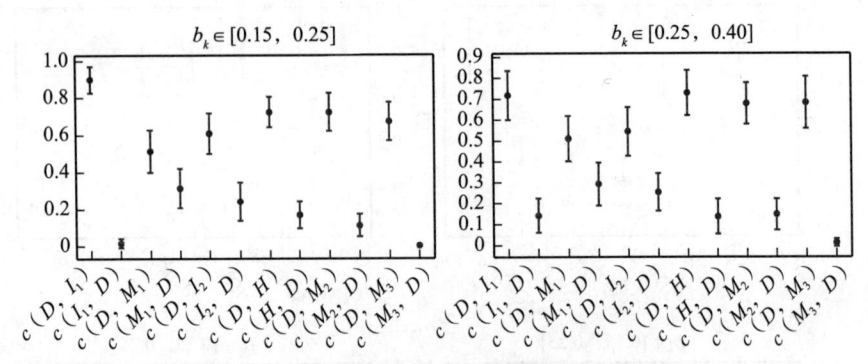

图 7-8 关于三种指标的 95% 置信区间均值图

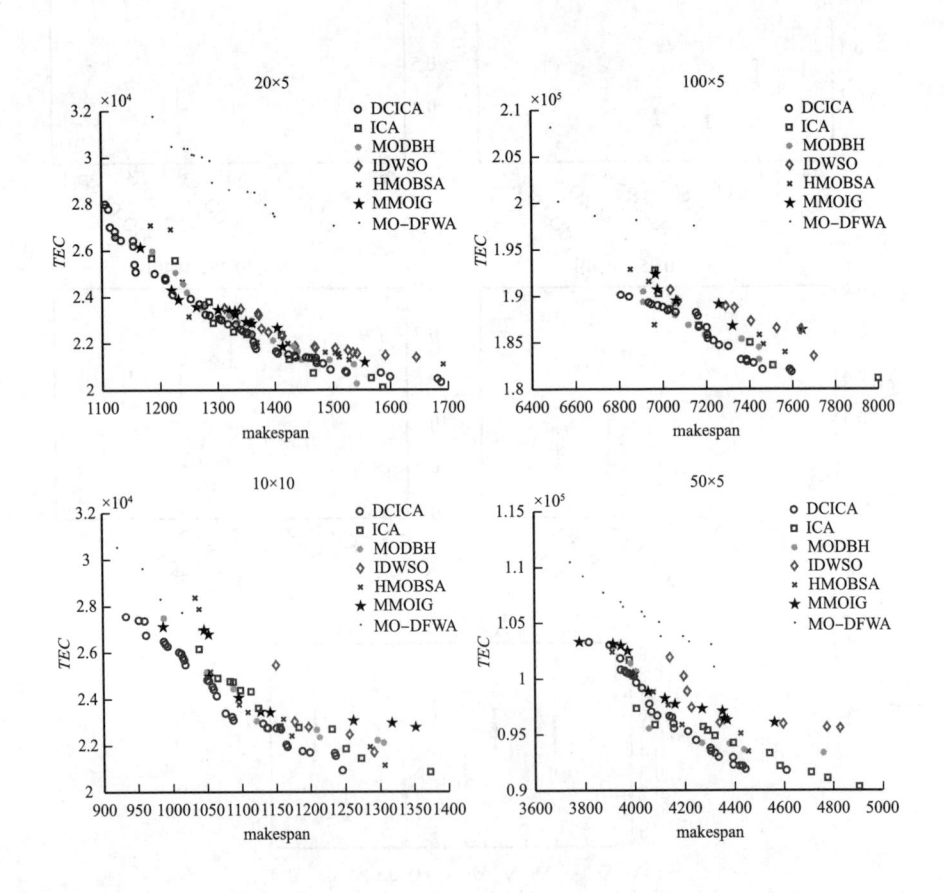

第7章 考虑劣化效应的绿色置换流水车间调度

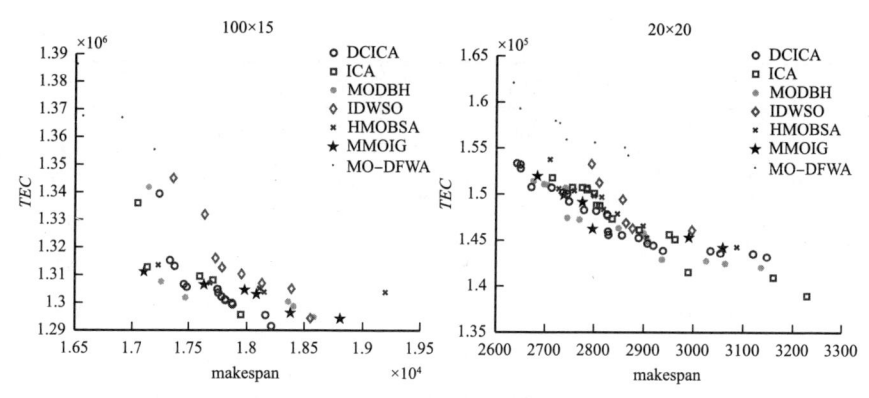

图7-9 关于实例 20×5、100×5、10×10、50×5、100×15 和 20×20 的非劣解分布图

表 7-13～表 7-15 为在三种不同机器劣化率下关于三种指标的 Wilcoxon 检验结果。置信水平 α 设置为 0.05。如果 $p<0.05$，则表明配对算法之间存在显著差异。在表 7-13～表 7-15 中，可以发现所有 p 值均小于配对算法。也就是说，DCICA 和成对算法（ICA、MODBH、IDWSO、HMOBSA、MMOIG 和 MO-DFWA）在求解 EPFSP-DEM 方面存在显著差异。

表 7-13 当 $b_k \in U[0.05, 0.15]$ 时 95% 置信区间下 Wilcoxon 检验结果

算法	指标	R^+	R^-	p-value	$\alpha = 0.05$
DCICA vs. ICA	IGD	31	1	8.7321E-7	YES
	HV	28	4	2.0E-6	YES
	$\mathcal{C}$	30	2	1.0E-6	YES
DCICA vs. MODBH	IGD	29	3	1.08E-4	YES
	HV	24	8	2.669E-2	YES
	$\mathcal{C}$	21	10	3.348E-2	YES
DCICA vs. IDWSO	IGD	25	7	1.256E-3	YES
	HV	22	10	4.6404E-2	YES
	$\mathcal{C}$	23	8	3.7688E-2	YES

续表

算法	指标	R^+	R^-	p-value	$\alpha=0.05$
DCICA vs. HMOBSA	IGD	27	5	4.1E-5	YES
	HV	27	5	1.17E-4	YES
	C	25	7	2.79E-4	YES
DCICA vs. MMOIG	IGD	27	5	6.0E-4	YES
	HV	27	5	2.6E-6	YES
	C	27	5	1.0E-5	YES
DCICA vs. MO-DFWA	IGD	32	0	7.9259E-7	YES
	HV	32	0	7.9441-7	YES
	C	26	0	7.0E-6	YES

表 7-14　当 $b_k \in U[0.15, 0.25]$ 时95%置信区间下 Wilcoxon 检验结果

算法	指标	R^+	R^-	p-value	$\alpha=0.05$
DCICA vs. ICA	IGD	32	0	7.9485E-7	YES
	HV	31	1	8.7513E-7	YES
	C	31	1	2.5903E-7	YES
DCICA vs. MODBH	IGD	30	2	1.2E-5	YES
	HV	21	11	1.4672E-2	YES
	C	19	13	4.1514E-2	YES
DCICA vs. IDWSO	IGD	27	4	9.2E-5	YES
	HV	24	8	4.55E-4	YES
	C	25	7	1.845E-3	YES
DCICA vs. HMOBSA	IGD	31	1	9.6004E-7	YES
	HV	29	3	6.0E-6	YES
	C	29	3	5.0E-6	YES
DCICA vs. MMOIG	IGD	30	2	2.0E-6	YES
	HV	29	3	4.0E-6	YES
	C	29	2	7.0E-6	YES

续表

算法	指标	R^+	R^-	p-value	$\alpha=0.05$
DCICA vs. MO-DFWA	IGD	32	0	7.9485E-7	YES
	HV	32	0	7.9441E-7	YES
	$\mathcal{C}$	29	0	7.0E-6	YES

表7-15 当 $b_k \in U[0.25,0.40]$ 时95%置信区间下Wilcoxon检验结果

算法	指标	R^+	R^-	p-value	$\alpha=0.05$
DCICA vs. ICA	IGD	30	2	1.0E-6	YES
	HV	29	3	4.0E-6	YES
	$\mathcal{C}$	28	3	2.0E-5	YES
DCICA vs. MODBH	IGD	25	7	3.427E-3	YES
	HV	21	11	3.2264E-2	YES
	$\mathcal{C}$	23	9	4.1509E-2	YES
DCICA vs. IDWSO	IGD	25	7	5.179E-3	YES
	HV	27	5	3.2264E-2	YES
	$\mathcal{C}$	21	11	1.0688E-2	YES
DCICA vs. HMOBSA	IGD	28	4	1.0E-5	YES
	HV	27	5	1.8E-5	YES
	$\mathcal{C}$	27	4	3.8E-5	YES
DCICA vs. MMOIG	IGD	29	3	3.6E-5	YES
	HV	30	2	4.0E-6	YES
	$\mathcal{C}$	28	3	1.7E-5	YES
DCICA vs. MO-DFWA	IGD	31	1	8.7465E-7	YES
	HV	31	1	8.7417E-7	YES
	$\mathcal{C}$	28	0	3.0E-6	YES

7.4.4 机器劣化效应影响分析

为了更直观地观察结果并详细分析劣化效应对 EPFSP-DEM 的影

响，表7-16~表7-18给出了DCICA获得能耗值。$\overline{C}_{max}$和$\overline{TEC}$分别表示DCICA获得的非劣解关于两个优化目标的平均值。

表7-16　$b_k \in U[0.05, 0.15]$时DCICA的非劣解的$\overline{C}_{max}$和$\overline{TEC}$

n	$\overline{C}_{max}$				$\overline{TEC}$			
	$m=5$	$m=10$	$m=15$	$m=20$	$m=5$	$m=10$	$m=15$	$m=20$
10	744.8	1022.9	1300.9	1594.7	11084.7	22413.1	35086.6	48671.4
20	1341.4	1670.2	2002.7	2264.6	23082.1	51786.6	81647.5	106298.4
50	3297.4	3743.8	4256.9	4458.4	75562.6	157673.7	261638.6	337398.9
100	7194.6	7699.3	8908.6	9774.5	186100.6	390540.9	623940.8	858321.7
200	21159.0	25774.7	26520.3	28818.9	587859.2	1192689.1	1826445.9	2707292.7
300	45943.6	51905.7	53300.3	54482.5	1230018.1	2401650.7	3907046.8	5513531.4
400	71255.2	85790.1	86937.6	88372.9	1595467.3	4068905.8	7108554.4	8731750.9
500	119021.2	119637.3	130847.3	133095.7	2373959.9	5639544.4	8534803.4	12656250.6

表7-17　$b_k \in U[0.15, 0.25]$时DCICA的非劣解的$\overline{C}_{max}$和$\overline{TEC}$

n	$\overline{C}_{max}$				$\overline{TEC}$			
	$m=5$	$m=10$	$m=15$	$m=20$	$m=5$	$m=10$	$m=15$	$m=20$
10	821.1	1081.3	1358.6	1670.9	11364.9	24175.2	39000.6	53504.9
20	1462.9	1738.8	2166.2	2458.9	27460.6	63877.3	97888.4	126240.1
50	4166.4	4628.0	5357.3	5617.0	96621.1	208098.6	338520.9	445132.3
100	10424.2	11184.0	12686.3	13523.8	275391.7	584091.1	926657.4	1282881.9
200	33251.2	37595.8	39050.8	42939.3	941765.7	1953512.3	3039934.7	4400782.5
300	73593.7	80510.5	82771.6	84401.8	2032540.3	4103816.5	6633375.5	9231971.7
400	120621.5	137227.4	141618.3	141637.5	3045587.9	7109819.7	11927653.4	15258051.6
500	192313.5	192123.1	212207.1	214342.6	4694631.3	10407974.5	16050939.5	22776233.6

第7章 考虑劣化效应的绿色置换流水车间调度

表7-18 $b_k \in U[0.25, 0.40]$ 时 DCICA 的非劣解的 $\overline{C}_{max}$ 和 $\overline{TEC}$

n	$\overline{C}_{max}$				$\overline{TEC}$			
	$m=5$	$m=10$	$m=15$	$m=20$	$m=5$	$m=10$	$m=15$	$m=20$
10	879.1	1207.7	1529.7	1796.5	12930.1	26520.6	41692.1	59360.6
20	1719.3	2030.3	2498.3	2839.7	29680.5	71900.2	112759.5	147470.3
50	5245.4	6025.3	6697.2	7284.7	126074.6	265801.6	444319.2	572209.7
100	14454.9	15225.7	17709.8	18826.9	376423.1	806429.0	1305623.8	1809725.2
200	49005.3	56297.4	58274.7	63409.6	1420049.9	2937850.2	4563153.9	6525644.6
300	113258.5	121823.6	124744.8	129122.3	3128478.3	6262951.4	10204053.9	14169815.8
400	185333.2	213760.4	218618.1	217330.7	4744003.7	11153238.0	18435567.0	23661265.1
500	302673.9	318812.1	326365.1	331950.2	7350983.0	16608890.3	25341889.6	35710311.0

从图 7-10 中可以发现,随着加工工件数量的增多,机器劣化率越大,$\overline{C}_{max}$ 的值逐渐增大,但是幅度较小,对于 $\overline{TEC}$ 的影响较大。

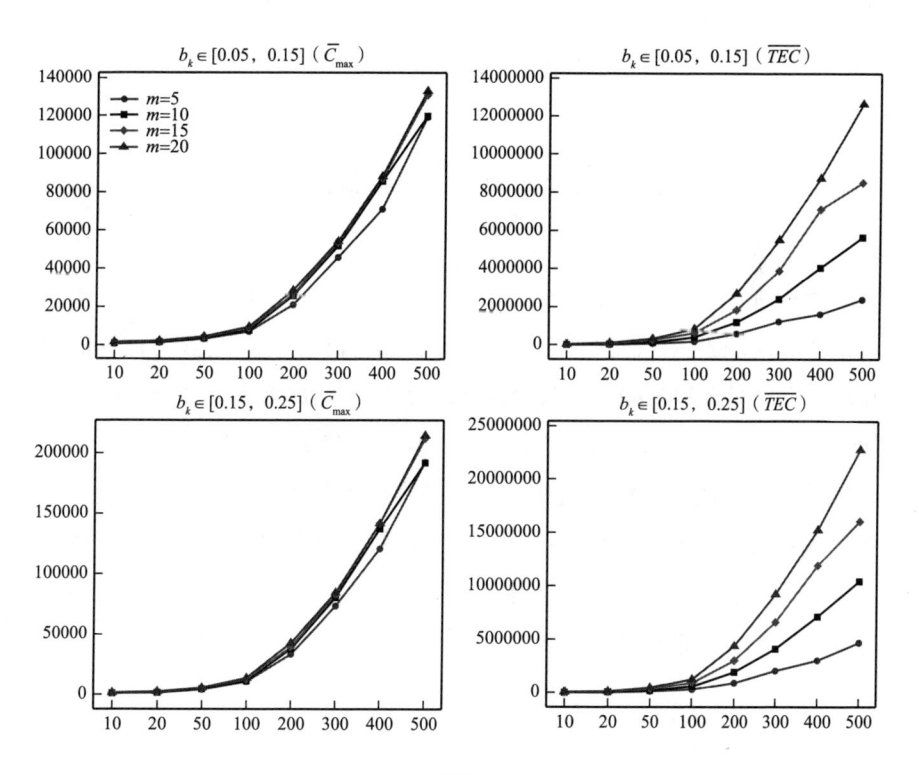

图 7-10 不同劣化率对 $\overline{C}_{max}$ 和 $\overline{TEC}$ 的影响

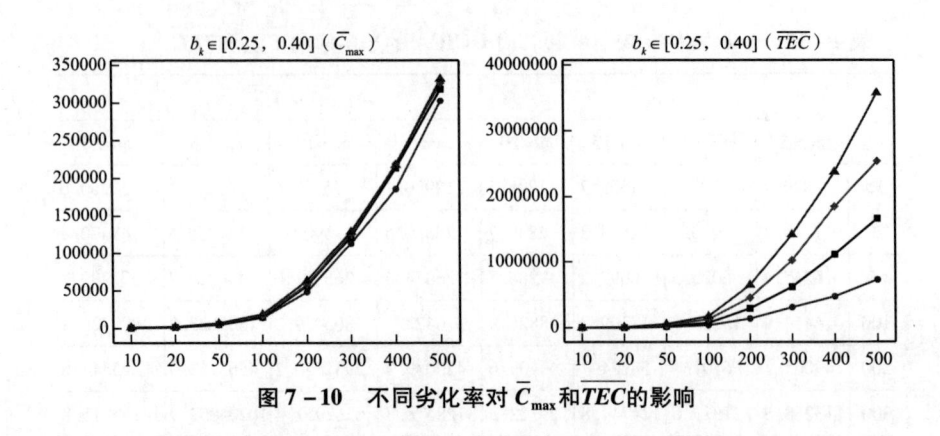

DCICA 的搜索性能主要表现在以下四个方面：①所提出的改进同化可以提高种群的多样性，因为维持了较多学习对象，可以扩大搜索区域并持续更新其状态；②知识导向的革命有利于有效分配计算资源，避免了随机选择邻域结构的盲目性；③新定义的收敛性和多样性可以有效地评估同化和革命操作的质量；④新的帝国竞争操作可以防止算法过早收敛以及增强帝国之间的信息交换。

7.5 本章小结

本章研究了考虑机器劣化效应的绿色置换流水车间调度问题。由于所研究的问题是 NP 难，提出了一种 DCICA 的改进元启发式方法同时优化最大完成时间和总能耗。大量的实验结果表明 DCICA 在求解 EPFSP-DEM 方面优于现有算法。此外，可以得出随着工件数量的增加，劣化效应对最大完成时间和总能耗变化的影响总体上呈现出越来越严重的趋势。特别是，在相同数量的机器下，劣化效应对大规模测试实例产生了显著影响。然而，随着工件数量的增加，在相同的劣化率下，劣化效应对最大完成时间的影响比总能耗要小。

第 8 章

考虑目标相对重要性的绿色混合流水车间调度

近年来，绿色混合流水车间调度（hybrid flow shop scheduling problem，HFSP）受到了广泛关注，不过，现有研究很少考虑目标间的相对重要性。本章研究以总延迟时间，makespan 和总能耗为目标的绿色 HFSP，其中总能耗的重要性低于其他两个目标。采用新定义的 Pareto 支配关系来处理目标间的相对重要性，提出了一种双层 ICA，第一层为最强帝国，第二层为其他帝国。为了产生质量较高的解，每个帝国在不同的搜索阶段执行不同的同化和革命策略并且最强帝国不参与帝国竞争。每隔一定代数，记忆集与最强帝国结合重新构建新的帝国。为了避免将最弱帝国中的最弱殖民地分配给取胜帝国，随机选择记忆集中的一个解加入取胜帝国。实验结果表明双层 ICA 能够有效地求解所研究的问题。

8.1 问题描述

考虑目标相对重要性的绿色 HFSP 描述如下：n 个独立的工件 J_1，J_2，$\cdots$，J_n 按照阶段 1，阶段 2，$\cdots$，阶段 m 的顺序依次加工，$m \geq 2$。每个阶段 k 的机器集合为 S_k，机器 $M_{kj} \in S_k$ 表示阶段 k 的第 j 台机器，$j=1, 2, \cdots, |S_k|$。机器具有两种模式：加工模式和空闲模式。一个工件至少在一个阶段上加工，根据加工路径它可跳过其中一个或几个阶

段。每台机器具有速度集 $V=\{vel_1, vel_2, \cdots, vel_d\}$，$\eta_{ikj}$ 表示工件 J_i 在机器 M_{kj} 上的基本加工时间，p_{ikjl} 为工件 J_i 在机器 M_{kj} 上以速度 vel_l 加工时的加工时间，$p_{ikjl} = \eta_{ikj}/vel_l$。$E_{kjl}$ 和 SE_{kj} 分别表示机器 M_{kj} 以速度 vel_l 加工时的单位时间能耗和空闲时的单位时间能耗。E_{kj} 表示机器 M_{kj} 的能耗。

关于 p_{ikjl} 和 E_{kjl} 之间的关系，丁等（Ding et al.）[6]给出了一种假设，描述如下：当工件 J_i 以更高的速度在 M_{kj} 上加工时，能耗将会增加但加工时间变短，即对于：

$$\forall vel_l > vel_g,\ l,\ g \in \{1,\ 2,\ \cdots,\ d\},\ p_{ikjl} < p_{ikjg},\ E_{kjl} \times p_{ikjl} > E_{kjg} \times p_{ikjg} \quad (8-1)$$

HFSP 还满足如下约束：
①所有机器和工件从零时刻起可用；
②每个工件同一时刻只能在一台机器上加工；
③每台机器同一时刻只能加工一个工件；
④调整时间包含在加工时间内；
⑤工件在机器上的加工一旦开始，不允许中断；
⑥缓冲区大小没有限制；
⑦同一工件在两个阶段间的加工不能重叠等。

考虑目标相对重要性的绿色 HFSP 包含 3 个子问题：①机器分配，为工件选择合适的机器；②速度选择，确定工件在所分配机器上的速度；③调度，确定各工件的加工顺序。

该问题的目的是在所有约束得到满足的条件下同时优化如下 3 个目标函数：

$$f_1 = C_{\max} \quad (8-2)$$

$$f_2 = \sum_{i=1}^{n} \max\{C_i - D_i, 0\} \quad (8-3)$$

$$f_3 = TEC = \sum_{k=1}^{m} \sum_{j=1}^{|S_k|} \int_0^{C_{\max}} \left(\sum_{l=1}^{d} E_{kjl} y_{kjl}(t) + SE_{kj} z_{kj}(t)\right) dt \quad (8-4)$$

其中，若机器 M_{kj} 在时刻 t 以速度 v_l 加工，则 $y_{kjl}(t)$ 等于 1；否则 $y_{kjl}(t)$ 为 0。若机器 M_{kj} 在时刻 t 处于空闲模式，则 $z_{kj}(t)$ 等于 1；否则 $z_{kj}(t)$

为 0。C_i，D_i 分别表示工件 J_i 的完成时间和交货期。f_1，f_2 和 f_3 分别为 makespan、总延迟时间和总能耗。

表 8-1 给出了该问题的一个例子。

表 8-1 一个例子的加工信息

工件	阶段1 M_{11}	阶段1 M_{12}	阶段2 M_{21}	阶段2 M_{22}	阶段3 M_{31}	阶段3 M_{32}
J_1	9	9 (v_1)	6 (v_1)	6	9	6 (v_2)
J_2	3 (v_2)	3	6	9 (v_2)	9 (v_2)	9
J_3	6 (v_1)	3	6	9 (v_3)	6 (v_3)	9
J_4	3 (v_1)	3	3 (v_2)	3	9	3 (v_1)
J_5	6	6 (v_2)	3 (v_2)	9	9	9 (v_1)
J_6	9 (v_1)	3	9 (v_2)	3	3	6 (v_1)
J_7	9 (v_1)	6	6	3 (v_1)	9	3 (v_2)
J_8	9	3 (v_2)	3	9 (v_2)	3 (v_2)	6
J_9	9	6 (v_2)	9 (v_3)	9	6 (v_2)	3
J_{10}	3	6 (v_1)	9	3 (v_2)	6 (v_2)	6

当制造商注重准时交货和生产性能提高时，会更加看重 makespan 和总延迟时间，而降低总能耗的重要性，以反映其偏好。如果降低总能耗的重要性，在优化过程中注重总延迟时间和 makespan 的优化，则可以获得满足制造商偏好的结果。

对于考虑目标相对重要性的绿色 HFSP，f_3 的重要性低于 f_1 和 f_2，为了反映制造商的这种偏好，定义了新的 Pareto 支配关系，对于解 x 和 y：

$$x >_\varepsilon y \text{ if } f_i(x) \leqslant f_i(y) \ \forall i=1,2, f_3(x) \leqslant f_3(y) - \varepsilon,$$
$$\exists i=1 \text{ or } 2 f_i(x) < f_i(y), \text{ or } f_3(x) < f_3(y) - \varepsilon \quad (8-5)$$

其中 ε 是一个大于 0 的实数，$x >_\varepsilon y$ 表示 $x >_\varepsilon$ 支配 y 或 y 被 $x >_\varepsilon$ 支配。

新定义的支配关系中,能耗目标对应的 ε 为某个确定的正值,也就是说,能耗目标对应的 $f_3(x) \leqslant f_3(y) - \varepsilon$ 和 $f_3(x) < f_3(y) - \varepsilon$ 不容易满足,而其他目标对应的式子较易满足,即支配关系主要由其他目标决定,从而体现能耗目标重要性较低。

8.2 基于双层 ICA 的绿色 HFSP

当帝国被看作子种群时,ICA 为多种群智能优化算法。常规 ICA 每个帝国中,同化和革命通常采用相同的方式执行,有必要根据帝国质量对帝国进行区分并采用不同的同化和革命策略。最强帝国不参与竞争,可以避免算法早熟而且应当充分利用最强帝国指导其他帝国的搜索。基于此,设计了基于帝国分层的 ICA。

8.2.1 编码和解码

针对有 n 个工件、m 个加工阶段和每台机器具有 d 种加工速度的绿色 HFSP,问题的一个解由调度串 $[\pi_1, \pi_2, \cdots, \pi_n]$,机器分配串 $[q_{11}, q_{12}, \cdots, q_{1m}, \cdots, q_{n1}, \cdots, q_{nm}]$ 以及速度选择串 $[z_{11}, z_{12}, \cdots, z_{1m}, \cdots, z_{n1}, \cdots, z_{nm}]$,其中 $\pi_i \in \{1, 2, \cdots, n\}$,$q_{ik} \in S_k$ 是在阶段 k 分配给工件 J_i 的机器。z_{ik} 表示机器 $q_{ik} \in S_k$ 的速度,$z_{ik} \in V$。

解码过程描述如下:从工件排列 $[\pi_1, \pi_2, \cdots, \pi_n]$ 的首个工件 π_1 开始,依次安排各工件的加工,对工件 π_i 根据机器分配串和速度选择串确定它在每个阶段的加工机器和相应的加工速度,然后安排各阶段的加工,直到所有阶段加工完毕为止。

对于表 8-1 给出的实例具体加工信息,其中 v_1,v_2,v_3 为机器的速度。一个可行的解包括调度串 $[8, 7, 9, 3, 6, 5, 10, 2, 4, 1]$,机器串 $[M_{12}, M_{22}, M_{31}, M_{11}, M_{22}, M_{32}, M_{12}, M_{21}, M_{31}, M_{11}, M_{22},$ $M_{31}, M_{11}, M_{21}, M_{32}, M_{12}, M_{22}, M_{31}, M_{11}, M_{22}, M_{31}, M_{11}, M_{21},$

M_{31},M_{12},M_{21},M_{32}] 和速度选择串 [v_2,v_2,v_2,v_1,v_1,v_2,v_2,v_3, v_1,v_1,v_3,v_3,v_1,v_2,v_1,v_2,v_2,v_1,v_1,v_2,v_1,v_2,v_2,v_2,v_1, v_2,v_1,v_1,v_1,v_2]。每台机器的速度集 $V=\{1.0,1.5,2.0\}$,$SE_{kj}=1$,$E_{kjl}=4\times vel_l^{2[6]}$。图 8-1 给出了该解的甘特图。可以得出 $f_1=43$。假设交货期 $D_1=40$,$D_2=30$,$D_3=25$,$D_4=40$,$D_5=25$,$D_6=40$,$D_7=20$,$D_8=15$,$D_9=20$,$D_{10}=30$,则 $f_2=33.5$。对于机器 M_{11},$EC_{11}=E_{111}\times 9+E_{111}\times 6+E_{111}\times 9+E_{112}\times 2+E_{111}\times 3=126$,$EC_{12}=88$,$EC_{21}=203.5$,$EC_{22}=202.5$,$EC_{31}=207$,$EC_{32}=145$,$f_3=972$。

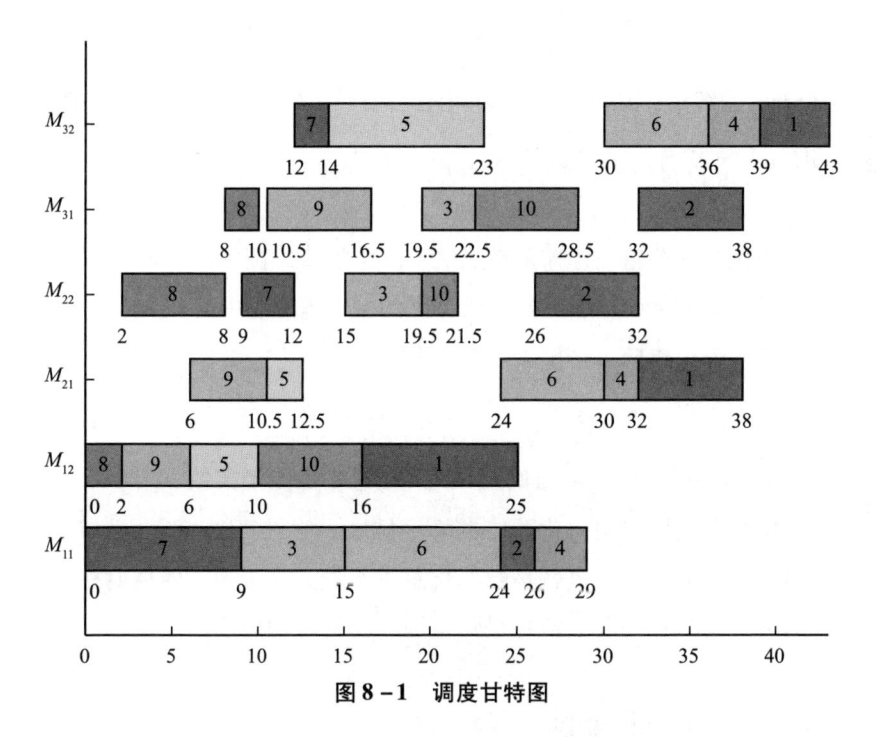

图 8-1 调度甘特图

8.2.2 初始化和构建初始帝国

随机产生国家数量为 N 的初始种群 P。

初始帝国构建过程如下:

步骤 1：对种群 P 中所有国家非劣排序[223]。

步骤 2：计算国家 i 的归一化成本 $\bar{c}_i$。

$$\bar{c}_i = \max_{l=1,2,\cdots,N}\{rank_l\} - rank_i + dist_i / \sum_{j \in \Theta_{rank_j}} dist_j \quad (8-6)$$

步骤 3：选择 N_{im} 个归一化成本最大的国家作为殖民国家，其他国家为殖民地。

步骤 4：计算殖民国家 k 的势力 pow_k 以及所分配的殖民地数量 NC_k。

步骤 5：随机选择 NC_k 个殖民地分配给殖民国家 k。

式 (8-6) 中，$rank_j$ 是解 x_j 通过非劣排序确定的 $rank$ 值；Θ_{rank_j} 为 $rank$ 值为 $rank_j$ 的解集；$dist_i$ 为解 x_i 的拥挤距离[223]；$pow_k = \bar{c}_k / \sum_{l=1}^{N_{im}} \bar{c}_l$，$NC_k =$ round($pow_k \times N_{col}$)，殖民地数量 $N_{col} = N - N_{im}$。

归一化成本 $\bar{c}_i$ 的定义保证了 NC_k 大于 0，而文献 [224, 225] 中，由于至少存在一个殖民国家的势力为 0，这些殖民国家所分配的殖民地数量 NC_k 为 0，导致各殖民国家所分配的殖民地数量差异较大。

初始帝国构建后，帝国 k 的归一化总成本 $\overline{TC}_k$ 定义为：

$$\overline{TC}_k = \bar{c}_k + \xi \sum_{\lambda \in Q_k} \bar{c}_\lambda / NC_k \quad k = 1, 2, \cdots, N_{im} \quad (8-7)$$

其中，Q_k 为殖民国家 k 拥有的殖民地集合；ξ 是一个实数，$\xi = 0.1$。

对所有帝国按照归一化总成本降序排序，假设 $\overline{TC}_1 \geq \overline{TC}_2 \geq \cdots \overline{TC}_{N_{im}}$，即帝国 1 为最强帝国，也就是归一化总成本最大的帝国。将所有帝国划分为两层，其中第一层只包含最强帝国，其他帝国属于第二层。

8.2.3 第一层帝国

第一层帝国的搜索过程具体描述如下：对于第 t 代

步骤 1：若 $t \leq T$，所有殖民地执行同化；否则随机选择 $\lfloor \rho \times NC_1 \rfloor$ 个殖民地进行同化。

步骤 2：对于所选择的每个殖民地 λ，与其殖民国家执行全局搜索，产生新解 z。若解 z 不被 $\lambda >_\varepsilon$ 支配，则利用 λ 更新记忆集 Λ，新解 z 替代 λ 并更新外部档案 Ω；否则新解 z 更新记忆集 Λ。

步骤3：根据革命概率 U_R 随机选择殖民地进行革命，对于每个所选择的殖民地 λ 通过多邻域搜索产生新解 z，新解 z 与 λ 比较，比较方法以及更新 Λ 和 Ω 的过程与步骤2相同。

步骤4：殖民国家和殖民地互换。

步骤5：若 t 能够被 β 整除，则合并帝国1和记忆集 Λ 并计算每个解的归一化成本，选择归一化成本最大的 NC_1+1 个解替代帝国1，最优解为殖民国家，其他解为殖民地。

其中 ε 等于10，ρ 设置为0.7，U_R 定义如下：

$$U_R = \begin{cases} U_0 \times \cos(1-\sqrt{t/T}) & t \leqslant T \\ U_0 & t > T \end{cases} \quad (8-8)$$

式（8-8）中，t 和 T 分别表示第一层帝国循环次数和最大循环次数；t，T 和 β 均为整数，$\lfloor x \rfloor$ 表示 x 的整数部分，U_0 和 β 根据实验分别设置为0.3和20。

采用三种交叉[117]执行全局搜索，第一种交叉作用于调度串，第二种交叉作用于机器分配串，第三种交叉针对速度选择串。

第一种交叉详细步骤描述如下：对于解 i 和解 j 的调度串，随机确定2个位置 $1 \leqslant l < h \leqslant n$，解 i 中位于 l 和 h 之间的工件保持不变，位于 $g < l$ 和 $g > h$ 的工件用解 j 按顺序替代，最后产生一个新的调度串。第二种交叉具体过程如下：对于解 i 和解 j，随机选择2个位置 $g_1, g_2 \in [1, nm]$，然后将解 i 的机器分配串中位于2个位置间的机器用解 j 对应位置上的机器取代。第三种交叉与第二种交叉类似，描述如下：随机确定2个位置 $g_1, g_2 \in [1, nm]$ 后，解 i 的速度选择串中位于2个位置间的速度用解 j 对应位置上的机器替代。

全局搜索过程如下：对于两个解，如果随机数 $s < \alpha_1$，则以相等概率执行第二种和第三种交叉；否则执行第一种交叉。其中 α_1 是一个概率，通过实验确定 $\alpha_1 = 0.3$。

殖民地 λ 执行多邻域搜索的具体步骤如下。令 $g=1$，重复以下步骤 R 次：随机产生新解 $z \in \mathcal{N}_g(\lambda)$。若新解 z 不被 $\lambda \succ_\varepsilon$ 支配，则利用殖民地 λ 更新 Λ，新解 z 更新 Ω 并替代殖民地 λ；否则新解 z 更新 Ω，$g = g+1$。若 $g=4$，则令 $g \leftarrow 1$。

运用 insert，change 和 speed[117] 三种邻域结构执行多邻域搜索。邻域结构 insert 用于改变解 λ 的调度串 $[\pi_1, \pi_2, \cdots, \pi_n]$，随机确定一个工件 π_j 和一个新位置 $k \neq j$，再将 π_j 插入到新位置。邻域结构 change 用于改变机器上分配串，首先构建一个集合 $\Theta = \{q_{ik} \| S_k | > 1, 1 \leq i \leq n, 1 \leq k \leq m\}$；然后从集合中随机选择一些元素，假设选择了 q_{ik}，则从 S_k 中随机选择一台机器替代 q_{ik}。邻域结构 speed 用于改变部分被选中机器的加工速度，它通过随机选择速度串中的一些元素，并为这些元素重新随机确定一个值。令 $\mathcal{N}_1$，$\mathcal{N}_2$，$\mathcal{N}_3$ 表示 insert，change 和 speed，$\mathcal{N}_g(x)$ 为执行 $\mathcal{N}_g$ 所产生的解 x 的邻域解集。

从公式（8-8）可以发现，当 $t \leq T$ 时，U_R 不断增大，之后保持不变。T 为双层 ICA 的早期阶段。此时，所有殖民地均执行同化，少数殖民地参与革命。当 $t > T$ 时，最强帝国通常是由质量较高的解构成，革命概率为 U_0，此时仅有部分殖民地进行同化，换言之，帝国 1 在不同的搜索阶段执行不同的同化和革命方法。

初始记忆集 Λ 设置为空集。当解 z 用于更新 Λ 时，首先将 z 加入 Λ，若解的数量超过 $|\Lambda|_{\max}$，则计算所有解的归一化成本，保留归一化成本最大的 $|\Lambda|_{\max}$ 个解。$|\Lambda|_{\max}$ 为记忆集 Λ 预先设定的最大规模，通过实验确定 $|\Lambda|_{\max} = 20$。

初始 Ω 是由双层 ICA 产生的非劣解构成。Ω 的更新过程如下：将新解加入到 Ω 之后，对 Ω 内的所有解进行 Pareto 比较，保留非劣解，剔除受支配解。Ω 和 Λ 的不同之处在于，Ω 中的所有解彼此非劣，而 Λ 中可能存在一些受支配解。

殖民地与殖民国家的互换描述如下：每个殖民地与其殖民国家进行比较，如果殖民地不受殖民国家支配，则殖民地替代殖民国家变为新的殖民国家，原殖民国家变为殖民地。

第 8 章 考虑目标相对重要性的绿色混合流水车间调度

新定义的支配关系仅用于确定新解 z 是否能够替代殖民地 λ，其他部分像互换、Ω 和 Λ 的更新均采用 Pareto 支配。

8.2.4 第二层帝国

双层 ICA 的第二层帝国包含帝国 2，3，$\cdots$，N_{im}。显然帝国 N_{im} 为最弱帝国。

当 $N_{im} > 2$ 时，帝国 $k(k>1)$ 的搜索过程具体描述如下。

步骤 1：当 $k \leqslant N_{im} - 1$ 时，每个殖民地 λ 与其殖民国家执行全局搜索；当 $k = N_{im}$ 时，若 $s < \alpha_2$，则殖民地与第二层中随机选择的一个殖民国家执行全局搜索；否则殖民地 λ 与帝国 1 中的殖民国家执行全局搜索。

步骤 2：按照第一层帝国步骤 2 中的方式，利用新解 z 更新殖民地 λ 和 Ω。

步骤 3：根据 U_R 随机选择殖民地，对于每个选择的殖民地 λ 通过多邻域搜索产生新解 z，新解 z 与 λ 比较并更新 Ω。

步骤 4：殖民国家和殖民地互换。

其中 α_2 是一个实数，设置为 0.5。

当仅存在两个帝国时，帝国 2 只执行同化，具体过程描述如下：对于殖民地 λ，若 $s < \alpha_3$，殖民地 λ 与其殖民国家执行全局搜索；否则，殖民地 λ 与帝国 1 中随机选择的一个解执行全局搜索。α_3 是一个实数，设置 $\alpha_3 = 0.5$。

8.2.5 算法描述

双层 ICA 的流程如图 8-2 所示，详细步骤描述如下：

步骤 1：随机产生初始种群 P，构造初始的 Λ 和 Ω，$t = 1$。

步骤 2：构建初始帝国并将所有帝国分为两层。

步骤 3：若 $N_{im} > 2$，则：

步骤3.1：执行第一层帝国的同化、革命和互换。

步骤3.2：执行第二层所有帝国的同化、革命和互换。

步骤3.3：计算所有帝国的归一化总成本，确定最强帝国并与第一层帝国互换。

步骤3.4：第二层帝国执行帝国竞争。

步骤4：若 $N_{im}=2$，则帝国1只进行革命，帝国2仅执行同化。

步骤5：$t=t+1$，如果满足终止条件，则停止搜索；否则转到步骤3。其中，终止条件为目标函数的最大估计次数 $\max\_it$。

最强帝国不参与帝国竞争，帝国竞争仅存在于第二层中的所有帝国之间。

帝国竞争描述如下：

步骤1：计算所有帝国的 $\overline{TC}_k$ 和 EP_k，$k=2,3,\cdots,N_{im}$。

步骤2：构建向量 $\lceil EP_2-r_2, EP_3-r_3, \cdots, EP_{N_{im}}-r_{N_{im}} \rceil$，确定向量中最大元素 EP_g-r_g 所对应的帝国 g。

步骤3：随机选择 Λ 中的一个解，若该解支配最弱帝国中的最弱殖民地，则将其加入帝国 g 并删除最弱殖民地；否则将最弱殖民地加入帝国 g。

当仅存在2个帝国时，帝国1通常拥有较多质量较高的解，只对其进行革命增加局部搜索能力。帝国2仅执行同化，以增强算法的全局搜索能力，有利于实现算法全局搜索和局部搜索之间的平衡。

图8-2给出了双层ICA的流程图。现有ICA中帝国竞争存在于整个搜索阶段的所有帝国之间。双层ICA中，最强帝国不参与竞争，可以避免早熟并且能够指导第二层帝国的搜索。同化也与常规ICA不同，这种同化方式在最弱帝国中得到了强化。当只存在两个帝国时，最强帝国仅执行革命，最弱帝国只进行同化，有助于平衡算法的全局搜索和局部搜索。另外，随着搜索进程的变化，同化和革命产生新解的方式也不同，有利于保持种群多样性，避免算法陷入局部最优。

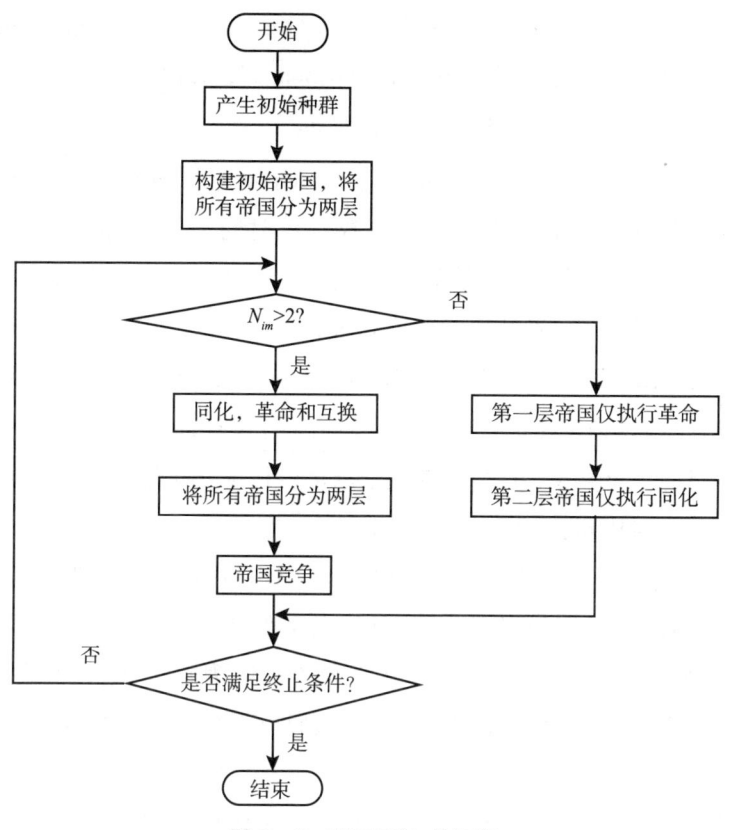

图 8-2 双层 ICA 的流程

8.3 计算实验

为了测试双层 ICA 求解考虑目标相对重要性的绿色 HFSP 的性能，进行了大量实验。所有实验均由 Microsoft Visual C ++ 2015 编程实现，并运行于 4.0G RAM 2.00 GHz CPU PC。

8.3.1 测试实例、评价指标和比较算法

采用工件数 n = 20，30，40，50，60，70，80，90，100，110，120

和阶段数 $m=2$, 4, 6, 8 的 44 个实例进行测试, 关于 V, η_{ihj} 等详细描述见布夫卢和贝尔凯德 (Boufellouh and Belkaid, 2023)。

选择 DI_R 和 C 两个指标评估算法性能。

卡里米和达沃普尔 (Karimi and Davoudpour)[113]提出了一种多目标殖民竞争算法 (CCA) 求解以总加权延迟时间和 makespan 为目标的 HFSP。CCA 已被证明具有较好的求解性能, 可直接应用于绿色 HFSP 的求解, 所以选择该算法作为对比算法。

王等 (Wang et al.)[118]运用多目标禁忌搜索算法 (MOTS) 求解考虑预防性维修的 HFSP, 获得了较好的结果。NSGA-Ⅱ[223]作为一种著名的多目标优化算法, 已广泛应用于求解各种调度问题, 故选择该算法作为另一个对比算法。

为了应用 CCA 求解绿色 HFSP, 在 CCA 中加入速度选择串和邻域结构 speed, 新旧解的比较采用新定义的支配关系。对于 MOTS, 去掉与预防性维修相关部分, 保留贪婪规则为每个工件分配机器, 加入了速度选择串和邻域结构 speed, 新旧解的比较也采用新定义的支配关系。

为了将 NSGA-Ⅱ 应用于绿色 HFSP, 对该算法做如下修改: 交叉与 8.2 节相同, 随机选择 insert、change 和 speed 其中一个作为变异算子, 当父代个体 P_1 和 P_2 进行交叉产生子代个体 O_1 和 O_2 以及 P_1 执行变异操作后获得的个体 O_1 时, 根据新定义的支配关系对其进行比较以反映对 f_1, f_2 偏好, 交叉后的个体 O_i 与 P_i 比较, $i=1$, 2, 通过实验确定这种比较方式可获得更好的结果。

8.3.2 参数设置

双层 ICA 的主要参数包括: N, N_{im}, $\max\_it$, T, R。应用 Taguchi 方法进行参数设置。每个参数的水平如表 8-2 所示, 表 8-3 为正交表 $L_{16}(4^5)$。表 8-4 给出了各参数的响应值。

第 8 章 考虑目标相对重要性的绿色混合流水车间调度

表 8-2 参数水平

参数	水平			
	1	2	3	4
N	40	60	80	100
N_{im}	6	7	8	9
max_it	90000	100000	110000	120000
T	150	200	250	300
R	6	8	10	12

表 8-3 正交表 $L_{16}(4^5)$

实验次数	参数水平					DI_R
	N	N_{im}	max_it	T	R	
1	1	1	1	1	1	8.012
2	1	2	2	2	2	5.882
3	1	3	3	3	3	8.945
4	1	4	4	4	4	7.132
5	2	1	2	3	4	7.590
6	2	2	1	4	3	6.821
7	2	3	4	1	2	8.073
8	2	4	3	2	1	7.104
9	3	1	3	4	2	7.014
10	3	2	4	3	1	6.576
11	3	3	1	2	4	7.330
12	3	4	2	1	3	6.612
13	4	1	4	2	3	6.955
14	4	2	3	1	4	7.601
15	4	3	2	4	1	6.691
16	4	4	1	3	2	6.383

表 8–4　　　　　　　　　各参数的响应值

水平	N	N_{im}	max_it	T	R
1	7.493	7.393	7.137	7.575	7.096
2	7.397	6.720	6.694	6.818	6.838
3	6.883	7.760	7.666	7.374	7.333
4	6.908	6.808	7.184	6.915	7.413
极差	0.610	0.673	0.490	0.757	0.575
等级	3	2	5	1	4

关于实例 80×8，双层 ICA 在每一种参数组合下随机运行 20 次。DI_R 及其信噪比 S/N 如图 8–3 所示，其中 S/N 定义为 $-10\log_{10}(DI_R^2)$，最后确定使双层 ICA 性能更好的一组参数为：$N = 80$，$N_{im} = 7$，max_it $= 10^5$，$T = 200$，$R = 8$。

MOTS 的领域解集规模对所有实例设置为 350。

CCA 的参数设置为：$N = 100$，$N_{im} = 10$，max_it $= 10^5$。

NSGA–II 的参数为：种群规模 100，交叉概率 0.8，变异概率 0.1，最大代数为 max_it/100。MOTS，CCA 和 NSGA–II 的参数值均为根据计算实验而得，是使得算法获得最好结果的一组值。

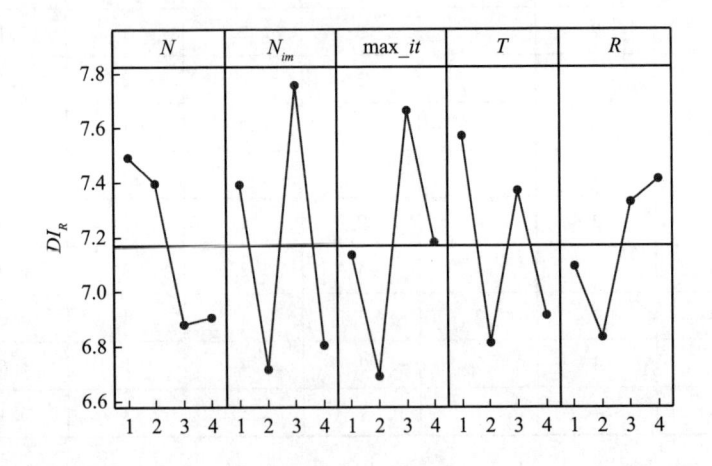

图 8-3 DI_R 及其信噪比 S/N

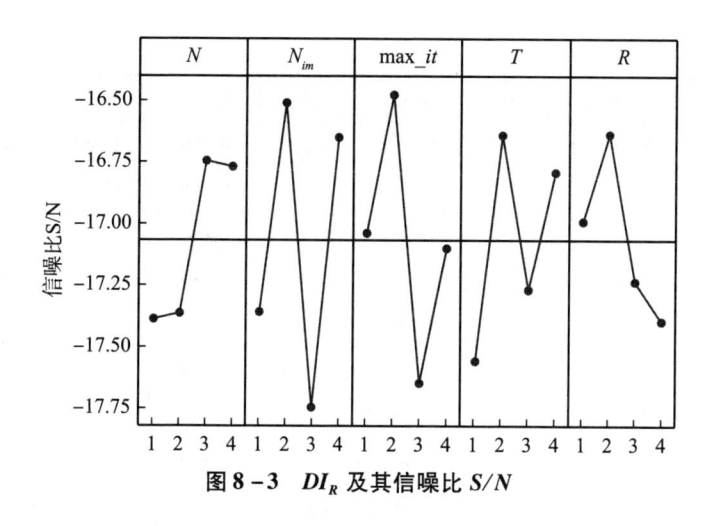

8.3.3 双层 ICA 新策略的影响

首先构建双层 ICA 的两种变体,称为 ICA1 和 ICA2。ICA1 中,删除第一层,即所有帝国均属于同一层,同化、革命与双层 ICA 的第二层实现方式相同。通过比较双层 ICA 和 ICA1,验证双层结构对 ICA 性能的影响。ICA2 中,同化、革命与常规 ICA 相同,通过与双层 ICA 比较表明双层 ICA 同化和革命方式的有效性。

双层 ICA 及其两种变体关于每个实例随机运行 20 次。表 8-5 和表 8-6 是三种算法的计算结果,参考集 Ω^* 由并集 $\Omega_1 \cup \Omega_2 \cup \Omega_3$ 中的非劣解组成。Ω_1、Ω_2 和 Ω_3 分别为双层 ICA、ICA1 以及 ICA2 的外部档案。符号 I、$I1$ 以及 $I2$ 分别表示双层 ICA、ICA1 和 ICA2。

表 8-5 双层 ICA、ICA1 和 ICA2 关于指标 DI_R 的计算结果

实例	双层 ICA	ICA1	ICA2	实例	双层 ICA	ICA1	ICA2
20×2	**1.015**	8.594	2.047	20×8	**1.561**	20.73	11.50
20×4	**0.000**	23.58	10.41	30×2	**1.182**	5.226	4.369
20×6	**0.011**	13.64	6.932	30×4	**0.185**	31.44	17.79

续表

实例	双层 ICA	ICA1	ICA2	实例	双层 ICA	ICA1	ICA2
30×6	**0.467**	25.81	6.912	80×4	**0.000**	42.88	23.53
30×8	3.031	22.46	0.922	80×6	**0.000**	10.21	8.565
40×2	**0.019**	12.12	7.133	80×8	**0.000**	25.49	14.26
40×4	**0.000**	20.39	5.595	90×2	1.768	13.65	6.612
40×6	4.056	32.55	14.83	90×4	14.68	19.52	7.200
40×8	**0.000**	22.75	3.491	90×6	**0.000**	19.13	9.979
50×2	**0.122**	11.59	5.804	90×8	**0.000**	20.59	14.98
50×4	1.911	13.33	1.042	100×2	**0.000**	16.16	11.64
50×6	**0.313**	13.50	9.601	100×4	5.922	27.73	0.000
50×8	**0.000**	14.04	10.11	100×6	1.152	14.61	2.415
60×2	7.825	12.30	1.773	100×8	3.122	19.01	5.116
60×4	9.262	38.72	1.837	110×2	**0.777**	7.898	1.617
60×6	**1.034**	15.14	7.378	110×4	**0.746**	22.78	7.795
60×8	**0.208**	24.10	4.545	110×6	**0.794**	17.68	3.452
70×2	8.947	18.53	0.000	110×8	**0.000**	35.09	24.27
70×4	**0.221**	29.16	11.99	120×2	19.18	19.13	6.887
70×6	**0.000**	18.66	6.042	120×4	2.014	26.09	12.45
70×8	3.604	28.62	0.000	120×6	**0.000**	23.12	12.33
80×2	9.020	15.75	0.000	120×8	**0.000**	30.11	13.40

表8-6 双层 ICA、ICA1 和 ICA2 关于指标 C 的计算结果

实例	$C(I, II)$	$C(II, I)$	$C(I, I2)$	$C(I2, I)$	$C(I2, II)$	$C(II, I2)$
20×2	1.000	0.000	1.000	0.000	1.000	0.000
20×4	1.000	0.000	1.000	0.000	1.000	0.000
20×6	1.000	0.000	0.990	0.000	0.994	0.000
20×8	0.971	0.000	0.945	0.000	1.000	0.000
30×2	0.408	0.244	0.899	0.026	0.119	0.695
30×4	0.988	0.000	1.000	0.000	0.958	0.012

续表

实例	$C(I, \varPi)$	$C(\varPi, I)$	$C(I, I2)$	$C(I2, I)$	$C(I2, \varPi)$	$C(\varPi, I2)$
30×6	**0.703**	0.000	**0.638**	0.301	1.000	0.000
30×8	**1.000**	0.000	0.033	0.836	0.886	0.000
40×2	**1.000**	0.000	**0.997**	0.000	0.232	0.369
40×4	**1.000**	0.000	**1.000**	0.000	1.000	0.000
40×6	**0.800**	0.000	**1.000**	0.000	0.333	0.000
40×8	**1.000**	0.000	**1.000**	0.000	1.000	0.000
50×2	**0.978**	0.000	**1.000**	0.000	0.913	0.032
50×4	**0.945**	0.000	0.031	0.682	1.000	0.000
50×6	**1.000**	0.000	**0.962**	0.400	0.951	0.000
50×8	**1.000**	0.000	**1.000**	0.000	1.000	0.000
60×2	**0.842**	0.005	**0.429**	0.098	1.000	0.000
60×4	**1.000**	0.000	**0.508**	0.200	1.000	0.000
60×6	**0.520**	0.000	**1.000**	0.000	0.480	0.000
60×8	**1.000**	0.000	**0.962**	0.000	1.000	0.000
70×2	**1.000**	0.000	0.000	1.000	1.000	0.000
70×4	**0.991**	0.000	**1.000**	0.000	0.953	0.000
70×6	**1.000**	0.000	**1.000**	0.000	1.000	1.000
70×8	**1.000**	0.000	0.000	1.000	1.000	0.000
80×2	**1.000**	0.000	0.000	1.000	1.000	0.000
80×4	**1.000**	0.000	**1.000**	0.000	0.111	0.000
80×6	**1.000**	0.000	**1.000**	0.000	0.938	0.000
80×8	**1.000**	0.000	**1.000**	0.000	1.000	0.000
90×2	0.193	0.419	**1.000**	0.000	0.000	0.718
90×4	**0.944**	0.000	**0.690**	0.000	0.951	0.000
90×6	**1.000**	0.000	**1.000**	0.000	1.000	0.000
90×8	**1.000**	0.000	**1.000**	0.000	0.956	0.000
100×2	**1.000**	0.000	**1.000**	0.000	0.769	0.028
100×4	**1.000**	0.000	0.000	1.000	1.000	0.000

续表

实例	$C(I, I1)$	$C(I1, I)$	$C(I, I2)$	$C(I2, I)$	$C(I2, I1)$	$C(I1, I2)$
100×6	**0.022**	0.000	0.000	0.000	1.000	0.000
100×8	**1.000**	0.000	0.000	0.653	1.000	0.000
110×2	**1.000**	0.000	**0.595**	0.225	1.000	0.000
110×4	**0.956**	0.000	**0.844**	0.061	0.938	0.000
110×6	**1.000**	0.000	**0.710**	0.000	0.143	0.000
110×8	**1.000**	0.000	**1.000**	0.000	1.000	0.000
120×2	**0.747**	0.000	**0.584**	0.000	0.990	0.000
120×4	**0.956**	0.000	**0.838**	0.000	1.000	0.000
120×6	**1.000**	0.000	**1.000**	0.000	1.000	0.000
120×8	**1.000**	0.000	**1.000**	0.000	1.000	0.000

如表8-5和表8-6所示，双层ICA的两个指标关于大多数实例都优于ICA1和ICA2。双层ICA关于43个实例获得了比ICA1更小的DI_R值，且关于35个实例，双层ICA的DI_R值比ICA1的对应值至少小10。关于43个实例，$C(I1, I)$小于$C(I, I1)$；且其中关于28个实例，双层ICA的非劣解完全支配ICA1的非劣解。双层ICA关于34个实例获得了比ICA2更小的DI_R值，关于37个实例$C(I2, I)$小于或等于$C(I, I2)$；且其中关于21个实例，双层ICA提供了参考集中的所有成员。表8-7中的统计结果也显示了双层ICA及其两种变体间的性能差异。总之，双层ICA的两种新策略能有效地改善其性能。

表8-7 配对样本t-检验的结果

t-检验	p-值（DI_R）	p-值（C）
t-检验（双层ICA, ICA1）	0.000	0.000
t-检验（双层ICA, ICA2）	0.000	0.000
t-检验（双层ICA, CCA）	0.000	0.001
t-检验（双层ICA, MOTS）	0.000	0.000
t-检验（双层ICA, NSGA-Ⅱ）	0.000	0.000

8.3.4 计算结果比较与分析

首先构建变体 ICA3，其步骤与双层 ICA 相同；只是三个目标同等对待，各步骤均采用 Pareto 支配，表 8-8 给出了双层 ICA 和 ICA3 两个算法关于实例 90×6 获得的非劣解。

表 8-8　　　　　　双层 ICA 和 ICA3 的对比

双层 ICA	ICA3
{142.00, 3773.95, 5998.93}, {150.01, 3933.24, 5629.27}	{146.76, 4035.27, 5523.81}, {145.87, 3953.77, 5700.04}
{144.50, 3820.27, 5704.33}, {142.17, 3796.53, 5806.87}	{150.78, 4127.41, 5342.92}, {145.20, 3980.08, 5626.62}
{150.24, 3959.93, 5622.52}, {142.28, 3774.02, 5915.50}	{148.57, 4090.82, 5434.29}, {147.99, 4055.30, 5489.91}
{147.50, 3898.26, 5665.27}, {145.65, 3835.88, 5687.20}	{152.66, 4234.65, 5204.94}, {162.87, 4545.28, 4979.82}
{149.37, 3945.38, 5636.76}, {146.38, 3856.43, 5677.71}	{148.19, 4160.99, 5404.62}, {161.00, 4468.36, 5017.88}
{152.07, 3982.56, 5598.56}, {142.83, 3790.38, 5773.62}	{146.10, 4065.79, 5547.17}, {149.82, 4130.12, 5365.39}
{151.85, 3977.45, 5606.47}, {143.50, 3806.33, 5735.71}	{151.12, 4144.38, 5318.79}, {150.47, 4315.17, 5285.66}
{149.20, 3885.30, 5643.73}, {142.56, 3778.95, 5853.34}	{152.98, 4191.61, 5231.37}, {154.49, 4336.58, 5078.25}
	{145.42, 3982.37, 5592.65}, {156.87, 4443.49, 5037.88}, {153.30, 4264.37, 5181.22}, {154.24, 4301.63, 5116.58}, {153.72, 4277.03, 5149.95}, {161.87, 4581.50, 4990.81}

如表 8-8 所示，双层 ICA 的非劣解仅有一个解被 ICA3 的非劣解支配；当仅比较 f_1、f_2 两个目标时，双层 ICA 的非劣解仅有三个解被

ICA3 的非劣解支配；另外，双层 ICA 关于大部分实例所得到的能耗目标值大于 ICA3 的相应结果，但是，对于能耗值相近的解，例如，双层 ICA 所得的 {144.50，3820.27，5704.33} 和 ICA3 所得 {145.87，3953.77，5700.04}，双层 ICA 的 f_1、f_2 都小于 ICA3，因此，新定义的支配关系比 Pareto 支配更适合处理目标相对重要性。

双层 ICA、CCA、MOTS 和 NSGA-II 关于每个实例随机运行 20 次。表 8-9 ~ 表 8-11 是四种算法的计算结果和算法运行时间，参考集 Ω^* 由并集 $\Omega_1 \cup \Omega_4 \cup \Omega_5 \cup \Omega_6$ 中的非劣解组成。Ω_4、Ω_5 和 Ω_6 分别为 CCA、MOTS 和 NSGA-II 的外部档案。符号 C、M、N 分别表示 CCA、MOTS 和 NSGA-II。图 8-4 和图 8-5 分别为四种算法的箱线图以及关于 4 个实例的非劣解分布图。

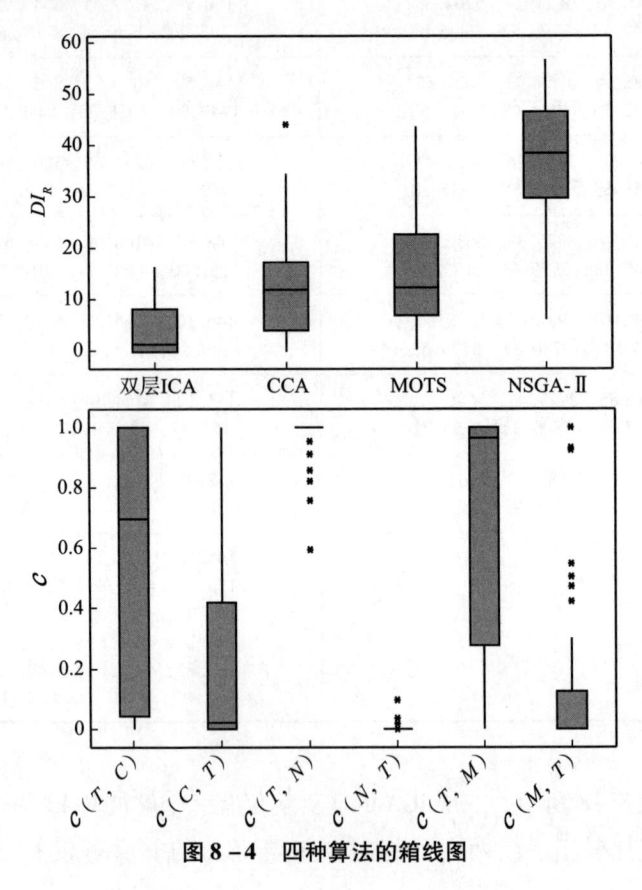

图 8-4 四种算法的箱线图

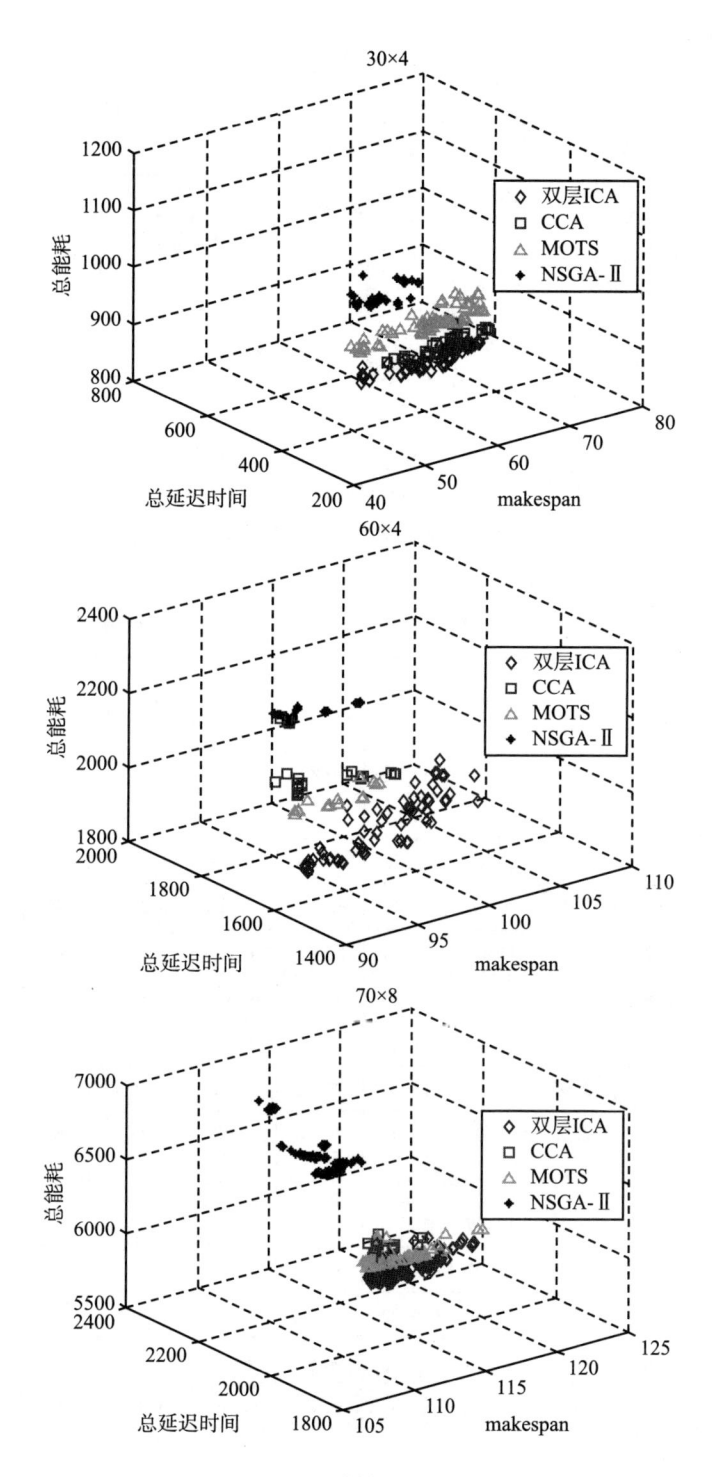

第8章 考虑目标相对重要性的绿色混合流水车间调度

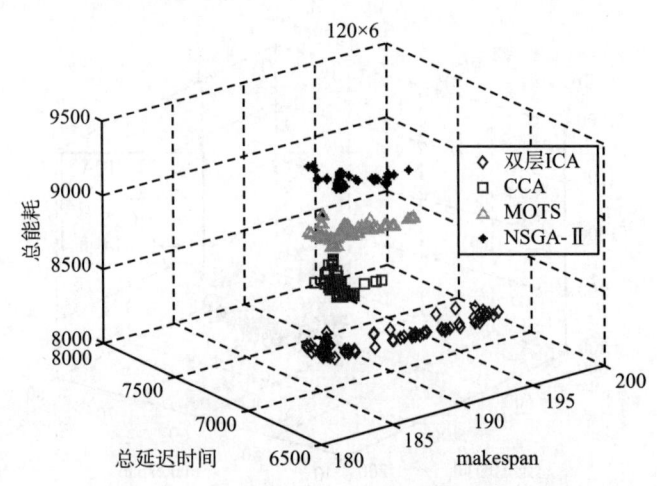

图 8-5 四种算法关于 4 个实例的非劣解分布图

表 8-9 双层 ICA、MOTS、CCA 和 NSGA-Ⅱ关于指标 DI_R 的计算结果

实例	双层ICA	CCA	MOTS	NSGA-Ⅱ	实例	双层ICA	CCA	MOTS	NSGA-Ⅱ
20×2	**1.232**	4.816	9.622	6.054	50×8	**2.672**	11.32	2.694	38.15
20×4	6.593	0.045	3.837	46.55	60×2	9.846	4.277	5.462	21.83
20×6	**1.346**	2.043	10.41	18.78	60×4	**0.000**	44.04	29.82	56.65
20×8	8.802	2.571	9.342	29.44	60×6	**0.669**	9.262	8.497	36.67
30×2	**0.876**	14.24	11.66	9.194	60×8	**0.116**	17.92	5.854	48.06
30×4	**0.197**	4.572	15.34	38.66	70×2	**10.11**	18.14	21.18	30.04
30×6	**1.278**	3.867	6.466	27.22	70×4	**0.000**	33.05	37.51	54.30
30×8	7.282	2.459	0.667	33.67	70×6	**0.000**	15.42	18.49	33.31
40×2	**0.676**	2.533	4.016	13.93	70×8	**0.000**	14.41	4.650	38.84
40×4	2.712	3.420	0.380	36.65	80×2	**8.840**	12.33	16.32	26.37
40×6	5.446	0.000	12.27	38.76	80×4	**2.034**	34.44	43.45	55.42
40×8	**0.000**	10.58	23.07	32.96	80×6	9.422	0.000	6.626	33.44
50×2	**1.079**	13.70	12.54	15.22	80×8	**1.552**	7.432	4.687	48.94
50×4	**1.948**	18.52	26.08	31.62	90×2	**8.194**	26.66	31.55	32.48
50×6	**0.003**	13.78	24.45	29.52	90×4	11.39	5.001	16.98	38.76

续表

实例	双层ICA	CCA	MOTS	NSGA-Ⅱ	实例	双层ICA	CCA	MOTS	NSGA-Ⅱ
90×6	**0.000**	14.46	31.42	45.87	110×4	**0.512**	18.17	13.12	46.50
90×8	**0.000**	3.695	16.67	51.80	110×6	**0.000**	10.20	9.696	48.66
100×2	**8.112**	28.66	14.37	29.32	110×8	**0.000**	10.21	16.68	52.52
100×4	**0.718**	17.16	8.703	42.26	120×2	**9.514**	13.31	25.90	48.33
100×6	8.395	10.95	7.596	38.92	120×4	16.56	**2.133**	11.97	36.22
100×8	**0.000**	13.68	25.47	45.67	120×6	**0.000**	17.46	32.21	43.67
110×2	**8.341**	18.96	20.10	43.91	120×8	**0.000**	13.71	12.24	55.68

表8-10 双层ICA、MOTS、CCA和NSGA-Ⅱ关于指标C的计算结果

实例	$C(I, C)$	$C(C, I)$	$C(I, N)$	$C(N, I)$	$C(I, M)$	$C(M, I)$
20×2	**0.979**	0.004	**0.821**	0.037	**0.313**	0.276
20×4	0.000	1.000	**0.759**	0.000	0.000	0.925
20×6	**0.799**	0.087	**1.000**	0.000	**0.972**	0.000
20×8	**0.500**	0.206	**1.000**	0.000	**0.975**	0.000
30×2	**1.000**	0.000	**0.910**	0.019	**0.235**	0.140
30×4	**0.969**	0.004	**1.000**	0.000	**0.957**	0.000
30×6	**0.721**	0.476	**1.000**	0.000	**0.915**	0.000
30×8	0.000	1.000	**1.000**	0.000	0.000	1.000
40×2	**0.766**	0.054	**1.000**	0.000	**0.975**	0.013
40×4	**0.500**	0.375	**1.000**	0.000	**1.000**	0.932
40×6	0.000	1.000	**1.000**	0.000	**1.000**	0.000
40×8	**1.000**	0.000	**1.000**	0.000	**1.000**	0.000
50×2	**0.674**	0.036	**0.953**	0.002	**0.605**	0.082
50×4	0.007	0.579	**1.000**	0.000	**1.000**	0.000
50×6	**0.993**	0.000	**1.000**	0.000	**1.000**	0.000
50×8	**0.149**	0.070	**1.000**	0.000	**0.446**	0.474

续表

实例	$\mathcal{C}(I, C)$	$\mathcal{C}(C, I)$	$\mathcal{C}(I, N)$	$\mathcal{C}(N, I)$	$\mathcal{C}(I, M)$	$\mathcal{C}(M, I)$
60×2	**0.409**	0.052	**0.593**	0.098	**0.588**	0.031
60×4	**1.000**	0.000	**1.000**	0.000	**1.000**	0.000
60×6	**0.257**	0.053	**1.000**	0.000	**0.955**	0.000
60×8	**1.000**	0.000	**1.000**	0.000	**0.986**	0.000
70×2	0.000	0.478	**1.000**	0.000	0.056	0.548
70×4	**1.000**	0.000	**1.000**	0.000	**1.000**	0.000
70×6	**1.000**	0.000	**1.000**	0.000	**1.000**	0.000
70×8	**1.000**	0.000	**1.000**	0.000	**1.000**	0.000
80×2	0.000	0.593	**1.000**	0.000	0.000	0.423
80×4	**1.000**	0.000	**1.000**	0.000	**0.667**	0.000
80×6	0.000	1.000	**1.000**	0.000	0.224	0.506
80×8	**0.432**	0.000	**1.000**	0.000	**1.000**	0.000
90×2	0.000	0.436	**1.000**	0.000	0.115	0.302
90×4	**0.723**	0.000	**1.000**	0.000	**1.000**	0.000
90×6	**1.000**	0.000	**1.000**	0.000	**1.000**	0.000
90×8	**1.000**	0.000	**1.000**	0.000	**1.000**	0.000
100×2	0.000	0.571	**1.000**	0.000	**0.832**	0.004
100×4	**0.287**	0.265	**1.000**	0.000	**0.983**	0.000
100×6	0.000	0.000	**1.000**	0.000	0.000	0.000
100×8	**1.000**	0.000	**1.000**	0.000	**1.000**	0.000
110×2	0.000	0.520	**1.000**	0.000	0.093	0.258
110×4	**0.469**	0.034	**1.000**	0.000	**0.815**	0.000
110×6	**1.000**	0.000	**1.000**	0.000	**1.000**	0.000
110×8	**1.000**	0.000	**1.000**	0.000	**1.000**	0.000
120×2	**0.602**	0.163	**0.857**	0.000	**0.267**	0.000
120×4	**0.357**	0.006	**1.000**	0.000	**0.764**	0.000
120×6	**1.000**	0.000	**1.000**	0.000	**1.000**	0.000
120×8	**1.000**	0.000	**1.000**	0.000	**1.000**	0.000

第8章 考虑目标相对重要性的绿色混合流水车间调度

表8-11 双层ICA、CCA、MOTS和NSGA-Ⅱ的计算时间

实例	双层ICA	CCA	MOTS	NSGA-Ⅱ	实例	双层ICA	CCA	MOTS	NSGA-Ⅱ
20×2	3.108	3.423	3.879	3.757	70×6	28.03	31.02	24.66	37.96
20×4	4.736	5.826	4.858	5.903	70×8	40.01	43.89	32.76	45.64
20×6	6.814	7.017	6.167	7.238	80×2	11.30	12.54	11.90	15.39
20×8	7.894	8.022	7.064	8.674	80×4	23.90	26.00	20.90	29.02
30×2	3.638	3.907	4.989	4.204	80×6	34.86	38.55	29.00	42.86
30×4	7.149	7.921	7.219	8.647	80×8	44.85	49.91	39.83	58.57
30×6	8.533	9.802	8.873	10.95	90×2	12.55	14.84	13.10	18.69
30×8	12.62	13.47	11.01	13.57	90×4	24.02	29.25	25.28	35.34
40×2	4.592	5.889	6.240	6.320	90×6	33.92	43.94	34.70	54.07
40×4	9.051	10.97	9.293	11.84	90×8	50.78	64.03	46.93	71.94
40×6	12.30	14.71	11.61	15.02	100×2	14.93	16.43	15.42	20.34
40×8	14.34	17.62	15.50	19.42	100×4	27.33	33.26	28.91	41.41
50×2	5.370	6.408	7.435	7.932	100×6	38.36	49.48	40.37	57.49
50×4	12.91	13.82	13.08	16.34	100×8	55.70	68.94	61.55	81.27
50×6	17.23	20.15	16.54	22.45	110×2	17.38	20.72	19.99	22.95
50×8	21.74	28.86	21.90	31.46	110×4	34.16	40.92	41.71	48.97
60×2	6.162	7.930	9.150	8.815	110×6	44.97	57.77	52.68	67.75
60×4	12.34	15.48	14.34	19.04	110×8	70.01	88.39	76.05	94.05
60×6	18.75	23.25	19.62	28.97	120×2	21.06	23.60	23.26	26.04
60×8	26.58	33.84	26.91	36.80	120×4	43.34	48.21	45.24	55.75
70×2	9.514	10.98	10.73	13.14	120×6	59.74	69.21	65.19	78.64
70×4	19.58	20.94	18.25	25.13	120×8	75.44	94.93	85.16	109.0

从表8-9～表8-11中可知，关于大多数实例，双层ICA获得了优于其他三种算法计算结果。CCA、MOTS和NSGA-Ⅱ关于17个实例的解总是远离双层ICA的非劣解，双层ICA关于36个实例获得了比

CCA 更小的 DI_R 值，关于 37 个实例的 DI_R 值优于 MOTS。双层 ICA 关于所有实例得到了比 NSGA-Ⅱ更小的 DI_R 值。另外，双层 ICA 分别关于 14 个、17 个和 37 个实例所获得的非劣解完全支配 CCA、MOTS 和 NSGA-Ⅱ产生的解。总之，双层 ICA 在求解绿色 HFSP 方面比三种对比算法具有更强的优势，从表 8-7 的统计结果和图 8-4 和图 8-5 四种算法箱线图和非劣解分布图也验证了该结论。

双层 ICA 的优越性能主要来自双层结构、同化、革命以及帝国竞争等新策略。最强帝国不参与帝国竞争，以避免算法早熟；优化数据的充分利用有利于提高搜索效率；随着搜索过程的变化，同化和革命在不同帝国产生新解的方式不同，保持了较高的种群多样性，避免算法陷入局部最优，因此，可以得出双层 ICA 能够有效地求解绿色 HFSP。

8.4 本章小结

本章针对考虑目标间相对重要性的绿色 HFSP，提出了一种双层 ICA 以最小化总延迟时间，makespan 和总能耗，其中总能耗的重要性低于其他两个目标。主要贡献如下：①采用新定义的 Pareto 支配关系处理目标间的相对重要性；②提出了双层 ICA，每个帝国在不同的搜索阶段执行不同的同化和革命方法并且最强帝国不参与帝国竞争；③为了避免将最弱帝国中的最弱殖民地分配给取胜帝国，随机选择记忆集中的一个解加入取胜帝国。大量计算实验结果表明双层 ICA 能够有效地求解所研究的绿色 HFSP。

第 9 章

全 书 总 结

随着环境污染的持续劣化以及环保意识的不断加强,离散工业过程调度亟须在提高经济指标的同时,降低对环境的影响,大力推广和实现绿色调度。本书深入研究了基于 ICA 和 ABC 的离散工业过程绿色调度问题,主要成果和创新点总结如下:

第一,提出了一种基于 ICA 和 VNS 的两阶段元启发式算法求解具有总能耗约束的绿色 FJSP,第一阶段将原问题转化为具有总能耗等目标的三目标绿色 FJSP,设计新型 ICA 对问题求解并根据 ICA 优化结果确定总能耗阈值;第二阶段设计了高效的 VNS 对原问题求解。计算结果表明,两阶段元启发式算法具有较强的优势。

第二,研究了考虑运输的绿色 FJSP,提出了基于反馈的 ICA 以同时最小化总能耗、总延迟时间和 makespan。该算法运用反馈实现同化和革命参数以及邻域结构的自适应选择;不是所有殖民地都进行同化,参与同化的殖民地能执行多次同化并有多个学习对象;设计了新型帝国竞争并对种群中部分最差解进行处理以提高算法的搜索效率。最后通过与其他算法比较,验证了所提算法的优越性。

第三,针对考虑有限等待时间的绿色 FJSP,提出了一种基于知识引导的分组人工蜂群算法(knowledge-guided grouping artificial bee colony algorithm,KGGABC)以最小化 makespan 和总能耗。该算法雇佣蜂阶段中通过非支配排序选择部分最优食物源进行分组,并为每个食物源分配一定数量的雇佣蜜蜂进行搜索。在观察蜂阶段设计了一种改进的排序选择以减少仅依赖食物源适应度的影响，同时获取进化过程中的知识以指导算法的搜索。最后，通过大量实验验证了 KGGABC 在求解所研究问题方面的有效性。

第四，研究了考虑有限等待时间的绿色柔性作业车间调度问题（energy-efficient flexible job shop scheduling problem with limited waiting time，EFJSP–LWT）。针对该问题，提出了一种基于知识引导的分组人工蜂群算法（knowledge-guided grouping artificial bee colony algorithm，KGGABC）。该算法中通过非支配排序选择若干最佳食物源作为精英解，并为每个食物源分配一定数量的雇佣蜜蜂进行搜索。在观察蜂阶段设计了一种改进的排序选择方法以减少仅依赖蜜源适应度值的影响。最后通过大量实验验证了 KGGABC 在求解 EFJSP–LWT 方面的有效性。

第五，设计了一种改进型 ICA 以总能耗、最大延迟时间、makespan 和最大机器负荷为目标的高维多目标 FJSP，该算法采用新方法构建初始帝国使得大多数殖民国家分配数量相近的殖民地，引入殖民国家的同化操作，并应用新的革命策略和帝国竞争方法以获得质量较高的解。大量实验表明改进型 ICA 在所研究的问题方面具有较强的优势。

第六，针对考虑关键目标的绿色 FJSP，提出了一种差异化 ICA 以充分优化关键目标 makespan 和总延迟时间的同时持续改进非关键目标总能耗。该算法采用新的同化策略使得帝国内每个解至少存在多个学习对象并区别对待帝国内的最好解和其他殖民地，新型帝国竞争中给出了归一化总成本新定义并引入了殖民国家的全局搜索。通过实验系统地分析了总能耗的劣化程度与关键目标的改善程度之间的关系，并验证了差异化 ICA 的优越性。

第七，针对考虑机器劣化效应的绿色置换流水车间调度问题（EPFSP–DEM）提出了一种考虑多样性和收敛性的帝国竞争算法（DCICA）最小化 makespan 和总能耗。在 DCICA 中，设计了多样化同化操作以提高种群的多样性以及基于知识引导的革命操作以有效地分配计算资源；定义了种群的收敛性和多样性以评估同化和革命的搜索质量；同时提出了一种新的帝国竞争以加强帝国之间的信息交流。最后通过大量实验系统地分析了不同劣化率对两个目标的影响,实验结果表明DCICA在求解所研究的问题方面的有效性。

第八,研究了以总延迟时间,makespan 和总能耗为目标的绿色HFSP,其中总能耗的重要性低于其他两个目标,采用新定义的 Pareto 支配关系处理目标间的相对重要性,提出了一种双层 ICA。为了产生质量较高的解,每个帝国在不同的搜索阶段执行不同的同化和革命方法并且最强帝国不参与帝国竞争。每隔一定代数,记忆集与最强帝国结合重新构建新的帝国,设计了新型帝国竞争。大量计算实验结果表明双层 ICA 能够有效地求解所研究的问题。

参 考 文 献

[1] 国家自然科学基金委员会，中国科学院. 未来10年中国学科发展战略：信息科学 [M]. 北京：科学出版社，2020.

[2] 辛斌，陈杰，彭志红. 智能优化控制：概述与展望 [J]. 自动化学报，2013，39（11）：1831-1848.

[3] 丁进良，杨翠娥，陈远东，等. 复杂工业过程智能优化决策系统的现状与展望 [J]. 自动化学报，2018，44（11）：1931-1943.

[4] 王凌，王晶晶，吴楚格. 绿色车间调度优化研究进展 [J]. 控制与决策，2018，33（3）：385-391.

[5] Rahimifard S，Seow Y，Childs T. Minimising embodied product energy to support energy efficient manufacturing [J]. CIRP Annals，2010，59：25-28.

[6] Ding J Y，Song S J，Wu C. Carbon-efficient scheduling of flow shops by multi-objective optimization [J]. European Journal of Operations Research，2016，248：758-771.

[7] Piroozfard H，Wong K Y，Tiwari M K. Reduction of carbon emission and total late work criterion in job shop scheduling by applying a multi-objective imperialist competitive algorithm [J]. International Journal of Computational Intelligence Systems，2018，11：805-829.

[8] Lee S，Chung B D，Jeon H W，et al. A dynamic control approach for energy-efficient produc- tion scheduling on single machine under time-varying electricity pricing [J]. Journal of Cleaner Production，2017，165：552-563.

[9] Che A, Wu X Q, Peng J, et al. Energy-efficient bi-objective single-machine scheduling with power-down mechanism [J]. Computers & Operations Research, 2017, 85: 172-183.

[10] Wu X, Che A. A memetic differential evolution algorithm for energy-efficient parallel machine scheduling [J]. Omega, 2019, 82: 155-165.

[11] Wang S J, Wang X D, Yu J B, et al. Bi-objective identical parallel machine scheduling to minimize total energy consumption and makespan [J]. Journal of Cleaner Production, 2018, 193: 424-440.

[12] 雷德明, 潘子肖, 张清勇. 多目标低碳并行机调度研究 [J]. 华中科技大学学报（自然科学版）, 2018, 46 (8): 104-109.

[13] Liu G S, Zhou Y, Yang H D. Minimizing energy consumption and tardiness penalty for fuzzy flow shop scheduling with state-dependent setup time [J]. Journal of Cleaner Production, 2017, 147: 470-484.

[14] Lu C, Gao L, Li X Y. Energy-efficient permutation flow shop scheduling problem using a hybrid multi-objective backtracking search algorithm [J]. Journal of Cleaner Production, 2017, 144: 228-238.

[15] Li J Q, Sang H Y, Han Y Y. Efficient multi-objective optimization algorithm for hybrid flow shop scheduling problems with setup energy consumptions [J]. Journal of Cleaner Production, 2018, 181: 584-598.

[16] May G, Stahl B, Taisch M. Multi-objective genetic algorithm for energy-efficient job shop scheduling [J]. International Journal of Production Research, 2015, 53: 7071-7089.

[17] Zhang R, Chiong R. Solving the energy-efficient job shop scheduling problem: a multi-objective genetic algorithm with enhanced local search for minimizing the total weighted tardiness and total energy consumption [J]. Journal of Cleaner Production, 2016, 112: 3361-3375.

[18] Salido M A, Escamilla, Giret A. A genetic algorithm for energy-efficiency in job shop scheduling [J]. International Journal of Advanced Man-

ufacturing Technology, 2016, 85: 1303 -1314.

[19] Brucker P, Schlie R. Job-shop scheduling with multi-purpose machines [J]. Computing, 1990, 45 (4): 369 -375.

[20] Chen H X, Chu C B, Proth J M. More efficient lagrangian relaxation approach to job-shop scheduling problems [C]. IEEE International Conference on Robotics and Automation, 1995, 1: 496 -501.

[21] Aitzai A, Benmedjdoub B, Boudhar M. Branch-and-bound and PSO algorithms for no-wait job shop scheduling [J]. Journal of Intelligent Manufacturing, 2016, 27 (3): 679 -688.

[22] Zhang Q, Manier H, Manier M A. A modified shifting bottleneck heuristic and disjunctive graph for job shop scheduling problems with transportation constraints [J]. International Journal of Production Research, 2014, 52 (4): 985 -1002.

[23] Teymourifar A, Ozturk G, Ozturk Z K. Extracting new dispatching rules for multi-objective dynamic flexible job shop scheduling with limited buffer spaces [J]. Cognitive Computation, 2018: 1 -11.

[24] Bekkar A, Belalem G, Beldjilali B. Iterated greedy insertion approaches for the flexible job shop scheduling problem with transportation times constraint [J]. International Journal of Manufacturing Research, 2019, 14 (1): 43 -66.

[25] Kacem I, Hammadi S, Borne P. Pareto-optimality approach for flexible job-shop scheduling problems: hybridization of evolutionary algorithms and fuzzy logic [J]. Mathematics and Computers in Simulation, 2002, 60 (3 -5): 245 -276.

[26] Bagheri A, Zandieh M. Bi-criteria flexible job-shop scheduling with sequence-dependent setup times-variable neighborhood search approach [J]. Journal Manufacturing Systems, 2011, 30 (1): 8 -15.

[27] Zheng X L, Wang L. A knowledge-guided fruit fly optimization algorithm for dual resource constrained flexible job-shop scheduling problem

[J]. International Journal of Production Research, 2016, 54 (18): 5554 - 5566.

[28] Li X Y, Gao L. An effective hybrid genetic algorithm and tabu search for flexible job shop scheduling problem [J]. International Journal of Production Economics, 2016, 174: 93 - 110.

[29] Wu R, Li Y B, Guo S S. Solving the dual-resource constrained flexible job shop scheduling problem with learning effect by a hybrid genetic algorithm [J]. Advances in Mechanical Eng- ineering, 2018, 10 (10): 1 - 14.

[30] Gong G L, Chiong R, Deng Q W, et al. A hybrid artificial bee colony algorithm for flexible job shop scheduling with worker flexibility [J]. International Journal of Production Research, 2019, in press.

[31] Shen X N, Han Y, Fu J Z. Robustness measures and robust scheduling for multi-objective stochastic flexible job shop scheduling problems [J]. Soft Computing, 2017, 21: 6531 - 6554.

[32] Zhang G H, Hu Y F, Sun J H, et al. An improved genetic algorithm for the flexible job shop scheduling problem with multiple time constraints [J]. Swarm and Evolutionary Computation, 2020, 54: 100664.

[33] 刘琼, 田有全, Sutherland J W. 产品制造过程碳足迹核算及其优化问题 [J]. 中国机械工程, 2015, 26 (17): 2336 - 2343.

[34] 蒋增强, 左乐. 绿色策略下的多目标柔性作业车间调度 [J]. 计算机集成制造系统, 2015, 21 (4): 1023 - 1031.

[35] He Y, Li Y F, Wu T, et al. An energy-responsive optimization method for machine tool selection and operation sequence in flexible machining job shops [J]. Journal of Cleaner Production, 2015, 87: 245 - 254.

[36] Yin L J, Li X Y, Gao L. A novel mathematical model and multi-objective method for the low carbon flexible job shop scheduling problem [J]. Sustainable Computing: Informatics and Systems, 2017, 13: 15 - 30.

[37] Piroozfard H, Wong K Y, Wong W P. Minimizing total carbon

footprint and total late work critertion in flexible job shop scheduling by using an improved multi-objective genetic algor- ithm [J]. Resources, Conservation and Recycling, 2018b, 128: 267 – 283.

[38] Wu X L, Sun Y J. A green scheduling algorithm for flexible job shop with energy-saving measures [J]. Journal of Cleaner Production, 2018, 172: 3249 – 3264.

[39] Gong X T, Pessemier D, Martens L. Energy and labor-aware flexible job shop scheduling under dynamic electricity pricing: a many-objective optimization investigation [J]. Journal of Cleaner Production, 2019, 209: 1078 – 1094.

[40] Wang H, Jiang Z G, Wang Y. A two-stage optimization method for energy-saving flexible job shop scheduling based on energy dynamic characterization [J]. Journal of Cleaner Production, 2018, 188: 575 – 588.

[41] Mokhtari H, Hasani A. An energy-efficient multi-objective optimization for flexible job- shop scheduling problem [J]. Computers and Chemical Engineering, 2017, 104: 339 – 352.

[42] 魏鑫，张泽群，唐敦兵，等. 面向节能的导弹结构件混线生产作业车间多目标调度研究 [J]. 机械工程学报, 2018, 54: 45 – 54.

[43] Dai M, Tang D B, Giret A, et al. Multi-objective optimization for energy-efficient flexible job shop scheduling problem with transportation constraints [J]. Robotics and Computer – Integrated Manufacturing, 2019, 59: 143 – 157.

[44] Liu Q, Zhan M M, Chekem F. A hybrid fruit fly algorithm for solving flexible job-shop scheduling to reduce manufacturing carbon footprint [J]. Journal of Cleaner Production, 2017, 68: 668 – 678.

[45] 雷德明. 基于新型教学优化算法的低碳柔性作业车间调度 [J]. 控制与决策, 2017, 32: 1621 – 1627.

[46] Lei D M, Zheng Y L, Guo X P. A shuffled frog leaping algorithm for flexible job shop scheduling with the consideration of energy consumption

[J]. International Journal of Production Research, 2017, 55: 3126 – 3140.

[47] Lei D M, Guo X P. An effective neighborhood search for scheduling in dual-resource constrained interval job shop with environmental objective [J]. International Journal of Production Research, 2015, 159 (1): 296 – 303.

[48] Luo S, Zhang L X, Fan Y S. Energy-efficient scheduling for multi-objective flexible job shops with variable processing speeds by grey wolf optimization [J]. Journal of Cleaner Production, 2019, 234: 1365 – 1384.

[49] Nouiri M, Bekrar A, Trentesaux D. Towards energy efficient scheduling and rescheduling for dynamic flexible job shop problem [J]. IFAC – Papers OnLine, 2018, 51 (11): 1275 – 1280.

[50] Caldeira R H, Gnanavelbabu A, Vaidyanathan T. An effective backtracking search algorithm for multi-objective flexible job shop scheduling considering new job arrivals and energy consumption [J]. Computers and Industrial Engineering, 2020, 149: 106863.

[51] M. Li, D. M. Lei. An imperialist competitive algorithm with feedback for energy-efficient flexible job shop scheduling with transportation and sequence-dependent setup times [J]. Engineering Applications of Artificial Intelligence, 2021, 103: 104307.

[52] L. L. Meng, P. Duan, K. Z. Gao, B. Zhang, W. Q. Zou, Y. Y. Han, C. Y. Zhang. MIP modeling of energy-conscious FJSP and its extended problems: Fromsimplicity to complexity [J]. Expert Systems with Applications, 2024, 241: 122594.

[53] Z. Q. Tian, X. Y. Jiang, G. D. Tian, Z. W. Li, W. J. Liu. Knowledge-based lot-splitting optimization method for flexible job shops considering energy consumption [J]. IEEE Transactions on Automation Science and Engineering, 2023: 1 – 12.

[54] G. L. Gong, J. Q. Tang, D. Huang, Q. Luo, K. K. Zhu, N. T. Peng. Energy-efficient flexible job shop scheduling problem considering dis-

crete operation sequence flexibility [J]. Swarm and Evolutionary Computation, 2024, 84: 101421.

[55] F. Y. Zhang, R. Li, W. Y. Gong. Deep reinforcement learning-based memetic algorithm for energy-aware flexible job shop scheduling with multi‐AGV [J]. Computers and Industrial Engineering, 2024, 189: 109917.

[56] C. Luo, W. Y. Gong, C. Lu. Knowledge-driven two-stage memetic algorithm for energy-efficient flexible job shop scheduling with machine breakdowns [J]. Expert Systems with Applications, 2024, 235: 121149.

[57] Q. S. Gong, J. L. Li, Z. G. Jiang, Y. Wang. A hierarchical integration scheduling method for flexible job shop with green lot splitting [J]. Engineering Applications of Artificial Intelligence, 2024, 129: 107595.

[58] Q. F. Gao, F. Gu, L. L. Li, J. F. Guo. A framework of cloud-edge collaborated digital twin for flexible job shop scheduling with conflict-free routing [J]. Robotics and Computer‐Integrated Manufacturing, 2024, 86: 102672.

[59] L. L. Meng, C. Y. Zhang, B. Zhang, K. Z. Gao, Y. P. Ren, H. G. Sang. MILP modeling and optimization of multi-objective flexible job shop scheduling problem with controllable processing times [J]. Swarm and Evolutionary Computation, 2023, 82: 101374.

[60] W. K. Zhang, Y. F. Zheng, R. Ahmad. An energy-efficient multi-objective integrated process planning and scheduling for a flexible job-shop-type remanufacturing system [J]. Advanced Engineering Informatics, 2023, 56: 102010.

[61] G. J. Xu, Q. Bao, H. L. Zhang. Multi-objective green scheduling of integrated flexible job shop and automated guided vehicles [J]. Engineering Applications of Artificial Intelligence, 2023, 126: 106864.

[62] X. Y. Jiang, Z. Q. Tian, W. J. Liu, Y. Q. Suo, K. Q. Chen, X. W. Xu, Z. W. Li. Energy-efficient scheduling of flexible job shops with com-

plex processes: A case study for the aerospace industry complex components in China [J]. Journal of Industrial Information Integration, 2022, 2: 100293.

[63] T. H. Jiang, H. Q. Zhu, L. Liu, Q. T. Gong. Energy-conscious flexible job shop scheduling problem considering transportation time and deterioration effect simultaneously [J]. Sustainable Computing: Informatics and Systems, 2022, 35: 100680.

[64] Z. X. Pan, D. M. Lei, L. Wang. A bi-population evolutionary algorithm with feedback for energy-efficient fuzzy flexible job shop scheduling [J]. IEEE Transactions on Systems, Man, and Cybernetics: Systems, 2022, 52 (8): 5295 −5307.

[65] G. L. Gong, R. Chiong, Q. W. Deng, X. R. Gong, W. H. Lin, W. W. Han, L. K. Zhang. A two-stage memetic algorithm for energy-efficient flexible job shop scheduling by means of decreasing the total number of machine restarts [J]. Swarm and Evolutionary Computation, 2022, 75: 101131.

[66] Y. Du, J. Q. Li, C. D. Li, P. Y. Duan. A reinforcement learning approach for flexible job shop scheduling problem with crane transportation and setup times [J]. IEEE Transactions on Neural Networks and Learning Systems, 2024, 35 (4): 5695 −5709.

[67] Y. B. Li, Z. P. Yang, L. Wang, H. T. Tang, L. B. Sun, S. S. Guo. A hybrid imperialist competitive algorithm for energy-efficient flexible job shop scheduling problem with variable-size sublots [J]. Computers and Industrial Engineering, 2022, 172: 108641.

[68] M. J. Park, A. Ham, Energy-aware flexible job shop scheduling under time-of-use pricing [J]. International Journal of Production Economics, 2022, 248: 108507.

[69] L. J. Shen, S. Dauzère − Pérès, S. Maecker, Energy cost efficient scheduling in flexible job-shop manufacturing systems [J]. European Journal of Operational Research, 2023, 310: 992 −1016.

[70] D. M. Lei, M. Li, L. Wang. A two-phase meta-heuristic for multiobjective exible job shop scheduling problem with total energy consumption threshold [J]. IEEE transactions on cybernetics, 2019, 49 (3): 1097 – 1109.

[71] X. Xin, Q. Q. Jiang, C. Li, S. H. Li, K. Chen. Permutation flow shop energy-efficient scheduling with a position-based learning effect [J]. International Journal of Production Research, 2023, 61 (2): 382 – 409.

[72] R. Boufellouh, F. Belkaid. Multi-objective optimization for energy-efficient flow shop scheduling problem with blocking and collision-free transportation constraints [J]. Applied Soft Computing, 2023, 148: 110884.

[73] F. Wang, S. Wu. Multi-objective flow shop scheduling system based on wireless network genetic algorithm from perspective of artificial intelligence [J]. Soft Computing, 2023, in press.

[74] M. Ghorbanzadeh, M. Ranjbar. Energy-aware production scheduling in the flow shop environment under sequence-dependent setup times, group scheduling and renewable energy constraints [J]. European Journal of Operational Research, 2023, 307: 519 – 537.

[75] D. N. Sekkal, F. Belkaid. A multi-objective optimization algorithm for flow shop group scheduling problem with sequence dependent setup time and worker learning [J]. Expert Systems with Applications, 2023, 233: 120878.

[76] J. Busse, J. Rieck. Mid-term energy cost-oriented flow shop scheduling: Integration of electricity price forecasts, modeling, and solution procedures [J]. Computers and Industrial Engineering, 2022, 163: 107810.

[77] J. Guo, L. M. Wang, L. Kong, X. T. Lv. Energy-efficient flow-shop scheduling with the strategy of switching the power statuses of machines [J]. Sustainable Energy Technologies and Assessments, 2022, 53: 102649.

[78] R. G. Saber, M. Ranjbar. Minimizing the total tardiness and the

total carbon emissions in the permutation flow shop scheduling problem [J]. Computers and Operations Research, 2022, 138: 105604.

[79] X. Xin, Q. Q. Jiang, S. H. Li, S. Y. Gong, K. Chen. Energy-efficient scheduling for a permutation flow shop with variable transportation time using an improved discrete whale swarm optimization [J]. Journal of Cleaner Production, 2021, 293: 126121.

[80] X. Q. Wu, A. D. Che. Energy-efficient no-wait permutation flow shop scheduling by adaptive multi-objective variable neighborhood search [J]. Omega, 2022, 94: 102117.

[81] Y. Y. Han, J. Q. Li, H. Y. Sang, Y. P. Liu, K. Z. Gao, Q. K Pan. Discrete evolutionary multi-objective optimization for energy-efficient blocking flow shop scheduling with setup time [J]. Applied Soft Computing, 2020, 93: 106343.

[82] G. S. Liu, J. J. Li, Y. S. Tang. Minimizing total idle energy consumption in the permutation flow shop scheduling problem [J]. Asia – Pacific Journal of Operational Research, 2018, 35 (6): 1850041.

[83] E. D. Jiang, L. Wang. An improved multi-objective evolutionary algorithm based on decomposition for energy efficient permutation flow shop scheduling problem with sequence-dependent setup time [J]. International Journal of Production Research, 2019, 57 (6): 1756 – 1771.

[84] C. Lu, L. Gao, X. Y. Li, Q. K. Pan, Q. Wang. Energy-efficient permutation flow shop scheduling problem using a hybrid multi-objective backtracking search algorithm [J]. Journal of Cleaner Production, 2017, 144: 228 – 238.

[85] J. Y. Ding, S. J. Song, C. Wu. Carbon-efficient scheduling off low shops by multi-objective optimization [J]. International Journal of Production Research, 2016, 248: 758 – 771.

[86] M. K. Marichelvam, M. Geetha. A memetic algorithm to solve uncertain energy-efficient flow shop scheduling problems [J]. International

Journal of Advanced Manufacturing Technology, 2021, 115: 515 – 530.

［87］M. Faraji Amiri, J. Behnamian. Multi-objective green flowshop scheduling problem under uncertainty: estimation of distribution algorithm ［J］. Journal of Cleaner Production, 2020, 251: 119734.

［88］L. Xue, X. L. Wang. A multi-objective discrete differential evolution algorithm for energy-efficient two-stage flow shop scheduling under time-of-use electricity tariffs ［J］. Applied Soft Computing, 2023, 133: 109946.

［89］M. H. Ho, F. Hnaien, F. Dugardin. Exact method to optimize the total electricity cost in two-machine permutation flow shop scheduling problem under time-of-use tariff ［J］. Computers and Operations Research, 2022, 144: 105788.

［90］X. Zheng, S. C. Zhou, R. Xu, H. P Chen. Energy-efficient scheduling for multi-objective two-stage flow shop using a hybrid ant colony optimisation algorithm ［J］. International Journal of Production Research, 2020, 58 (13): 4103 – 4120.

［91］C. Luo, W. Y. Gong, R. Li, C. Lu. Problem-specific knowledge MOEA/D for energy-efficient scheduling of distributed permutation flow shop in heterogeneous factories ［J］. Engineering Applications of Artificial Intelligence, 2023, 123: 106454.

［92］G. C. Wang, X. Y. Li, L. Gao, P. G. Li. Energy-efficient distributed heterogeneous welding flow shop scheduling problem using a modified MOEA/D ［J］. Swarm and Evolutionary Computation, 2021, 62: 100858.

［93］F. Q. Zhao, S. L. Di, L. Wang, T. P. Xu, N. G. Zhu. Jonrinaldi, A self-learning hyper-heuristic for the distributed assembly blocking flow shop scheduling problem with total flowtime criterion ［J］. Engineering Applications of Artificial Intelligence, 2022, 116: 105418.

［94］W. Q. Zhang, H. L. Geng, C. Li, M. Gen, G. H. Zhang, M. L. Deng. Q-learning-based multi-objective particle swarm optimization with local search within factories for energy-efficient distributed flow-shop scheduling problem [J]. Journal of Intelligent Manufacturing, 2023, in press.

[95] F. Q. Zhao, S. L. Di, L. Wang. A hyperheuristic with Q-learning for the multiobjective energy-efficient distributed blocking flow shop scheduling problem [J]. IEEE transactions on cybernetics, 2023, 53 (5): 3337 - 3350.

[96] C. Lu, Y. X. Huang, L. L. Meng, L. Gao, B. Zhang, J. J. Zhou. A Pareto-based collaborative multi-objective optimization algorithm for energy-efficient scheduling of distributed permutation flow-shop with limited buffers [J]. Robotics and Computer - Integrated Manufacturing, 2022, 74: 102277.

[97] Y. H. Wang, Y. Y. Han, Y. T. Wang, Q. K. Pan, L. Wang. Sustainable scheduling of distributed flow shop group: a collaborative multi-objective evolutionary algorithm driven by indicators [J]. IEEE Transactions on Evolutionary Computation, 2023, in press.

[98] F. Q. Zhao, T. Jiang, L. Wang. A reinforcement learning driven cooperative meta-heuristic algorithm for energy-efficient distributed no-wait flow-shop scheduling with sequence-dependent setup time [J]. IEEE Transactions on Industrial Informatics, 2023, 19 (7): 8427 - 8440.

[99] F. Q. Zhao, R. Ma, L. Wang. A Self-learning discrete jaya algorithm for multiobjective energy-efficient distributed no-idle flow-shop scheduling problem in heterogeneous factory system [J]. IEEE transactions on cybernetics, 2022, 52 (12): 12675 - 12686.

[100] F. Q. Zhao, H. Zhang, L. Wang. A pareto-based discrete jaya algorithm for multiobjective carbon-efficient distributed blocking flow shop scheduling problem [J]. IEEE Trans. Ind. Inform, 2023, 19 (8): 8588 - 8599.

[101] G. Bektur. A variant of the NSGA - II for the speed scaling distributed flow shop scheduling problem with total tardiness minimization [J]. Journal of Intelligent & Fuzzy Systems, 2023, 45: 1209 - 1222.

[102] F. Q. Zhao, H. Zhang, L. Wang, T. P. Xu, N. G. Zhu, J.

Jonrinaldi. A multi-objective discrete differential evolution algorithm for energy-efficient distributed blocking flow shop scheduling problem [J]. International Journal of Production Research, 2023, in press.

[103] F. Q. Zhao, Z. S. Xu, H. Z. Bao, T. P. Xu, N. G. Zhu. Jonrinaldi, A cooperative whale optimization algorithm for energy-efficient scheduling of the distributed blocking flow-shop with sequence-dependent setup time [J]. Computers and Industrial Engineering, 2023, 178: 109082.

[104] G. C. Wang, L. Gao, X. Y. Li, P. G. Li, M. F. Tasgetiren, Energy-efficient distributed permutation flow shop scheduling problem using a multi-objective whale swarm algorithm [J]. Swarm and Evolutionary Computation, 2020, 57: 100716.

[105] F. Q. Zhao, X. T. Hu, L. Wang, T. P. Xu, N. G. Zhu, Jonrinaldi. A reinforcement learning-driven brain storm optimisation algorithm for multi-objective energy-efficient distributed assembly no-wait flow shop scheduling problem [J]. International Journal of Production Research, 2023, 61 (9): 2853 – 2871.

[106] Z. Q. Zhang, R. Hu, B. Qian, H. P. Jin, L. Wang, J. B. Yang. A matrix cube-based estimation of distribution algorithm for the energy-efficient distributed assembly permutation flow-shop scheduling problem [J]. Expert Systems With Applications, 2022, 194: 116484.

[107] J. J. Wang, L. Wang. A cooperative memetic algorithm with feedback for the energy-aware distributed flow-shops with flexible assembly scheduling [J]. Computers and Industrial Engineering, 2022, 168: 108126.

[108] F. Q. Zhao, Z. S. Xu, L. Wang, N. G. Zhu, T. P. Xu, J. Jonrinaldi. A population-based iterated greedy algorithm for distributed assembly no-wait flow-shop scheduling problem [J]. IEEE Transactions on Industrial Informatics, 2023, 19 (5): 6692 – 6705.

[109] F. Q. Zhao, Z. S. Xu, X. T. Hu, T. P. Xu, N. G Zhu. Jonrinaldi, An improved iterative greedy algorithm for energy-efficient distributed

assembly no-wait flow-shop scheduling problem [J]. Swarm and Evolutionary Computation, 2023, 81: 101355.

[110] Wang S J, Liu M, Chu C B. A branch-and-bound algorithm for two-stage no-wait hybrid flow shop scheduling [J]. International Journal of Production Research, 2015, 53 (4): 1143 - 1167.

[111] Nishi T, Hiranaka Y, Inuiguchi M. Lagrangian relaxation with cut generation for hybrid flowshop scheduling problems to minimize the total weighted tardiness [J]. Computers and Operations Research, 2010, 37 (1): 189 - 198.

[112] 王芳, 唐秋华, 饶运清, 等. 求解柔性流水车间调度问题的高效分布估算算法 [J]. 自动化学报, 2017, 43 (2): 280 - 293.

[113] Karimi N, Davoudpour H. Multi-objective colonial competitive algorithm for hybrid flow shop problem [J]. Applied Soft Computing, 2016, 49: 725 - 733.

[114] Cai J C, Lei D M, Li M. A shuffled frog-leaping algorithm with memeplex quality for bi-objective distributed scheduling in hybrid flow shop [J]. International Journal of Production Research, 2020, in press.

[115] Lei D M. Two-phase neighborhood search algorithm for two-agent hybrid flow shop scheduling problem [J]. Applied Soft Computing, 2015, 34: 721 - 727.

[116] Lei D M, Guo X P. A shuffled frog-leaping algorithm for hybrid flow shop scheduling with two agents [J]. Expert Systems with Applications, 2015, 42 (23): 9333 - 9339.

[117] Lei D M, Zheng Y L. Hybrid flow shop scheduling with assembly operations and key objectives: a novel neighborhood search [J]. Applied Soft Computing, 2017, 61: 122 - 128.

[118] Wang S J, Liu M. Two-stage hybrid flow shop scheduling with preventive maintenance using multi-objective tabu search method [J]. International Journal of Production Research, 2014, 52 (5): 1495 - 1508.

[119] Dai M, Tang D B, Giret A, et al. Energy-efficient scheduling for a flexible flow shop using an improved genetic-simulated annealing algorithm [J]. Robotics and Computer – Integrated Manufacturing, 2013, 29 (5): 418 – 429.

[120] Liu C H, Huang D H. Reduction of power consumption and carbon footprints by applying multiobjective optimization via genetic algorithm [J]. International Journal of Production Research, 2014, 52 (2): 337 – 352.

[121] 吴秀丽, 崔琪. 考虑可再生能源的多目标柔性流水车间调度问题 [J]. 计算机集成制造系统, 2018, 24 (11): 2972 – 2807.

[122] Zeng Z Q, Hong M G, Man Y, et al. Multi-object optimization of flexible flow shop scheduling with batch process-consideration total electricity consumption and material wastage [J]. Journal of Cleaner Production, 2018, 183 (10): 925 – 939.

[123] Meng L L, Zhang C Y, Shao X Y, et al. Mathematical modelling and optimisation of energy- conscious hybrid flow shop scheduling problem with unrelated parallel machines [J]. Internation al Journal of Production Research, 2019, 57 (4): 1119 – 1145.

[124] Yan J H, Li L L, Zhao F, et al. A multi-level optimization approach for energy-efficient flexible flow shop scheduling [J]. Journal of Cleaner Production, 2016, 137: 1543 – 1552.

[125] Bruzzone AA G, Anghinolfi D, Paolucci M, et al. Energy-aware scheduling for improving manufacturing process sustainability: a mathematical model for flexible flow shops [J]. CIRP Annals – Manufacturing Technology, 2012, 61 (1): 459 – 462.

[126] Luo H, Du D, Huang G Q, et al. Hybrid flow shop scheduling considering machine electri- city consumption cost [J]. International Journal of Production Economics, 2013, 146 (2): 423 – 439.

[127] Tang D B, Dai M, Salido M A, et al. Energy-efficient dynamic

scheduling for a flexible flow shop using an improved particle swarm optimization [J]. Computers in Industry, 2015, 30: 223 - 232.

[128] 艾子义, 雷德明. 基于新型邻域搜索以碳排放为目标的混合流水车间绿色调度 [J]. 信息与控制, 2017, 46 (3): 311 - 317.

[129] 雷德明, 杨冬婧. 基于新型蛙跳算法的绿色混合流水车间调度 [J]. 控制与决策, 2020, 35 (6): 1329 - 1337.

[130] Lei D M, Gao L, Zheng Y L. A novel teaching-learning-based optimization algorithm for energy-efficient scheduling in hybrid flow shop [J]. IEEE Transactions on Engineering Management, 2018, 65 (2): 330 - 340.

[131] Atashpaz-Gagari E, Lucas C. Imperialist competitive algorithm: an algorithm for optimization inspired by imperialist competition [C]. In: IEEE Congress on Evolutionary Computation, Singapore, 2007: 4661 - 4667.

[132] 雷德明, 操三强, 李明. 求解约束优化问题的新型帝国竞争算法 [J]. 控制与决策, 2019, 34 (8): 1663 - 1671.

[133] Davoodi E, Babaei E, Mohammadi-ivatloo B. Imperialist competitive algorithm with effective assimilation strategy: a comparative study on numerical benchmark functions [J]. IETE Journal of Research, 2020, 66 (5): 697 - 710.

[134] Aliniya Z, Keyvanpour M R. Solving constrained optimisation problems using the improved imperialist competitive algorithm and Deb's technique [J]. Journal of Experimental and Theoretical Artificial Intelligence, 2018, 30 (6): 927 - 951.

[135] Xu S H, Wang Y, Lu P C. Improved imperialist competitive algorithm with mutation opera- tor for continuous optimization problems [J]. Neural Computing & Applications, 2017, 28 (7): 1667 - 1682.

[136] Liu C A. An imperialist competitive algorithm for solving dynamic nonlinear constrained optimization problems [J]. Journal of Intelligent & Fuzzy Systems, 2016, 30 (2): 759 - 772.

[137] Shokrollahpour E, Zandieh M, Dorri B. A novel imperialist

competitive algorithm for bicri- teria scheduling of the assembly flow shop problem [J]. International Journal of Production Research, 2011, 49: 3087 - 3103.

[138] Seidgar H, Kiani M, Abedi M. An efficient imperialist competitive algorithm for scheduling in the two-stage assembly flow shop problem [J]. International Journal of Production Research, 2014, 52: 1240 - 1256.

[139] Zandieh M, Khatami A R, Rahmati S H A. Flexible job shop scheduling under condition- based maintenance: improved version of imperialist competitive algorithm [J]. Applied Mathematics and Computation, 2017, 58: 449 - 464.

[140] Karimi S, Ardalan Z, Naderi B. Scheduling flexible job-shops with transportation times: mathematical models and a hybrid imperialist competitive algorithm [J]. Applied Mathematical Modelling, 2017, 41: 667 - 682.

[141] Yousefi M, Yusuff R M. Minimising earliness and tardiness penalties in single machine sch- eduling against common due date using imperialist competitive algorithm [J]. International Journal of Production Research, 2013, 51 (16): 4797 - 4804.

[142] Yazdani M, Khalili S M, Jolai F. A parallel machine scheduling problem with two-agent and tool change activities: an efficient hybrid metaheuristic algorithm [J]. International Journal of Computer Integrated Manufacturing, 2016, 29 (10): 1075 - 1088.

[143] 张鑫龙, 陈秀万, 肖汉, 等. 一种求解旅行商问题的新型帝国竞争算法 [J]. 控制与决策, 2016, 31 (4): 586 - 592.

[144] Ardalan Z, Karimi S, Poursabzi O. A novel imperialist competitive algorithm for generalized traveling salesman problems [J]. Applied Soft Computing, 2015, 26 (1): 546 - 555.

[145] Xu S H, Wang Y, Huang A Q. Application of imperialist competitive algorithm on solving the traveling salesman problem [J]. Algorithms,

2014, 7 (2): 229 -242.

[146] Yousefikhoshbakht M, Sedighpour M. New imperialist competitive algorithm to solve the traveling salesman problem [J]. International Journal of Computer Mathematics, 2013, 90 (7): 1495 -1505.

[147] Niknam T, Fard E T, Pourjafarian N, et al. An efficient hybrid algorithm based on modified imperialist competitive algorithm and K-means for data clustering [J]. Engineering Applications of Artificial Intelligence, 2011, 24: 306 -317.

[148] Marjan A. Data clustering based on hybrid K-harmonic means and modifier imperialist competitive algorithm [J]. Journal of Supercomputing, 2014, 68 (2): 574 -598.

[149] Aliniya Z, Mirroshandel S A. A novel combinatorial merge-split approach for automatic clustering using imperialist competitive algorithm [J]. Expert Systems With Applications, 2019, 117: 243 -266.

[150] Fakhrzad M B, Goodarzian F. A fuzzy multi-objective programming approach to develop a green closed-loop supply chain network design problem under uncertainty: modifications of imperialist competitive algorithm [J]. Operations Research, 2019, 53 (3): 963 -990.

[151] Devika K, Jafarian A, Nourbakhsh V. Designing a sustainable closed-loop supply chain network based on triple bottom line approach: A comparison of metaheuristics hybridization techniques [J]. European Journal of Operational Research, 2014, 235 (3): 594 -615.

[152] Haghjoo N, Tavakkoli - Moghaddam R, Shahmoradi - Moghadam H, et al. Reliable blood sup- ply chain network design with facility disruption: A real-world application [J]. Engineering Applications of Artificial Intelligence, 2020, 90: 103493.

[153] Ahmadzadeh E, Vahdani B. A location-inventory-pricing model in a closed loop supply chainnetwork with correlated demands and shortages under a periodic review system [J]. Comput- ers and Chemical Engineering,

2017, 101: 148 – 166.

[154] Vahdani B, Mohammadi M. A bi-objective interval-stochastic robust optimization model for designing closed loop supply chain network with multi-priority queuing system [J]. International Journal of Production Economics, 2015, 170: 67 – 87.

[155] Zarandi M H F, Zarinbal M, Ghanbari N, et al. A new fuzzy functions model tuned by hyb- ridizing imperialist competitive algorithm and simulated annealing. Application: Stock price prediction [J]. Information Sciences, 2013, 222: 213 – 228.

[156] Kaveh A, Talatahari S. Optimum design of skeletal structures using imperialist competitive algorithm [J]. Computers and Structures, 2010, 88: 1220 – 1229.

[157] Maheri M R, Talezadeh M. An enhanced imperialist competitive algorithm for optimum de- sign of skeletal structures [J]. Swarm and Evolutionary Computation, 2018, 40: 24 – 36.

[158] 黄煜, 徐青山, 刘建坤, 等. 含分布式电源的改进配电网随机潮流计算 [J]. 华南理工大学学报, 2017, 45 (4): 44 – 58.

[159] Shabani H, Vahidi B, Ebrahimpour M. A robust PID controller based on imperialist competitive algorithm for load-frequency control of power systems [J]. ISA Transactions, 2013, 52: 88 – 95.

[160] Zaheeruddin, New D, Singh K. Load frequency regulation by de-loaded tidal turbine power plant units using fractional fuzzy based PID droop controller [J]. Applied Soft Computing Journal, 2020, 92: 106338.

[161] Wang S Q, Aorigele, Liu G J. A hybrid discrete imperialist competition algorithm for fuzzy job-shop scheduling problems [J]. IEEE Access, 2016, 4: 9320 – 9331.

[162] Yazdani M, Aleti A, Khalili S M, et al. Optimizing the sum of maximum earliness and tard- iness of the job shop scheduling problem [J]. Computers & Industrial Engineering, 2017, 107: 12 – 24.

[163] Ahmadizar F, Farhadi S. Single-machine batch delivery scheduling with job release dates, due windows and earliness, tardiness, holding and delivery costs [J]. Computers & Operations Research, 2105, 53: 194 – 205.

[164] Seidgar H, Abedi M, Tadayonirad S. A hybrid particle swarm optimisation for scheduling just-in-time single machine with preemption, machine idle time and unequal release times [J]. International Journal of Production Research, 2015, 53 (6): 1912 – 1935.

[165] 张清勇, 王皓冉, 雷德明. 求解分布式并行机调度的新型帝国竞争算法 [J]. 华中科技大学学报（自然科学版）, 2019, 47 (8): 86 – 91.

[166] Abedi M, Seidgar H, Fazlollahtabar H. Bi-objective optimisation for scheduling the identical parallel batch-processing machines with arbitrary job sizes, unequal jobrelease times and capacity limits [J]. International Journal of Production Research, 2015, 53 (6): 1680 – 1711.

[167] Goldansaz S M, Jolai F, Anaraki A H Z. A hybrid imperialist competitive algorithm for minimizing makespan in a multi-processor open shop [J]. Applied Mathematical Modelling, 2013, 37: 9603 – 9616.

[168] Varmazyar M, Salmasi N. Sequence-dependent flow shop scheduling problem minimisingthe number of tardy jobs [J]. International Journal of Production Research, 2012, 50 (20): 5843 – 5858.

[169] Ramezanian R, Mohammadi S, Cheraghalikhani A. Toward an integrated modeling approach for production and delivery operations in flow shop system: Trade-off between direct and routing delivery methods [J]. Journal of Manufacturing Systems, 2017, 44: 79 – 92.

[170] Seidgar H, Kiani M, Abedi M, et al. An efficient imperialist competitive algorithm for sche- duling in the two-stage assembly flow shop problem [J]. International Journal of Production Research, 2014, 52 (4): 1240 – 1256.

[171] Navaei J, Fatemi-Ghomi S M T, Jolai F, et al. Heuristics for an assembly flow-shop with non-identical assembly machines and sequence dependent setup times to minimize sum of holding and delay costs [J]. Computers & Operations Research, 2014, 44: 52-65.

[172] Kazemi H, Mazdeh M M, Rostami M. The two stage assembly flow-shop scheduling problem with batching and delivery [J]. Engineering Applications of Artificial Intelligence, 2017, 63: 98-107.

[173] Tadayonirad S, Seidgar H, Fazlollahtabar H. Robust scheduling in two-stage assembly flow shop problem with random machine breakdowns: integrated meta-heuristic algorithms and simulation approach [J]. Assembly Automation, 2019, 39 (5): 944-962.

[174] Seidgar H, Zandieh M, Mahdavi I. Bi-objective optimization for integrating production and preventive maintenance scheduling in two-stage assembly flow shop problem [J]. Journal of Industrial and Production Engineering, 2016, 33 (6): 404-425.

[175] Zhou R, Lei D M, Zhou X M. Multi-objective energy-efficient interval scheduling in hybrid flow shop using imperialist competitive algorithm [J]. IEEE Access, 2019, 7: 85029-85041.

[176] Karaboga D, Basturk B. A powerful and efficient algorithm for numerical function optimization: artificial bee colony (ABC) algorithm [J]. Journal of Global Optimization, 2007, 39 (3): 459-471.

[177] Aslan S, Badem H, Karaboga D. Improved quick artificial bee colony (iqABC) algorithm for global optimization [J]. Soft Computing, 2019, 23: 13161-13182.

[178] Karaboga D, Gorkemli B, Ozturk C, Karaboga N. A comprehensive survey: artificial bee colony (ABC) algorithm and applications [J]. Artificial Intelligence Review, 2014, 42 (1): 21-57.

[179] Pandiri V, Singh A. A swarm intelligence approach for the colored traveling salesman problem [J]. Applied Intelligence, 2018, 48 (11):

4412-4428.

[180] Arik O A. Artificial bee colony algorithm including some components of iterated greedy algorithm for permutation flow shop scheduling problems [J]. Neural Computing & Applications, 2021, 33 (8): 3469-3486.

[181] Li X Y, Xiao S Q, Wang C Y, Yi J. Mathematical modeling and a discrete artificial bee colony algorithm for the welding shop scheduling problem [J]. Memetic Computing, 2019, 11 (4): 371-389.

[182] Xu F Y, Li H L, Pun C M, Hu H D, Li Y J, Song Y R, Gao H. A new global best guided artificial bee colony algorithm with application in robot path planning [J]. Applied Soft Computing, 2020, 88: 106037.

[183] Abaci K, Yamacli V, Akdagli A. Optimal power flow with SVC devices by using the artificial bee colony algorithm [J]. Turkish Journal of Electrical Engineering and Computer Sciences, 2016, 24 (1): 341-353.

[184] Asteris P G, Nikoo M. Artificial bee colony-based neural network for the prediction of the fundamental period of infilled frame structures [J]. Neural Computing & Applications, 2019, 31 (9): 4837-4847. SI.

[185] Kim S S, McLoone S, Byeon J H, Lee S, Liu H B. Cognitively inspired artificial bee colony clustering for cognitive wireless sensor networks [J]. Cognitive Computation, 2017, 9 (2): 207-224.

[186] Banharnsakun A. Artificial bee colony algorithm for enhancing image edge detection [J]. Evolving Systems, 2019, 10 (4): 679-687.

[187] Sharma N, Sharma H, Sharma A. An effective solution for large scale single machine total weighted tardiness problem using lunar cycle inspired artificial bee colony algorithm [J]. IEEE/ACM Transactions on Computational Biology and Bioinformatics, 2020, 17 (5): 1573-1581.

[188] 雷德明, 杨海. 求解多目标不相关并行机调度问题的多群体人工蜂群算法 [J]. 控制与决策, 2022, 37 (5): 1174-1182.

[189] Arik O. Artificial bee colony algorithm including some compo-

nents of iterated greedy algorithm for permutation flow shop scheduling problems [J]. Neural Computing and Applications, 2021, 33: 3469 - 3486.

[190] Gong D W, Han Y Y, Sun J Y. A novel hybrid multi-objective artificial bee colony algorithm for blocking lot-streaming flow shop scheduling problems [J]. Knowledge - Based Systems, 2018, 148: 115 - 130.

[191] Li X Y, Xiao S Q, Wang C Y, Yi J. Mathematical modeling and a discrete artificial bee colony algorithm for the welding shop scheduling problem [J]. Memetic Computing, 2019, 11: 371 - 389.

[192] Sundar S, Suganthan P N, Jin C T, Xiang C. T. , Soon, C. C. A hybrid artificial bee colony algorithm for the job-shop scheduling problem with no-wait constraint [J]. Soft Computing, 2017, 21 (5): 1193 - 1202.

[193] Meng T, Pan Q K, Sang H Y. A hybrid artificial bee colony algorithm for a flexible job shop scheduling problem with overlapping in operations [J]. International Journal of Production Research, 2018, 56 (16): 5278 - 5292.

[194] Gao K Z, Suganthan P N, Pan Q K, Chua T J, Chong C S, Cai T X. An improved artificial bee colony algorithm for flexible job-shop scheduling problem with fuzzy processing time [J]. Expert Systems with Applications, 2016, 65: 52 - 67.

[195] Lei D M, Liu M Y. An artificial bee colony with division for distributed unrelated parallel machine scheduling with preventive maintenance [J]. Computers and Industrial Engineering, 2020, 141: 106320.

[196] Wang J, Lei D M, Cai J C. An adaptive artificial bee colony with reinforcement learning for distributed three-stage assembly scheduling with maintenance [J]. Applied Soft Computing, 2022, 117: 108371.

[197] Pan Q K, Wang L, Li J Q, Duan J H. A novel discrete artificial bee colony algorithm for the hybrid flowshop scheduling problem with makespan minimization [J]. Omega - International Journal of Management Science, 2014, 45: 42 - 56.

[198] 李俊青,潘全科,王法涛. 求解混合流水线调度问题的离散人工蜂群算法 [J]. 运筹与管理, 2015, 24 (1): 157-163.

[199] Li J Q, Pan Q K. Solving the large-scale hybrid flow shop scheduling problem with limited buffers by a hybrid artificial bee colony algorithm [J]. Information Sciences, 2015, 316: 487-502.

[200] Xuan H, Zhang H X, Li B. An improved discrete artificial bee colony algorithm for flexible flowshop scheduling with step deteriorating jobs and sequence-dependent setup times [J]. Mathematical Problems in Engineering, 2019, 2019: 8520503.

[201] Li X X, Tang H T, Yang Z P, Wu R, Luo Y B. Integrated optimization approach of hybrid flow-shop scheduling based on process set [J]. IEEE Access, 2020, 8: 223782-223796.

[202] Kheirandish O, Tavakkoli-Moghaddam R, Karimi-Nasab M. An artificial bee colony algorithm for a two-stage hybrid flowshop scheduling problem with multilevel product structures and requirement operations [J]. International Journal of Computer Integrated Manufacturing, 2015, 28 (5): 437-450.

[203] Fu Y P, Wang H F, Wang J W, Pu X J. Multiobjective modeling and optimization for scheduling a stochastic hybrid flow shop with maximizing processing quality and minimizing total tardiness [J]. IEEE Systems Journal, 2021, 15 (3): 4696-4707.

[204] Li Y L, Li X Y., Gao L, Zhang B, Pan Q K, Tasgetiren M F, Meng L L. A discrete artificial bee colony algorithm for distributed hybrid flowshop scheduling problem with sequence-dependent setup times [J]. International Journal of Production Research, 2021, 59 (13): 3880-3899.

[205] 李颖俐. 基于人工蜂群算法的分布式混合流水车间调度方法研究 [D]. 武汉: 华中科技大学, 2021.

[206] Tao X R, Pan Q K, Gao L. An efficient self-adaptive artificial bee colony algorithm for the distributed resource-constrained hybrid flowshop

problem [J]. Computers and Industrial Engineering, 2022, 169: 108200.

[207] Zhang B, Pan Q K, Gao L, Li X Y, Meng L L, Peng K K. A multiobjective evolutionary algorithm based on decomposition for hybrid flow-shop green scheduling problem [J]. Computers and Industrial Engineering, 2019, 136: 325–344.

[208] Zuo Y D, Fan Z, Zou T R, Wang P. A novel multi-population artificial bee colony algorithm for energy-efficient hybrid flow shop scheduling problem [J]. Symmetry, 2021, 13 (12): 2421.

[209] Geng K F, Liu L, Wu Z Y. Energy-efficient distributed heterogeneous re-entrant hybrid flow shop scheduling problem with sequence dependent setup times considering factory eligibility constraints [J]. Scientific Reports, 2022, 12 (1): 18741.

[210] Li X L, Lu J S, Yang C X, Wang J L. Research of flexible assembly job-shop batch-scheduling problem based on improved artificial bee colony [J]. Frontiers in Bioengineeringand Biotechnology, 2022, 5: 909548.

[211] Wang J, Lei D M, Li M B. A Q-learning-based artificial bee colony algorithm for distributed three-stage assembly scheduling with factory eligibility and setup times [J]. Machines, 2022, 10 (8): 661.

[212] Wang J, Tang H T, Lei D M. A Q-learning artificial bee colony for distributed assembly flow shop scheduling with factory eligibility, transportation capacity and setup time [J]. Engineering Applications of artificial Intelligence, 2023, 123: 106230.

[213] Kheirandish O, Tavakkoli-Moghaddam, R., Karimi-Nasab, M. An artificial bee colony algorithm for a two-stage hybrid flowshop scheduling problem with multilevel product structures and requirement operations [J]. International Journal of Computer Integrated Manufacturing, 2015, 5 (28): 437–450.

[214] Lu S J, Liu X B, Pei J, Thai M T, Pardalos P M. A hybrid ABC–TS algorithm for the unrelated parallel-batching machines scheduling

problem with deteriorating jobs and maintenance activity [J]. Applied Soft Computing, 2018, 66: 168 – 182.

[215] Soleimani H, Ghaderi H, Tsai P W, Zarbakhshnia N, Maleki M. Scheduling of unrelated parallel machines considering sequence-related setup time, start time-dependent deterioration, position-dependent learning and power consumption minimization [J]. Journal of Cleaner Production, 2020, 249: 1.

[216] 张沛, 刘帅军, 马治国, 等. 基于深度增强学习和多目标优化改进的卫星资源分配算法 [J]. 通信学报, 2020, 41 (6): 51 – 60.

[217] Ghorbani A, Jokar M R A. A hybrid imperialist competitive-simulated annealing algorithm for a multisource multi-product location-routing-inventory problem [J]. Computers & Indust- rial Engineering, 2016, 101: 116 – 127.

[218] 李霏, 杨翠丽, 李文静, 等. 基于均匀分布 NSGA – Ⅱ 算法的污水处理多目标优化控制 [J]. 化工学报, 2019, 70 (5): 1868 – 1878.

[219] Niknam T, Fard E T, Pourjafarian N, et al. An efficient hybrid algorithm based on modified imperialist competitive algorithm and K – means for data clustering [J]. Engineering Applica- tions of Artificial Intelligence, 2011, 24: 306 – 317.

[220] 黄博南, 王勇, 李玉帅, 等. 基于分布式神经动态优化的综合能源系统多目标优化调度 [J]. 自动化学报, 2020, 46: 1 – 18.

[221] Mehdinejad M, Mohammadi – Ivatloo B, Dadashzadeh – Bonab R, et al. Solution of optimal reactive power dispatch of power systems using hybrid particle swarm optimization and imperialist competitive algorithms [J]. Electrical Power and Energy Systems, 2016, 83: 104 – 116.

[222] Lei D M. Simplified multi-objective genetic algorithms for stochastic job shop scheduling [J]. Applied Soft Computing, 2011, 11 (8): 4991 – 4996.

[223] Deb K, Pratap A, Agarwal S, et al. A fast and elitist multiobjective genetic algorithm: NSGA - II [J]. IEEE Transactions on Evolutionary Computation, 2002, 6 (2): 182 - 197.

[224] Afruzi E N, Najafi A A, Roghanian E, et al. A multi-objective imperialist competitive algorithm for solving discrete time, cost and quality trade-off problems with mode identity andresource-constrained situations [J]. Computers & Operations Research, 2014, 50: 80 - 96.

[225] Bayareh M, Mohammadi M. Multi-objective optimization of a triple shaft gas compressor station using imperialist competitive algorithm [J]. Applied Thermal Engineering, 2016, 109: 384 - 400.

[226] Hosseini S, Khaled A A. A survey on the imperialist competitive algorithm metaheuristic: implementation in engineering domain and directions for future research [J]. Applied Soft Computing, 2014, 24: 1078 - 1094.

[227] Kemmoé S, Lamy D, Tchernev N. A job-shop with an energy threshold issue considering operations with consumption peaks [J]. IFAC - Pages OnLine, 2015, 28 (3): 788 - 793.

[228] Brandimarte P. Routing and scheduling in a flexible job shop by tabu search [J]. Annals of Operations Research, 1993, 41 (3): 157 - 183.

[229] Dauzère - Pérès S, Paulli J. An integrated approach for modeling and solving the general multiprocessor job-shop scheduling problem using tabu search [J]. Annals of Operations Research, 1997, 70: 281 - 306.

[230] Barnes J W, Chambers J B. Flexible job shop scheduling by tabu search [D]. Graduate Program Oper. Res. Ind. Eng., Univ. Texas at Austin, Austin, TX, USA, Rep, ORP, 1996.

[231] Knowles J, Corne D. On metrics for comparing nondominated sets [C]. Proceedings of the Congress on Evolutionary Computation. Honolulu, HI, USA: IEEE, 2002: 711 - 716.

[232] Lei D M. Pareto archive particle swarm optimization for multi-

objective fuzzy job shop scheduling problems [J]. International Journal of Advanced Manufacturing Technology, 2008, 37 (1 −2): 157 −165.

[233] Ahmadi E, Zandieh M, Farrokh M, et al. A multi objective optimization approach for flexible job shop scheduling problem under random machine breakdown by evolutionary algorithms [J]. Computers & Operations Research, 2016, 73: 56 −66.

[234] Hamta N, Fatemi G S M T, Jolai F, et al. A hybrid PSO algorithm for a multi-objective assembly line balancing problem with flexible operation times, sequence-dependent setup times and learning effect [J]. International Journal of Production Economics, 2013, 141 (1): 99 −111.

[235] Zitzler E, Thiele L. Multi-objective evolutionary algorithm: A comparative case study and the strength Pareto approach [J]. IEEE Transactions on Evolutionary Computation, 1999, 3: 257 −271.